Hilly Martinek wurde 1977 in Cuxhaven geboren und lebt heute in Hamburg. Zusammen mit ihrem Mann Krystian schrieb sie Drehbücher u. a. für die ARD-Fernsehreihe »Das Traumhotel«. Bekannt wurde sie durch das Drehbuch für den Film »Honig im Kopf« (2014), das sie nach eigenen Erfahrungen mit ihrem an Alzheimer erkrankten Vater gemeinsam mit Til Schweiger verfasste. »Marmelade im Herzen« ist ihr erster Roman.

Besuchen Sie uns auf www.penguin-verlag.de und Facebook.

HILLY MARTINEK

MARMELADE IM HERZEN

ROMAN

PENGUIN VERLAG

MIX
Papier aus verantwortungsvollen Quellen
FSC® C014496
FSC
www.fsc.org

Verlagsgruppe Random House FSC® N001967

PENGUIN VERLAG

1. Auflage 2018

Umschlag: www.buerosued.de
Umschlagmotiv: Hut: GettyImages / 556735553 / Lucas Batistel / EyeEm
Marmeladenherz, Löffel, Hintergrund: www.buerosued.de
Unter Mitarbeit von: Angela Kuepper, München
Redaktion: Hannah Bauer
Satz: GGP Media GmbH, Pößneck
Druck und Bindung: GGP Media GmbH, Pößneck
Printed in Germany
ISBN 978-3-328-10258-8
www.penguin-verlag.de

Dieses Buch ist auch als E-Book erhältlich.

1

Hamburg-Ottensen, Mai 2017

»Rosé oder Sand? Jetzt sag schon«, drängte Smylla am anderen Ende der Leitung.

»Wie viele Paar High Heels hast du denn? In Rosé, Sand, Nude, Taupe …«

»Spielverderberin«, schnaubte Smylla ins Telefon.

Ich musste lachen. »Schick ein Bild rüber. Oder nimm beide.«

»Klingt schon besser. Also, die roséfarbenen würden prima zu …« Es knackte und knarzte an meinem Ohr, und ich wollte schon auflegen, dann hörte ich Smylla wieder. »Tilda? Hallo? Tilda Rosenbach-Petersen, bist du noch dran?«

»Ja«, rief ich gegen die Böen an. »Klar bin ich noch dran.«

»Sag mal, wo steckst du gerade? Da ist so ein seltsames Rauschen in der Leitung.«

»In Ottensen.«

»Wo?«

»Ot-ten-sen«, schrie ich. »Max und ich warten auf die Cap San Augustin.«

Cap San Augustin, das war das neue Zauberwort. Der Grund, warum Max an diesem Tag partout nicht in den Kindergarten hatte gehen wollen. Warum ich bei Windstärke fünf, in Böen acht und gefühlt zwölf, an der Elbe stand und auf den Fluss starrte, der an diesem Nachmittag die Farbe von Abwasser hatte.

Max kam angerannt, die Wangen vor Aufregung so rot, als hätte er Fieber.

»Die Cap San Augustin … Das ist ein Riesencontainerschiff!«, rief er ins Handy und breitete die Arme aus, um die ungeheuren Ausmaße anzudeuten. »Es kommt aus Südamerika! Das ist ganz weit weg!« Er sah zu mir auf. »Wer ist dran?«

»Smylla. Solltest du nicht erst mal Hallo sagen?«, meinte ich und drückte auf Lautsprecher.

»Hallo. Also, Smylla, ich kann dir alles erklären. Größe, Tiefgang, PS … Was willst du wissen?«

»Puh«, drang Smyllas Stimme aus dem Handy. »Klingt spannend. Echt. Erzähl mir davon, wenn wir uns das nächste Mal sehen, ja? Nicht, dass du sie noch verpasst.«

Ein Anflug von Panik blitzte in Max' blauen Augen auf. Schnell drehte er sich wieder Richtung Elbe.

»Das war gemein«, sagte ich.

»Das war schlau. Dein Jüngster hat die Wortgewalt seines Vaters. Seinen Monologen sollte man früh Einhalt gebieten.«

Ich musste grinsen. »Apropos nächstes Mal. Wann hast du denn mal Zeit?«, fragte ich.

»Morgen? Falls man mich hier nicht über Nacht einschließt, weil ich mich einfach nicht entscheiden kann. Was im Bereich des Möglichen liegt. Es hilft einem ja keiner.«

Lachend drückte ich das Gespräch weg und ließ mich von Max weiter ans Ufer ziehen. Ich wuschelte durch sein blondes Haar, während wir da standen und hinüber zum Hafenterminal mit seinen Kränen und Containern starrten. Seit mein Vater Max den Floh mit den Containerschiffen ins Ohr gesetzt hatte, fieberte er diesem Tag entgegen.

»Opa Niko hat sogar so 'ne App. Mit der kann man ganz genau sehen, wo sie gerade ist.« Max zog eine Schnute. »Wo steckt Opa denn? Er wollte die Cap San Augustin doch unbedingt sehen.«

»Hm«, brummelte ich. »Da muss ihm wohl irgendwas dazwischengekommen sein.« Letzte Woche erst hatte Niko Käthe versetzt, meine Zehnjährige. Und jetzt das.

Max schob seine kleine Hand in meine, sie war eiskalt.

»Komm, wir laufen ein bisschen auf und ab«, sagte ich. »Sonst frieren wir noch fest.«

Wir marschierten flussabwärts. Der Wind wehte über den Uferstreifen und wirbelte Sandgeister auf. Für einen Moment schloss ich die Augen. Ich liebte das Gefühl, wenn der Wind in mein Haar griff und es zerzauste. Nur ein bisschen wärmer hätte er sein können.

Der Elbstrand war nahezu menschenleer. Ein schokoladenbrauner Labrador tobte durch den Sand; ich sah mich nach dem Besitzer um. Der stand, die Hände tief in den Taschen seines Mantels vergraben, im Windschatten einer Mauer.

»Opa Niko hat gesagt, die Cap San Augustin kommt alle sechsundfünfzig Tage nach Hamburg. Können wir nächstes Mal auch wieder herkommen?«

»Klar«, sagte ich. Mit ein bisschen Glück würde sich dann jemand anderes erbarmen und Max begleiten. Obwohl … Als ich ihn so ansah, wie er den Blick seemännisch zum Horizont gerichtet hielt, war er einfach nur zum Knuddeln.

Max war ziemlich weit für seine fünfeinhalb Jahre, und er zeigte ein Vertrauen in das Leben, um das ich ihn hätte beneiden können. Philipp hatte darauf gedrängt, dass er im Herbst schon in die Schule kam. Lange hatten wir überlegt, uns gestritten und wieder versöhnt, und dann hatte er wie so oft seinen Willen durchgesetzt. Ich spürte ein seltsames Ziehen im Magen bei dem Gedanken, Max loszulassen. Sein Vater sah das pragmatischer.

Der riesige Hund kam angesprungen, ein armdickes Stück Treibholz zwischen den Zähnen. Max suchte Deckung hinter mir.

»Du brauchst keine Angst zu haben, der will nur spielen. Schau mal, wie er mit dem Schwanz wedelt.«

»Aber da läuft ganz viel ekliger Sabber aus seinem Maul«, sagte Max wenig begeistert.

Ich musste lachen.

Der Hund ließ das Stück Holz fallen. Ich griff danach. Max hatte recht, es war wirklich eklig. Ich holte weit aus und warf es Richtung Strand. Der Hund bellte zweimal und raste davon. Vor Begeisterung überschlug er sich fast.

»Was findet der an dem Holz so toll?«, maulte Max.

»Das ist seine Cap San Augustin«, meinte ich und wischte unauffällig die glitschig feuchte Hand an seiner Latzhose ab. »Jeder begeistert sich für was anderes, Menschen wie Tiere. Ich muss dir mal ein paar Bücher von deinem Uropa Amandus raussuchen.«

»Dem Uropa, der Tierarzt war?«

»Genau dem«, sagte ich und spürte, wie sich ein warmes

Gefühl in mir ausbreitete. Für einen Moment sah ich meinen Opa vor mir, hier an der Elbe, wo wir in seinem letzten Sommer oft spazieren gegangen waren. Sah ihn mit seinen verstrubbelten weißen Haaren und den wässrig blauen Augen, die in eine fremde Welt zu blicken schienen. Eine Welt, in die er sich Stück für Stück entfernt hatte, damals, als die Demenz ihn mir weggenommen hatte.

»Da! Mama! Sieh doch. Sie kommt!«, rief Max und riss mich aus meinen Gedanken.

Ich folgte seinem ausgestreckten Arm mit dem Blick. Er deutete auf einen roten Riesen, beladen mit unzähligen Containern in allen möglichen Farben. Der rot-weiße Schlot sah aus wie ein kleiner Leuchtturm.

Atemlos verfolgte Max, wie das Schiff sich näherte und dann geradezu majestätisch an uns vorbeiglitt. Ich schoss mit dem Handy ein paar Fotos, von dem Schiff, von Max. Es war tatsächlich faszinierend, sich vorzustellen, wie es rastlos den Atlantik durchkreuzte … Ein winziger Punkt in der unermesslichen Weite des Ozeans, frei und doch gefangen in seinen immer gleichen Routen und dem Horizont. Das klang seltsam vertraut.

Als das Schiff Minuten später im Hafen verschwand, umarmte Max mich fest.

»Danke, Mama.«

Ich strich ihm gerührt über den Rücken. Max löste sich von mir und strahlte mich an. »Und weil Opa Niko nicht kommen konnte, darfst *du* jetzt mit mir Fähre fahren!«

Ich ging in die Knie und band ihm die Kapuze fest. »Ich muss nachher mit Papa zu einem Empfang mit seinen Klienten. Fähre fahren schaff ich jetzt nicht.«

Auf Max' Gesicht zog ein kleines Unwetter herauf.

»Einspruch!«, sagte er.

Ich verkniff mir ein Grinsen. Das hatte er hundertprozentig von Philipp.

»Pass auf. Wenn das Wetter morgen besser ist, hol ich dich früher vom Kindergarten ab, und dann fahren wir Fähre.«

Seine Miene hellte sich schlagartig auf. »So lange, wie ich will?«

Ja, wollte ich schon sagen, einfach um ihn wieder strahlen zu sehen. Aber dann stoppte ich mich gerade noch rechtzeitig. Das war gefährliches Terrain. Genau wie bei seinem Vater musste man bei Max jedes Wort sorgsam abwägen, damit es später nicht gegen einen verwendet werden konnte.

»Zwei Runden?«, schlug ich vor.

»Sechs.«

»Drei?«

Wir besiegelten den Handel bei vier.

2

»Sag mal, hast du Max das mit dem Einspruch beigebracht?«

Ich saß vor der Spiegelkommode in unserem Schlafzimmer und kämpfte mit der Bürste gegen mein windzerzaustes Haar, als Philipp hereinkam.

»Das kann er nicht früh genug lernen«, meinte er schmunzelnd. »Ist doch eine super Art, Grenzen zu setzen.«

»Stimmt, das kriegt er gut hin. Er ist sehr wortstark.«

»Und deshalb haben wir ja auch beschlossen, dass er im Herbst zur Schule kommt.«

»Wir? *Du* wolltest das. Ich finde ja immer noch, das raubt ihm ein Jahr Kindheit.«

»Das hatten wir doch lang und breit besprochen. Du wirst merken, es tut ihm gut, wenn er nicht ständig unterfordert ist.«

Ich seufzte. Philipp beugte sich zu mir herab und streifte meine Wange mit den Lippen. Der vertraute Geruch seines Aftershaves stieg mir in die Nase. Mit leicht gerunzelter Stirn kontrollierte er seinen Krawattenknoten im Spiegel und fuhr sich über das akkurat geschnittene blonde Haar. Er sah toll aus, leicht gebräunt, groß, schlank, aber nicht dünn wie so viele andere Männer der Gattung Schreibtischtäter.

Philipp fing meinen Blick im Spiegel auf, schmunzelte

und legte die Hände auf meine Schultern. Ich lehnte mich wohlig zurück.

»Smylla meint, du könntest jederzeit für einen Herrenausstatter Modell stehen, wenn die Kanzlei pleitegehen sollte«, neckte ich ihn.

»Das wird sie nicht«, sagte er mit ernster Miene. »Im Gegenteil. Wir starten jetzt richtig durch. Deutschlandweit und international.« Sein Griff um meine Schultern wurde fester. »Deshalb ist der Abend heute auch so wichtig. Ich lerne vier der bedeutendsten Klienten meines Vaters kennen, die ich übernehmen soll. Es muss einfach gut laufen.«

»Es wird gut laufen. Und ich werde keine sozialistischen Reden schwingen, wie deine Mutter es nennt.«

»Dann bin ich ja beruhigt«, meinte er grinsend und richtete meine Perlenkette. »Wir müssen um sieben los.«

Als Philipp sich ins Arbeitszimmer verzogen hatte, fuhr ich noch einmal mit der Bürste über meinen kinnlangen Bob und resignierte dann. Besser würde es nicht werden, sagte ich mir und machte mich auf die Suche nach den Ohrringen. Die Schublade klemmte wie üblich. Ich zog so fest daran, dass der Biedermeier-Schminktisch auf seinen zierlichen Beinen ins Wanken geriet. *Herrje.* Ich sehnte mich nach einem hellen, gemütlichen Schlafzimmer, mit einem von diesen superbequemen Boxspringbetten, wo man in tausend Kissen versank und niemals wieder aufstehen wollte. Nach einem Hauch Vintage und mehr Leichtigkeit. Stattdessen sah es bei uns aus wie in einem Museum. Altbacken. Konservativ. Denn in Philipps Familie kaufte man keine Möbel, man erbte sie.

Minuten später gab ich die Suche nach den Ohrringen auf und fragte mich einmal mehr, ob ich Philipp mit meinem Chaos nicht manchmal auf die Nerven ging. Er war in vielen Dingen ganz anders als ich, so ordnungsliebend, so organisiert. So pünktlich.

Pünktlich war das Stichwort. Ich sah auf mein Handy. 18:57 Uhr.

Ich schlüpfte in die neuen Pumps. Anders als Smylla hasste ich alles, was meine etwas zu breiten Füße einengte. Aber Smylla war eben mehr der männermordende Typ, während ich … Ich war wohl eher so ein Mischtyp aus Kumpel und einem großen Fragezeichen.

»Tilda?«

»Komme schon«, rief ich, stopfte Handy, Bürste und Lippenstift in meine Clutch. Als ich aufstand, blieb ich mit der Strumpfhose an der halb offenen Schublade hängen. *Typisch.* Ich kramte in der Kommode nach Ersatz, ebenso hektisch wie vergeblich. Also tupfte ich schnell etwas farblosen Nagellack rund um das Loch, damit sich keine Laufmasche ausbreitete.

Philipp kam herein. »Bist du fertig?«

Ich lächelte ihn an. »Ja. Klar doch.«

Er ließ den Blick über mich gleiten und lächelte. »Du siehst gut aus.«

»Ich sag nur rasch den Kindern Tschüss«, meinte ich und huschte an ihm vorbei ins Wohnzimmer. Dort schnappte ich mir einen von Max' dicken schwarzen Filzstiften und zog die Kappe ab.

»Warum malst du deine Haut schwarz an?«, fragte Max stirnrunzelnd und deutete auf meinen Oberschenkel.

»Damit man das Loch hier nicht sieht«, flüsterte ich und fing Käthes Grinsen auf. Meine Große war mir ähnlich, wir beide meisterten die Fallstricke des Lebens gewöhnlich mit Fantasie.

Als ich mich umdrehte, stand Philipp direkt hinter mir und sah mich skeptisch an.

Ich zuckte die Schultern und hakte mich bei ihm unter. »Wir sollten los. Schließlich wollen wir ja nicht zu spät kommen.«

3

Auf der kurzen Fahrt von unserem Zuhause in Eppendorf nach Harvestehude impfte mir Philipp die Details zu seinen neuen Klienten ein.

»Der Wichtigste der vier ist Behling«, sagte er, und ich lehnte mich im Sitz zurück. »So ein kleiner Dicker mit Wieselblick. Er wohnt in Blankenese. Zwillinge in Käthes Alter. Die Frau wirst du mögen.«

»Und warum braucht er einen Anwalt für Familienrecht?«

»Papa hat vor zwei Jahren die gesamten Erbschaftsangelegenheiten von Behling senior abgewickelt. Derzeit … Nun ja. Derzeit geht es um beträchtliche Unterhaltsforderungen.«

»Von einer früheren Frau?«

Philipp druckste herum.

»Angeblich hat er eine Tochter in Tschechien.«

»Angeblich? Aber das lässt sich doch feststellen.«

Philipp seufzte.

»Das ist nicht so einfach.«

»Wie – nicht so einfach? Entweder ist sie seine Tochter oder nicht. Und wenn ja, muss er zahlen.« Ich zog die Stirn in Falten. »Was ist das überhaupt für ein Typ?«

»Hör zu, Tilda. Das sind alles Interna. Und außerdem hast du versprochen …«

»Keine sozialistischen Reden«, grummelte ich.

Der Rest der Fahrt verlief schweigend. Ich war voreingenommen. Aber Typen wie Behling waren der Grund, warum ich froh war, das Jurastudium an den Nagel gehängt zu haben. Leute, die sich vor ihren Pflichten drückten, sich um Wahrheit und Gesetz herumwanden und überall nur ihren Vorteil suchten, hätte ich weiß Gott nicht vertreten wollen. Philipp sah auch das pragmatischer.

Die Villa meiner Schwiegereltern roch zu gleichen Teilen nach Geld und hanseatischer Tradition. Über eine breite Eingangstreppe ging es hinauf zu einem opulenten Säulenportal. Olga, das Hausmädchen, öffnete die schwere Eichentür und ließ uns ein.

»Da seid ihr ja endlich«, sagte Käthe-Elisabeth. Philipps Mutter musterte mich einen Augenblick zu lange und zog mich am Arm in das Wohnzimmer, Pardon, den *Salon*. Sie hatte das weißblonde Haar hochgesteckt und trug ein marineblaues Kostüm, das vor Understatement geradezu schrie. Für den Preis dieses Teils hätte man sämtliche Obdachlosen in St. Pauli das Jahr über durchfüttern können, da war ich mir sicher.

»Wir beginnen hier mit einem zwanglosen Cocktailempfang, anschließend geht es ins Speisezimmer. Tilda, du sitzt zwischen den Herren Almsiek senior und junior. Beide sind umgänglich und unkompliziert.«

Übersetzt hieß das: Da kannst du am wenigsten falsch machen.

»Sie besitzen ein aufstrebendes Tee-Imperium in Flensburg. In der Branche solltest du dich ja auskennen.« Es war jedes Mal wieder erstaunlich, wie viel Verachtung Käthe-

Elisabeth in ein einzelnes Wort legen konnte. *Branche.* »Allerdings ist die Familie alt«, schob sie hinterher.

Ich täuschte ein Gähnen vor, denn ich wollte ihr nicht die Genugtuung geben zu sehen, wie ich anbiss. Ja, mein Vater war ein Geschäftsmann, wie skandalös, und meine Familie, nein, sie war nicht alt, sondern »neureich«. Welch ein Vergehen.

»Irgendwelche besonderen Interessen?«, fragte ich betont gelassen. »Außer Geld und Umsatz?«

Pikiert zog sie eine stark gezupfte Augenbraue hoch. »Segeln und Golf natürlich. Almsiek senior hat einen übel riechenden Hund, den er oft in die Kanzlei deines Schwiegervaters mitbringt. Aber du magst ja Tiere.«

In dem Stil ging es weiter. Zehn Minuten später bedauerte ich aufrichtig, dass Max keinen Darmvirus, Windpocken oder von mir aus auch die Maul- und Klauenseuche aus dem Kindergarten mitgebracht und mich angesteckt hatte. Als die ersten Gäste eintrafen, schmerzten meine Füße so höllisch, dass ich anfing, die Minuten runterzuzählen.

Hunderte von Essen in Gesellschaft meiner Schwiegereltern hatten mich darin geschult, interessiert bis angetan zu gucken, regen Anteil zu nehmen und clevere Einwürfe zu machen, ohne geistig anwesend zu sein. Erstaunlicherweise war es diesmal gar nicht so schlimm. Almsiek senior taute auf, nachdem ich ihn nach dem Hund gefragt hatte, ein Berner Sennenhund, der am liebsten mit den Ostseewellen fangen spielte und tags zuvor ausgerechnet nach einer Feuerqualle geschnappt hatte, der Arme. Ich erzählte ihm von meinem Tierarzt-Opa und dass ich unbedingt einen Hund für die Kinder wollte. Fünfzehn Minuten später kannte ich sämtliche wundervollen Eigenschaften von Berner Sennenhunden, inklusive Fressgewohnheiten, typischem Wurmbefall, Hautparasiten und Ausscheidungsmengen. Als der Nachtisch kam, erlöste mich Almsiek junior zu meiner Linken, ein sympathischer Enddreißiger mit dunklem Lockenschopf.

»Ich bin gerade zurück von unseren Plantagen in Sri Lanka«, erzählte er mir, während er mit seinem Löffel in die Crème brûlée stach. »Ich habe einen Tag lang dort mitgearbeitet.«

»Einen ganzen Tag?«, fragte ich schmunzelnd.

»Zehn Stunden lang.« Er nickte bekräftigend. »Erhellend. Sehr erhellend.«

»Das denke ich mir. Die Bedingungen müssen ziemlich hart sein.«

»Das sind sie allerdings.«

»Und welche Konsequenzen wollen Sie daraus ziehen? Ich meine, die Arbeiter dort können sich ja schwerlich am Abend ins Hotel zurückziehen. Viele haben nicht mal eine überdachte Unterkunft …«

Aus dem Augenwinkel bekam ich mit, wie meine Schwiegermutter die Augen verengte und mir einen Kontrollblick zuwarf. Sie konnte unmöglich gehört haben, was ich da gesagt hatte. Aber sie hatte ein untrügliches Gespür für jeden meiner kleinen und größeren Fauxpas.

»Entschuldigen Sie«, sagte ich schnell und errötete. »Ich wollte Ihnen nicht zu nahe treten.«

Almsiek junior lachte. »Nein, nein, Sie haben völlig recht. Hehre Einsichten reichen nun mal nicht. Man muss etwas für die Menschen tun.« Er beugte sich vertraulich zu mir. »Sobald mein alter Herr sich in den Ruhestand verabschiedet, werde ich einige Neuerungen einführen.«

Philipps Mutter nickte unmerklich und wandte sich wieder ihrem wieseläugigen Tischnachbarn Behling zu. Sie wirkte an diesem Abend nervöser als sonst. Später, als es zurück in den Salon zu den Drinks ging, sah ich sie einen Baileys quasi auf ex trinken und nach dem Kellner Ausschau halten. Vielleicht sollte ich ihr ja den Tipp geben, gleich ein größeres Glas zu bestellen, dann hätte sie länger was zu nippen. Am besten einen kristallenen Humpen voll, einen von den *geerbten* natürlich.

In einem unbeobachteten Moment zog ich mein Handy hervor und warf einen Blick darauf. Immer noch keine Nachricht von meinem Vater. Ich hatte ihm am Nachmittag geschrieben und ihn gefragt, wo er denn heute gesteckt hatte.

Ich entschuldigte mich für einen Moment und begab mich in die Gästegarderobe. Rasch schrieb ich Niko eine weitere SMS und bat ihn, sich kurz zu melden.

Als ich aufsah, begegnete mein Blick dem von Petra Behling, einer gelangweilt wirkenden Frau, die mit ihren Klunkern dem Kronleuchter im Salon beinahe die Show stahl.

»Die Kinder?«, fragte sie mit Blick auf mein Telefon. »Man ist doch immer besorgt. Zum Glück gibt es Handys. Handys und Kindermädchen.«

Ich lächelte höflich. »Sie haben Zwillinge im Alter unserer Tochter, richtig? Sie ist zehn.«

Erfreut nickte sie. »Leon und Tim werden im November elf. Sagen Sie … Haben Sie schon ein Internat in England ausgewählt?« Sie fächelte sich imaginär Luft zu. »Es ist wirklich schwierig, sich zu entscheiden. Leon begeistert sich so für die Mathematik, aber Tim spielt leidenschaftlich Golf. Wo finden wir nur eine Schule, die beides fördert? Natürlich wollen wir die Jungs nur im Notfall trennen.«

»Ihr Sohn spielt Golf?«, fragte ich und runzelte unwillkürlich die Stirn. Welcher Junge im Alter von zehn Jahren konnte Spaß daran finden, mit alten Leuten in Tweed über das Grün zu latschen und dann und wann einen Ball zu schlagen? Und das auch noch *leidenschaftlich*.

»Er spielt besser als sein Vater«, erklärte sie. »Man muss eben früh genug damit anfangen, sie zu begeistern. Sie haben keinen Sohn?«

»Doch, Max, er ist fünf. Er kommt ganz nach seinem Vater.« Einen Moment lang stellte ich mir Max in kratzigen Wollshorts, englischen Jagdkniestrümpfen und mit Golfschläger vor. Ein Schauer lief mir über den Rücken.

»Sie haben einen wirklich reizenden Mann«, sagte Frau Behling, und ihr Blick bekam etwas Schwärmerisches. »Kommen Sie doch alle mal zu uns zum Tee.«

Zum Tee? Langsam fühlte ich mich, als wäre ich im britischen Königshaus zu Gast.

»Gern«, sagte ich und bemühte mich um einen strahlenden Gesichtsausdruck. »Dann müssen Sie mir alles über Ihre Söhne erzählen. Und wie Sie sie für Mathematik begeistern. Und Golf natürlich.«

Frau Behling schenkte mir ein geradezu huldvolles Lächeln und stand auf. »Ich geselle mich dann mal wieder zu meinem Mann.«

»Ich komme gleich nach«, sagte ich und deutete vage auf meine verbesserungswürdige Frisur.

»Was für eine Schnepfe«, murmelte ich, als sie außer Hörweite war, und atmete tief durch. Als ich in den Spiegel sah, bemerkte ich die Falten um meine Mundwinkel. Sie hatten sich förmlich eingegraben in meine Haut. Das kam davon, wenn man zu viel und zu falsch lächelte. Ich blies die Backen auf. Mir gefiel nicht, was ich da sah. Und damit meinte ich nicht allein die Falten. Wer war ich denn, mich über andere zu erheben? Ich spielte das falsche Spiel doch mit.

Als wir endlich wieder im Auto saßen, streifte ich die Schuhe von den Füßen und stöhnte. Ich konnte gar nicht schnell genug nach Hause kommen.

Philipp redete in einem fort. Der Abend war für ihn ein voller Erfolg gewesen. Alle waren sie von ihm angetan. Große, prestigeträchtige Fälle warteten auf ihn. Ich sah ihn von der Seite an. Bildete ich es mir nur ein, oder war seine Brust geschwollen?

»Die Almsieks habe ich dir zu verdanken, mein Schatz«, sagte er wohlwollend und lotste den Wagen in eine Parklücke vor unserem Wohnhaus. »Sie hatten in Erwägung gezogen, ob sie in Zukunft nicht lieber direkt in Flensburg vertreten werden wollen, aber Senior wie Junior waren ganz begeistert von dir.« Er warf mir einen stolzen Blick zu. Dann beugte er sich her und küsste mich. Verloren schlang ich die Arme um seinen Hals.

»Und weißt du was?«, flüsterte er mir enthusiastisch ins Ohr. »Den Behling hab ich auch gekriegt.«

4

Irgendwo hatte ich gelesen, dass schlechter Sex ein Zeichen für eine gesunde Beziehung sei. Ich wusste auch nicht, warum ich gerade jetzt daran denken musste, als Philipp mich hastig ins Schlafzimmer zog, Richtung Bett drängte und mir die Strumpfhose auszog. Für einen Moment blieb sein Blick irritiert an dem schwarzen Filzstiftfleck auf meinem Bein hängen, dann machte er weiter.

Jedenfalls, so hieß es in dem Artikel, wich mit den Jahren die Lust meist unweigerlich der Langeweile. Und wenn die Beziehung das aushielt, dann schaffte man auch den Rest. Oder so.

Unwillkürlich seufzte ich. Philipp verstand es als Anfeuerung.

Irgendwie ging alles ziemlich schnell, was mich an diesem Abend nicht wirklich störte, denn ich war in Gedanken ganz bei seiner Mutter. *Ausgerechnet.*

Ich strich Philipp über das leicht feuchte Haar und wunderte mich, dass er überhaupt ins Schwitzen gekommen war.

»Deine Mutter war so nervös«, sagte ich unklugerweise.

»Hm«, brummelte er und rollte sich von mir herunter.

»Sie hat einen Baileys nach dem anderen in sich reingeschüttet. Findet sie diese Schnepfen in Wahrheit auch so unerträglich? Oder meinst du, sie hat ein Alkoholproblem?«

Philipp stützte sich widerwillig auf und sah mich an.

»Wie bitte?«

»Entschuldige, ich wollte deine Mutter nicht angreifen …«

Wäre ich ein wenig diplomatischer gewesen, hätte ich es dabei belassen. Hätte mich an Philipp geschmiegt, ihm zugeraunt, wie unglaublich stolz ich auf ihn war, hätte ihn aus seinem Hemd befreit, das er immer noch trug, und auch aus der Hose (ja, es war wirklich schnell gegangen). Und dann …

Nein, bitte kein zweites Mal schlechten Sex an diesem Abend.

»Was ich sagen wollte …«, setzte ich an. »Diese Schnep… Frauen … deine Mutter … Puh, ich will echt nicht so enden … Ich meine, ich …«

Philipp setzte sich mit einem Ruck auf.

»Ich habe nicht die geringste Ahnung, wovon du redest.«

Ich schloss die Augen und war drauf und dran, die Klappe zu halten, wie ich es meistens tat. Doch da war diese kleine, bohrende Stimme. Aus dem Off zwitscherte sie mir zu: Wenn du jetzt nichts sagst, wann dann? Dann wird morgen so sein wie heute und übermorgen wie morgen und immer so weiter, das ganze nächste Jahrzehnt. Irgendwann bist du auch so eine frühzeitig gealterte Tusse und gehst zum Golfturnier deines Sohnes, der gerade seinen Internatsabschluss in England macht. Und beim anschließenden Empfang wirst du dümmlich lächeln und zu den anderen Müttern sagen: »Was wären wir doch nur ohne unsere Männer.«

Ich schüttelte den Kopf. So ging das nicht weiter.

»Philipp, ich kann das nicht auf Dauer. Ich kann nicht bloß Kinder und Haushalt machen und ab und an dekorativ grinsen. Ich möchte …«

»Was?« Philipp knöpfte sein Hemd auf, zog es aus und hängte es über einen Bügel. Es war unübersehbar, dass ich ihn nervte.

»Ich möchte auch was aus meinem Leben machen, so wie du.«

»Und was willst du machen?«

Ich setzte mich auf. »Die Kinder werden größer, sie brauchen mich nicht mehr so wie früher. Und ich habe schließlich schon mal studiert. Ja, ich bin dreißig, und vielleicht ist es eine dumme Idee, noch mal ganz von vorn anzufangen. Aber ich … Ich will wenigstens wieder einen eigenständigen Job … vielleicht sogar noch mal zur Uni gehen und ein Psychologie-Studium beginnen.«

»Aber das ist doch lächerlich«, schnaubte er.

»Touché.«

Philipp bemerkte meinen verletzten Blick und zog die Stirn in Falten.

»Ich verstehe wirklich nicht, was du hast«, sagte er und hob sein Jackett vom Boden auf, um es glatt zu streichen. »Du machst doch die Buchhaltung.«

Für einen Moment saß ich nur da. Der Mund stand mir offen. Ich sah Philipp ins Gesicht, er lächelte nachsichtig.

»Auch wenn ich jetzt die prestigeträchtigen Fälle übernehme, Schatz – die Buchhaltung kannst du natürlich weiterhin erledigen, wenn dir ansonsten die Decke auf den Kopf fällt.«

5

»… und dann hat er gesagt, die Buchhaltung wäre doch prima für mich! Was ich denn überhaupt hätte.« Ich kniff die Brauen zusammen. »Ich meine, ich habe schließlich studiert«, legte ich nach. »Zwar nur ein paar Semester, aber immerhin …«

Smylla atmete tief durch und schwieg.

Der Fahrtwind des Elbdampfers zerzauste mir das Haar, und ich musste mit meiner Stimme gegen den Lärm der Schiffsmotoren ankämpfen.

»Sag mal, hörst du mir überhaupt zu?«

»Ja, klar«, sagte sie wenig überzeugend. »Ich hör dir immer zu. Du hast studiert.«

»Okay, schon verstanden. Das Thema langweilt dich.«

»Nein, nein, überhaupt nicht. Sorry.«

»Wenn ich an die Kanzlei denke, dann habe ich langsam das Gefühl, dort zu verrotten. Allein dieses Kellerbüro und wie es stinkt. Nach staubigen Akten.« Ich sah zu Smylla, deren beneidenswert große braune Augen sich hinter den verspiegelten Gläsern ihrer Sonnenbrille verbargen und keinerlei Reaktion preisgaben.

Max kam aus seinem Versteck am Bug des Elbdampfers hervorgeklettert, in der Hand eine Tüte Pommes. »Wo stinkt es?«

»Im Kellerbüro deiner Mutter«, sagte Smylla und stibitzte Max ein Pommes.

»Hat sie deshalb so schlechte Laune?«

»Sie ist schlecht drauf, weil sie lauter Sachen machen muss, zu denen sie keine Lust hat. Und bevor du jetzt fragst, warum sie dazu keine Lust hat, pass lieber auf dein Essen auf.«

Smylla nickte in Richtung der Reling, wo gerade eine Möwe gelandet war und aus ihren schwefelgelben Augen gierig nach Beute Ausschau hielt. Max hielt die ketchupverschmierten Finger schützend über seine Tüte Pommes frites und starrte den riesigen Vogel herausfordernd an.

Für einen Moment hörte man nur das Stampfen der Schiffsmotoren und das leise Schlagen der Wellen. Tief atmete ich die salzige Luft ein. Ein bisschen tat Max mir ja leid, wie er da stand, sichtlich gestresst, und sein Lieblingsessen beschützte. Aber aufstehen und den Vogel verjagen? Dazu saß ich gerade zu bequem.

Vermutlich war ich eine Rabenmutter. Statt froh zu sein, dass ich nur halbtags arbeitete und viel Zeit für die Kinder hatte, war ich unzufrieden und suchte nach einer Beschäftigung, die mich erfüllte. Aber mal ganz ehrlich: Buchhaltung hatte wirklich *nie* oben auf meiner Wunschliste an das Leben gestanden. Eher unten. Richtig weit unten.

Eine leichte Brise kam auf, und der Dampfer schaukelte in der Dünung. Dann ächzten die Motoren, und wir legten schräg gegenüber der Elbphilharmonie an.

Smylla nahm die Brille ab, legte den Kopf schief und sah mich an.

»Ich versteh dich total. Es gibt Leute, die können das. Buchhaltung und Steuer und so. Ich gehöre jedenfalls nicht dazu. Ich spüre jedes Mal so eine Art Lähmung, wenn ich bloß die Belege für die Umsatzsteuer zusammensuchen soll.«

Ich musste lachen. Typisch Smylla. Sie konnte in Minutenschnelle eingängige Werbeslogans kreieren, doch wenn es um weltliche Belange ging – Fehlanzeige.

»Aber weißt du was: Beschweren hilft nichts. Von Philipp kannst du wohl kaum erwarten, dass er dir entgegenkommt. Dazu ist es doch viel zu bequem für ihn, dass du seine Rechnungen schreibst und dich um all den trockenen Kram kümmerst. Entweder änderst du was, oder du lässt es bleiben.«

Das war nun gar nicht das, was ich hören wollte. Zum einen, weil Max nicht mitbekommen musste, dass ich gerade Ärger mit Philipp hatte. Zum anderen, weil es so dicht an der Wahrheit entlangschrammte wie der Dampfer an den Bohlen steuerbords. Natürlich hatte Philipp kein Interesse, dass ich wieder anfing zu studieren. Er arbeitete von acht Uhr morgens bis spätabends in der Anwaltskanzlei seines Vaters. Und jetzt, mit den richtig großen, den *prestigeträchtigen* Fällen, würde es bestimmt nicht weniger werden. Mal einen Nachmittag freinehmen und nach den Kindern sehen? Das war nicht drin.

Aber was beschwerte ich mich überhaupt? Eigentlich konnte ich doch von Glück sagen, dass Philipps Vater mir nach Käthes Geburt angeboten hatte, kleinere Verwaltungsarbeiten in der Kanzlei zu übernehmen. Auf diese Weise hatte ich ein bisschen was dazuverdienen können, während Philipp sich ganz auf sein Jurastudium konzentriert hatte …

»Ich weiß, was du denkst«, meinte Smylla.

»Hä?«

»›Hä‹ sagt man nicht, Mama«, kam es postwendend von Max.

»Hast recht.«

»Ihr hättet euch damals beide um Käthe kümmern können. Dann hätte dein Mann vielleicht zwei Semester länger bis zum Staatsexamen gebraucht. Aber es wäre dir gegenüber fairer gewesen. Und Käthe gegenüber auch.«

»Und was ist mit mir?«, warf Max ein.

»Du bist der weltbeste Pommesbeschützer«, sagte ich und kitzelte ihn, bis seine Hände sich von der Tüte lösten und ich ihm ein fetttriefendes Exemplar klauen konnte.

Bevor er sich wortreich beschwerte, kam ihm mein Handy zuvor.

»Das ist Opa Niko!«, rief Max mit Blick auf mein Display, wo soeben das immer so ernste Gesicht meines Vaters aufleuchtete.

»Hallo, Papa«, rief ich ins Telefon. »Wo hast du denn gestern gesteckt?«

»Gestern? Wieso gestern?«

»Du wolltest doch mit Max dieses Containerschiff einlaufen sehen.«

»Was für …«

»Die Cap San Augustin«, sagte ich stirnrunzelnd.

»Ach so, ja, natürlich«, sagte Niko zerstreut.

»Hast du das vergessen? Warum hast du denn nicht auf meine SMS geantwortet?«

»Jetzt geht das wieder los«, brummte er halblaut.

Ich atmete tief durch. »Okay, noch mal von vorn. Wieso rufst du denn an?«

»Ich weiß nicht mehr weiter.«

»Was ist los?«, fragte ich alarmiert.

»Das blaue Sakko. Es ist weg.«

»Hä?«, machte ich schon wieder und kassierte einen Stupser von Max.

»Das Sakko. Das blaue«, wiederholte mein Vater, nun drängender.

Smylla suchte meinen Blick und zog fragend die Brauen hoch. Ich malte mit dem Zeigefinger kleine Kreise neben meiner Schläfe und zuckte die Schultern.

»Weißt du, wo es ist?«, fragte Niko.

»Hast du im Schrank nachgesehen?«, überlegte ich.

»Natürlich, ich bin ja kein Idiot.«

Ich stand auf und trat zur Reling. Die Möwe hatte längst das Weite gesucht. Tief unter mir schwappte das Hafenwasser hoch, es roch leicht fischig.

»Was ist mit der Garderobe?«

»Da hängt es auch nicht.«

»Wann hast du es denn zum letzten Mal angehabt?«

»Das weiß ich nicht. Deshalb rufe ich dich doch an!«

Langsam wurde mir die Sache unheimlich. Ob er getrunken hatte?

»Niko … Papa … Was ist denn los mit dir?«

»Mit mir? Alles in Ordnung«, brummte er. »Ich dachte, du hilfst mir suchen. Aber …«

»Bist du zu Hause?«, unterbrach ich ihn.

»Natürlich bin ich zu Hause. Ich suche ja das Sakko.«

Ich sah auf die Uhr. Gleich fünf. Käthe war bei ihrer Freundin, sie würde nicht vor sieben zurück sein.

»Soll ich schnell vorbeikommen?«

»Ne, lass man. Ich will bloß dieses verdammte Sakko finden.«

Was war das schräg. Wie sollte ich ihm denn von hier aus helfen? »Dann lass uns noch mal alles zusammen durchgehen. Weißt du noch, wo du es zuletzt gesehen hast?«

»Es hing im Flur.«

»Okay. Und da hängt es offenbar nicht mehr. Sieh mal auf deiner Kommode nach.«

»Da liegt nichts.«

»Sieh trotzdem nach.«

»Warte.« Ich hörte Schritte, dann Geraschel. »Ah, endlich! Der Zettel von der Reinigung, das hatte ich ja komplett vergessen. Warum sagst du das denn nicht gleich? Also, bis dann!«

Perplex starrte ich auf das Handy. Mein Vater hatte das Gespräch einfach weggedrückt.

»Was war denn da gerade los?«, fragte Smylla, als ich zu meinem Platz zurückkehrte.

Ich schüttelte den Kopf. »Wenn ich das wüsste.« Ich warf einen demonstrativen Seitenblick auf Max. Der hatte für heute schon genug Familienstorys mitbekommen.

Für den Moment wusste ich nicht, was ich tun sollte. Den Vorfall als schräg und schrullig abtun? Aber das klappte nicht.

»Ich denke, ich sollte besser mal rasch bei meinem Vater vorbeischauen. Wäre das okay? Könntest du Max nach Hause bringen?«

»Klar doch«, sagte Smylla.

»Einspruch!«, rief Max. »Ich will noch Dampfer fahren. Du hast es mir versprochen! Vier Runden. Vier!« Er streckte mir die gespreizten Finger seiner Hand entgegen und verzog den Mund. Gleich würde er losheulen.

»Wie wäre es denn, wenn wir zwei noch ein paar Runden fahren?«, schlug Smylla vor. »Aber lass uns vorher frische Pommes holen, deine sind ja schon kalt.«

»Na gut«, maulte er und warf mir einen anklagenden Blick hinterher. »Ausnahmsweise.«

6

Plötzlich konnte ich es kaum erwarten, dass der Dampfer an der Elbphilharmonie anlegte. Ich winkte Smylla und Max zu, machte einen großen Schritt auf die Kaimauer und sprintete los.

Die Penthouse-Wohnung meines Vaters lag, wie konnte es anders sein, in der Hafencity. Als ich bei ihm klingelte, machte niemand auf. Ich versuchte es ein zweites Mal. Wieder nichts. Ich zog mein Handy aus der Tasche und rief ihn an.

»Papa? Wo steckst du gerade?«

»Im Auto. Auf dem Weg zur Reinigung. Ist gerade schlecht, ich suche einen Parkplatz. Ich ruf dich später zurück.« Und schon wieder war das Gespräch weg. *Verdammt.*

Unschlüssig stand ich vor Nikos Haus. Was jetzt? Auf meinen Vater warten? Zurück zur Fähre? Die war längst weitergefahren. Noch eine Stunde ins Büro, Buchhaltung machen? Bestimmt nicht.

Ich wandte mich um und schlug den Weg in Richtung Speicherstadt ein. Schon als kleines Kind, als wir noch in unserem Haus wohnten, hatte ich diese Gegend geliebt. Die steinernen Lagerhäuser, auf Eichenpfählen gebaut, die Seilwinden und Brücken und die alten Kontore, deren Waren aus fernen Ländern kamen. In seinen Mittagspausen war ich hier an der Hand meines Vaters spazieren gegangen, und er hatte mir von der Route erzählt, die sein

Tee und der Kaffee nahmen. Von geheimen Handelswegen, Wasserstraßen voller gefährlicher Strömungen und lauernder Piratenschiffe … Damals war seine Welt ein einziges Abenteuer für mich gewesen. Ich hatte den Duft von Tee geliebt, der an ihm haftete, wenn er abends nach Hause kam und mich auf den Arm nahm, mich an sich drückte.

Ich war ein Papakind gewesen, immer schon. Was hieß *gewesen*. In all den Jahren, in denen es zwischen meinen Eltern kriselte, hatten wir uns regelrecht miteinander verschworen. Dann war meine Mutter gestorben. Und ich … Ich hatte angefangen, Niko zu kontrollieren. Gesundheitschecks, Vorsorgeuntersuchungen, ausreichend Bewegung, gesundes Essen, tägliche SMS. Wie es aussah, war ich ein echter Kontrollfreak. Es war kindisch von mir, Leben war ein einziges Loslassen. Aber genau dazu war ich nicht bereit. Ich konnte nach Mamas Tod nicht noch einen Abschied verkraften, schon gar nicht von meinem Vater. Mein Opa war mit zweiundsiebzig gestorben. Niko war jetzt siebenundsechzig. Da war es doch klar, dass ich ihm ein bisschen auf die Finger sah.

Als ich nach Hause kam, später als geplant, saßen Käthe und Max vor dem Fernseher.

»Ist Smylla schon weg?«, fragte ich.

»Sie wollte noch zu Ole. Als du angerufen hast und gesagt hast, dass du auf dem Heimweg bist, hat sie uns eklige Käsebrote gemacht und uns zur Entschädigung vor den Fernseher gesetzt«, berichtete Käthe. »Sag mal, stimmt das, dass Ole noch eine andere Freundin hat?«

»Wo hast du das denn aufgeschnappt?«, entgegnete ich.

»Man antwortet auf eine Frage nicht mit einer Gegenfrage«, erwiderte sie und legte den Kopf schief. Ich musste lachen. Mit ihren goldbraunen Haaren, dem runden Gesicht und den grünbraunen Augen sah Käthe aus wie ich in ihrem Alter. Nur das energische Kinn, das hatte sie von Philipp. Eindeutig.

»Also, ich würde sagen, Ole liebt zwei Frauen und kann sich nicht entscheiden«, meinte ich. »Das ist manchmal so.«

»Einspruch. Das ist ein Fall für den Anwalt!«, rief Max.

Skeptisch blickte ich ihn an. »Was weißt du denn von so was?«

»Papa nimmt mich sonntags jetzt manchmal mit in die Kanzlei. Und dann erzählt er mir von seinen Fällen. Vor Gericht sagt er ganz oft Einspruch. Ein-spruch, Einspruch«, sang Max und sprang im Takt dazu auf dem Sofa herum.

Das war ja ein Ding! Statt raus auf den Spielplatz ging es jetzt auch sonntags in die muffigen Räume der Kanzlei?

»Und das gefällt dir? Mehr als der Abenteuerspielplatz?«

»Papa sagt Ja. Also, wenn ich doch nicht Schiffskapitän werde, dann will ich Anwalt werden. Und dann kann Käthe die Buchhaltung machen, wenn du zu alt dafür bist.«

»Na, da kann ich es ja kaum erwarten, alt zu werden«, grummelte ich, ließ mich zu den Kindern aufs Sofa fallen und starrte auf den Fernseher, wo gerade der Kinderkanal lief.

Als ich in Käthes Alter war, war ich nach der Schule immer allein. Bis Opa Amandus zu uns kam, das Haus und unser Leben auf den Kopf stellte. *Ach, Opa.* Was hätte ich darum gegeben, seine Krankheit aufhalten zu können. Ihn einfach nur glücklich zu sehen.

Später, als Käthe und Max im Bett waren, ging ich runter in den Keller und suchte nach den Tagebüchern aus meiner Kindheit. Alles hatte angefangen, als Oma Margarethe gestorben war. Damals hatte Opa sich immer mehr verloren. Das war 1998 gewesen, im April …

Ich zog die passende Kiste aus dem Kellerregal, klemmte sie unter den Arm und stieg die Treppen hinauf. Im Wohnzimmer setzte ich mich auf den Boden und fing an zu stöbern. Die Jahreszahlen prangten in meiner Kinderschrift auf den Buchrücken. 1996 … 1999 … 2002 … 1998 – da war es. Erinnerungen stoben auf, als ich nach dem Tagebuch griff. Mit dem Finger strich ich über die rosa Maus auf dem Einband.

Das Tagebuch in der Hand, kuschelte ich mich in eine Decke aufs Sofa. Das Papier roch nach feuchtem Keller. Nach Keller und Einsamkeit, dachte ich und schlug es auf.

☆☆☆

Mein Tagebuch
23. April 1998

Oma ist tot! Ich bin so schrecklich traurig.
Papa kam gerade in mein Zimmer und hat sich zu mir aufs Bett gesetzt. Und dann erzählte er mir, dass Oma einen Herzin~~fackt~~farkt hatte. Ihr Herz hat einfach aufgehört zu schlagen.

Ach Oma, ich werde dich soooo vermissen.
Du warst immer so lieb zu mir. ❀❀❀
Hoffentlich kann ich Papa überreden, dass Opa zu uns zieht. Dann wäre ~~ich~~ er nicht dauernd allein.

☆☆☆

Ich meinte Opas Wange zu spüren, wie damals, wenn er mich an sich drückte, ein bisschen kratzig, weil er wieder mal vergessen hatte, sich zu rasieren. Und plötzlich war alles wieder da.

All die Erinnerungen …

7

Schleswig-Holstein, Mai 1998

Sonnenstrahlen drangen durch die hohen Kirchenfenster und fielen schräg auf den Altar. Alles war voller Rosen, ein richtiges Meer aus hellen Blüten. Meine Großmutter hatte Blumen geliebt, und so versuchte ich mir vorzustellen, dass sie irgendwo dort oben war, wo das Licht herkam, und sich über die ganzen Sträuße freute.

Aber es klappte nicht wirklich. Überhaupt fand ich es falsch, dass die Sonne schien. So, als wäre heute ein schöner Tag. Ein Tag, an dem ich Oma und Opa in ihrem Haus auf dem Land besucht hätte. Ich hätte mich zu Opa auf sein altes Ledersofa gekuschelt und ihm zugehört, wie er von früher erzählte, von seiner Zeit als Tierarzt. Wenn ich bei ihm war, dann hing der Raum voller Geschichten. Opa hatte die unglaublichsten Dinge erlebt. Und wenn er anfing zu erzählen, sah ich sie alle vor mir: den alten Schäferhund, der in eine Wildererfalle geraten war. Das kleine Meerschweinchen, das schon ganz kalt am Körper gewesen war. Den Siamkater mit den blauen Schielaugen, den er an der Lunge operiert hatte … Sie alle hatte er retten können. Die Leute waren von weit her gekommen mit ihren Tieren, damit Opa sie behandelte. Oma wäre in der Zwischenzeit in den Ort geradelt, um der alten Frau

Schulte Suppe zu bringen, und später dann, nach ihrer Rückkehr, hätten wir zusammen im Garten gesessen und Kuchen mit viel Sahne gegessen, bis Papa kam, um mich abzuholen …

Ich spürte, wie mir Tränen in die Augen stiegen. So würde es nie wieder sein. Oma war fort. Für immer. Das war das Schlimmste, was ich je erlebt hatte. Außer letztes Weihnachten, als Mama und Papa heftig gestritten hatten. Aber das war eine andere Geschichte.

Smylla stupste mich an. Ich war froh, dass ihre Eltern ihr erlaubt hatten, mit auf die Beerdigung zu kommen. Immerhin war sie meine beste Freundin.

»Kannst du dir vorstellen, dass deine Oma da vorne in der Kiste liegt?«, flüsterte sie mir ins Ohr.

»Das ist keine Kiste, sondern ein Sarg«, entgegnete ich. Plötzlich war ich mir nicht mehr sicher, ob es so eine gute Idee gewesen war, sie dabeihaben zu wollen. Bisher hatte ich den Blick auf den Sarg gemieden. Schwarz war er, ein richtiges Albtraumschwarz, und ich wollte wirklich nicht daran denken, dass Oma dort drinnen eingesperrt war.

»Meinst du, dass sie sie verbrennen?«

»Wen?«

»Na, deine Oma!«

Ich sah Smylla entgeistert an. »Spinnst du?«

»Wenn sie nicht verbrannt wird, dann wird sie von den Würmern gefressen.«

Ich stieß Smylla mit dem Fuß an. »Hör auf. Sie wird doch in einem Sarg beerdigt.«

»Ja, aber die Würmer kommen da durch.«

»Psst«, machte Papa. Zum Glück, denn ich hatte genug

von Smyllas schrägen Ideen. Die Vorstellung, wie Omas Körper verweste, zusammen mit dem modrigen Geruch in der Kirche – das war echt schlimm.

Ich versuchte mich auf den Pfarrer zu konzentrieren, der vor dem Altar stand und von meiner Großmutter erzählte.

»… sie konnte so herzhaft lachen. Sie liebte die Natur, sie liebte schöne Kleidung, und sie war neugierig auf das Leben …«

Das stimmte. Oma war ganz schön neugierig gewesen, auch auf mein Leben. Immer hatte sie wissen wollen, was meine Freundinnen machten und ob Jakob noch in mich verknallt war. Dabei war der eine totale Nervensäge, den hatte ich seit der Grundschule nicht mehr gesehen. Zum Glück. *Ach, Oma …* Sie war auch immer hübsch angezogen gewesen, nicht wie diese typischen alten Frauen mit ihren ewigen beigefarbenen Strickjacken. Ich blickte zu dem riesengroßen Porträt von ihr, das neben dem Altar stand. Darauf lachte sie und wirkte richtig glücklich. Als ich sie das letzte Mal gesehen hatte, an Ostern, da hatte sie Papa und mir nachgewunken und ganz ähnlich geschaut. Die Leute sagten immer, dass ich ihr ähnlich sähe, mit den großen Augen und dem glatten braunen Haar, das ihr bis zum Kinn reichte. Wobei meine Haare eher ein bisschen blond waren wie die meines Vaters. Doch der trug sie raspelkurz.

»… Wirklich gestorben ist nur, wer vergessen wird«, sagte der Pastor gerade.

»Ich werde Oma bestimmt nicht vergessen«, flüsterte ich meinem Vater ins Ohr, und er drückte meine Hand.

Wenn ich Oma nicht vergaß, würde sie nicht wirklich tot sein, und dann … Dann würde auch Opa vielleicht nicht mehr so traurig sein. Er wirkte schrecklich einsam, wie er da saß und auf den Sarg starrte. So, als hätte er nicht nur seine Frau, sondern seine ganze Welt verloren.

Nun wandte sich der Pfarrer an ihn. »Lieber Amandus, in unserem letzten Gespräch hast du den Wunsch geäußert, selbst ein paar Worte über deine wundervolle Frau zu sagen … Amandus?«

Mein Großvater stand mühsam auf. Er wirkte mit einem Mal viel kleiner. Vielleicht lag es an der Kirche und ihren Wänden, die hoch über uns aufragten. Vielleicht war es aber auch so, wenn man traurig war und einsam. Dann wurde man immer kleiner, bis einen keiner mehr sah und man schließlich ganz aus der Welt verschwand.

Steifbeinig ging er die Stufen zum Altar hinauf, und mir kam es so vor, als hielten alle den Atem an aus Angst, er könnte hinfallen.

Der Pastor nickte ihm zu und trat ein Stück zur Seite, um Platz zu machen. Amandus räusperte sich.

»Margarethe war einfach großartig«, begann er. Papa neben mir seufzte leise. »Und noch viel mehr war sie großherzig und so voller Wärme.« Er schmunzelte. »Und ich rede nicht nur von ihrem großen Busen.«

Also Opa!

Die Leute auf den Kirchenbänken hinter mir tuschelten. »Sagt man das, wenn die Frau gerade gestorben ist?« Opa durfte doch auch mal einen Spaß machen.

»Margarethe hat immer über meine Witze gelacht«, fuhr er fort, als hätte er meine Gedanken gelesen. »Dafür habe ich aber auch bis zuletzt ihren Apfelkuchen gegessen, den gedeckten mit der Sprühsahne.« Opa lächelte, und ich wusste genau, was er meinte. Oma hatte immer die Kerne dringelassen, »für den Geschmack«. Das war echt eklig, wenn man draufbiss.

»Eigentlich konnte ich ihn nicht mehr sehen, geschweige denn essen. Aber ich hab es trotzdem getan.« Er blickte zum Sarg, zu Oma. »Wie stolz du immer warst, wenn er dir wieder gelungen war.«

Ich suchte Opas Blick, doch er schien durch mich hindurchzusehen.

»Ich hätte so gern auch mal etwas anderes gehabt – Pflaumenkuchen vielleicht …«, sagte er und wirkte mit einem Mal völlig verwirrt. »Oder Aprikosentarte oder … wie heißt das noch mal … Marzipantorte oder … ja! Windbeutel. Windbeutel mag ich auch sehr gern … Die beste Marzipantorte gibt es übrigens im … Wie heißt das noch?! Das da an der Kreuzung … Wo sie das Haus umgebaut haben … Damals … Ja, leck mich doch am Arsch!«

Smylla lachte und schlug sich auf die Schenkel. Mir aber war gar nicht nach Lachen zumute. Mein Großvater war für mich immer ein Held gewesen. Einmal hatte er einen ganzen Stall voller Schweine gerettet. Der Bauer hatte sie notschlachten wollen, doch Opa war gerade noch zur rechten Zeit gekommen. Aber jetzt wirkte er völlig hilflos. Das machte mir Angst. Auf einmal fühlte ich mich, als sei kein Boden mehr unter meinen Füßen.

Opa blickte sich suchend um, so als schwebten die Worte, die er nicht finden konnte, irgendwo vor ihm in der stickigen Luft.

»Na, das Café jedenfalls«, sagte er dann. »Aber Margarethe hat immer gesagt, die Gäste wären enttäuscht, wenn sie plötzlich einen anderen Kuchen bekämen. Der Mensch ist schließlich ein Gewohnheits… ein Gewohnheitsmensch.« Ihm stiegen Tränen in die Augen. »Tja, was würde ich heute für ein Stück von deinem Apfelkuchen geben. Meine Elisabeth!«

»Elisabeth?«, hörte ich meine Mutter flüstern. »Wen meint er denn damit?«

»So hieß seine Mutter«, erklärte mein Papa.

»Was soll ich denn jetzt bloß ohne dich machen?«, fragte Opa mit Blick zu Omas Foto und wirkte so traurig, dass es mir das Herz zusammenzog. Papa stand auf, ging nach vorne und nahm seinen Vater in den Arm. Opa schniefte, dann löste er sich ein Stück von Papa und sagte laut zu ihm: »Ich hoffe, dass du irgendwann auch so eine bezaubernde Frau findest, wie es Margarethe für mich war.«

Ich warf meiner Mutter einen Blick zu. Sie wirkte ziemlich sauer. Sie und Opa hatten sich noch nie besonders gut verstanden. Mama konnte aber auch echt zickig sein.

Vorn am Altar nahm Opa eine Rose aus einem der Kränze und legte sie auf den Sarg. »Auf bald, meine Schöne«, sagte er leise.

Es war der traurigste Moment an diesem Morgen.

Mich beschlich das Gefühl, dass ich nicht nur meine Großmutter, sondern meinen Großvater gleich mit verloren hatte.

8

Hamburg-Eppendorf, Mai 2017

Draußen war es längst dunkel geworden. Ich legte das Tagebuch zur Seite und zog die Decke enger um die Schultern. Bilder stiegen in meiner Erinnerung auf. Wie Niko und ich Opa nach Omas Tod besucht hatten. Wie wir mit ihm zum Friedhof gegangen waren und frische Blumen auf ihr Grab gelegt hatten. Damals hatte er laufend Dinge durcheinandergebracht, Wörter, Begebenheiten, Menschen … Trotzdem hatte ich nie ein Problem damit gehabt, mit ihm umzugehen. Wir hatten so viel zusammen gelacht. Opa war in meinen Augen wie ein großes Kind gewesen, das lauter Unfug machte. Oft hatte ich nicht schlecht gestaunt, auf welche Ideen ein erwachsener Mensch kam. Einmal hatte Opa den Kühlschrank mit der Klotür verwechselt und hineingepinkelt. Ich hatte mich kaputtgelacht über die entsetzensstarren Gesichter meiner Eltern.

Aber jetzt, bei Niko, fand ich es gar nicht lustig, wenn er verwirrt war. Das war etwas anderes. Sorge um meinen Vater griff nach mir, ich spürte, wie mein Hals eng wurde. Dabei war doch gar nichts passiert! Niko hatte den Zettel für die Reinigung verlegt. Na und? Millionen von Menschen suchten täglich ihre Zettel für die Reinigung oder ihre Brillen, den Schlüssel, das Portemonnaie.

Und trotzdem. Was, wenn es ein erstes Anzeichen war? Was, wenn dieser ganze Albtraum von vorn losging? Wenn Niko die Kontrolle über sein Leben verlor?

Ich sollte mit jemandem darüber reden, bevor ich mich noch verrückt machte, sagte ich mir. Philipp brauchte ich mit meinen diffusen Ängsten nicht zu kommen, dazu war er viel zu rational. Aber vielleicht war das ja genau das, was ich brauchte. Jemand, der mich zurück auf den Boden holte. Es brachte doch nichts, sich über etwas aufzuregen, wenn man erstens gar nicht wusste, ob es so übel war, wie man sich ausmalte, und zweitens sowieso keine Kontrolle darüber hatte. Bei meiner Mutter, bei dem verdammten Krebs, da hätte man etwas tun können, hätte man es früher bemerkt. Aber Alzheimer?

Und schon packte mich der nächste Strudel an Gedanken. Was, wenn es genetisch war? Wenn Alzheimer in unserer Familie lag und ich die Nächste war? Wenn wenn *wenn* …

Geräusche im Flur rissen mich aus meinen Gedanken. Eine Tasche landete geräuschvoll auf dem Boden, dann folgte das Klirren des Schlüssels auf der Ablage. Als Philipp ins Wohnzimmer trat, schloss ich rasch mein Tagebuch.

»Ist spät geworden«, sagte er und rieb sich den Nacken.

»Möchtest du noch was trinken? Ein Bier? Wein?« Ich schälte mich aus der Decke.

»Ne, lass mal, ich will einfach nur schlafen. Kommst du auch?«

»Noch nicht«, sagte ich. »Ich … ich würde gern mit dir über etwas reden.«

Philipp fasste sich an die Stirn. »Wenn es jetzt wieder darum geht, dass du studieren willst … Das hatten wir doch schon.«

»Es geht um meinen Vater«, unterbrach ich ihn. »Ich mache mir Sorgen um Niko. Er war heute ziemlich durcheinander.«

»Hat er mal wieder getrunken?«

»Es wäre toll, wenn du mich ausreden ließest«, sagte ich schärfer als gewollt.

»Entschuldige, aber ich bin wirklich müde.« Er ließ sich auf die Lehne des Sofas sinken, legte einen Arm um meine Schultern und zog mich an sich. »Können wir nicht morgen darüber sprechen? Mir brummt der Schädel. Ich habe mich seit heute Nachmittag mit den Erwerbsobliegenheiten eines säumigen Unterhaltszahlers herumgeschlagen.«

»In Ordnung«, sagte ich und kapitulierte. Bevor Philipp den ganzen langweiligen Fall vor mir aufrollte, gab ich lieber nach. Ich löste mich aus seiner Umarmung. »Ich will noch ein bisschen lesen und komme dann nach.«

»In Ordnung. Bis gleich«, sagte er und drückte mir einen Kuss aufs Haar.

Als Philipp ins Bad verschwand, stand ich auf und trat ans Fenster. Regen trommelte außen auf das Fensterbrett und benetzte die Scheiben. Ich öffnete das Fenster weit. Feuchtkalte Luft schlug mir entgegen. Ich atmete tief durch. Wenn ich so weitermachte mit meinen Spinnereien, würde ich noch wie Philipps hysterische Mutter werden.

Ein leises »Pling« holte mich aus meinen Gedanken. Ich schloss das Fenster, machte mich auf die Suche nach meinem Handy und fand es zwischen zwei Sofakissen. Eine Nachricht von Smylla. Um diese Uhrzeit?

Noch wach?

Ja. Bist du nicht bei Ole?

War schlimm.

Oje. Morgen um 9? Im Café?

OK. Dann bis morgen.

Schlaf gut!

Ich wartete einen Moment, ob noch etwas kam, dann legte ich das Handy auf den Tisch und hockte mich wieder in meine Sofaecke.

Seltsam, dass Smylla sich überhaupt nicht nach Niko erkundigt hatte. Irgendetwas musste passiert sein. Ob Ole Schluss gemacht hatte? Es wäre bestimmt das Beste für sie. Ehrlich gesagt hatte ich noch nie verstanden, was Smylla an diesem farblosen Typen so toll fand. Kurz überlegte ich, ob ich sie anrufen sollte. Aber irgendwie war mein Kopf gerade nicht frei für all die Dramen, die sich um Ole rankten.

Ich griff wieder nach meinem Tagebuch.

Nach der Beerdigung hatte Niko Amandus angeboten, dass er erst mal für eine Weile zu uns zog, doch das wollte Opa nicht. Er hatte gesagt, er wolle Margarethe nicht allein lassen. Aber dann war alles anders gekommen …

9

Schleswig-Holstein, Mai 1998

Großvater wohnte nun ganz allein in einem verwunschenen Holzhaus am See. Am schönsten war es im Sommer, wenn wir im See badeten. Dann tauchte Opa immer unter, kam schnaubend wie ein Seeungeheuer wieder hoch und jagte mich, bis wir beide ganz außer Atem waren.

Das Haus war so abgelegen und still, dass man die Schafe auf der Weide am anderen Ufer blöken hörte. Das letzte Stück des Weges führte über eine unbefestigte Straße mitten durch den Wald. Einmal im Herbst hatte Oma mich zum Pilzesammeln mitgenommen. Zu Hause hatte sie dann eine total leckere Soße für die Nudeln daraus gekocht.

Im Winter, wenn Schnee lag, musste man aufpassen, dass man nicht mit dem Wagen stecken blieb. An sonnigen Tagen aber spiegelten sich die Baumwipfel in der Windschutzscheibe, und rund um einen herum war die Welt in Grün getaucht.

Ein paar Wochen nach Oma Margarethes Tod rief Opa ganz aufgeregt an und sagte, er fände den Weg zum Friedhof nicht. Mein Vater machte sich Sorgen um ihn, und so schnappte er mich kurzerhand und fuhr mit mir zu Opa aufs Land.

Als wir vor dem Haus hielten, sprang ich hinaus und machte mich auf die Suche.

»Opa!«, rief ich. »Opa! Wir sind's.«

Die Haustür stand sperrangelweit offen. Ich rannte einmal quer durch alle Zimmer, dann in den Garten und weiter Richtung See. Wo konnte er bloß stecken?

»Opa!«, rief ich wieder, doch ich bekam keine Antwort. Mein Großvater war verschwunden. Als hätte er sich in Luft aufgelöst.

Als ich zurück ins Haus kam, sah ich, wie Papa sein Handy in die Tasche schob. Er wirkte so ernst, dass ich mir plötzlich Sorgen machte. Mein Herz begann zu pochen.

»Was ist denn?«, fragte ich.

»Komm«, sagte er bloß. »Wir gehen Opa holen.«

Auf der Fahrt erzählte mein Vater mir, dass die Polizei bei uns zu Hause angerufen hätte. Sie hatten meine Mutter gerade noch erwischt, bevor sie in die Werbeagentur fuhr.

»Die Polizei? Hat Opa was angestellt?«

»Er hat eine Vermisstenanzeige aufgegeben. Wegen Oma. Wir sollen ihn auf der Wache abholen.«

Für einen Moment verstand ich nur Bahnhof. Eine Vermisstenanzeige?

»Ist das immer so, wenn jemand stirbt?«, fragte ich nach einer Weile. »Dass der andere dann komplett durcheinander ist?«

»Wenn zwei Menschen sich lieben«, sagte Papa und zuckte die Schultern.

Was das wohl wieder zu bedeuten hatte …

Ich fragte mich im Stillen, ob meine Eltern sich jemals so lieb gehabt hatten wie Oma und Opa. Wenn beide mal nicht arbeiten mussten und zu Hause waren, dann stritten sie sich. Das ging schon eine ganze Weile so, aber richtig schlimm war es geworden, als Papa eine andere Frau gesext hatte. Mama hatte es ihm heimgezahlt und das Gleiche mit ihrem Chef gemacht, auf der Weihnachtsfeier. Danach war Papa richtig sauer gewesen. Was dann auch erklärte, warum letztes Weihnachten bei uns zu Hause nicht gerade friedlich verlaufen war. Ich seufzte.

»Mach dir keine Sorgen«, sagte Papa. »Wir kümmern uns um Opa.«

Die Fahrt zur Wache dauerte nicht lange. Es war das erste Mal, dass ich mit der Polizei zu tun hatte. Verstohlen blickte ich mich um. Verbrecher in Handschellen konnte ich leider keine sehen, und Opa genauso wenig.

Ein Polizist in Uniform begrüßte uns. Mein Vater nannte seinen Namen und erklärte, wir seien hier, um Opa abzuholen.

»Amandus Rosenbach? Den älteren Herrn, der seine tote Frau für vermisst erklären wollte?«

»Genau den«, sagte Papa und zog die Brauen hoch.

Der Polizist griff nach einem gerahmten Bild, das auf dem Tresen lag.

»Das hier hat er liegen lassen …«

Ich reckte den Hals, um besser sehen zu können. In dem Silberrahmen steckte ein Foto; es zeigte eine junge Frau mit langem dunklem Haar in einem altmodischen Bikini am Strand.

»Das ist meine Mutter«, sagte Papa. »Als sie jung war.«

Der Polizist schmunzelte. »Er hat es uns als Fahndungsfoto mitgebracht.«

Auf was für Ideen Opa kam! Irgendwie fand ich es lustig, Papa aber wohl weniger. Er atmete geräuschvoll aus, nahm das Foto und steckte es ein. Dann sah er sich suchend um.

»Und wo ist mein Vater jetzt?«

»Meine Kollegen haben ihn nach Hause gefahren.«

»Aber wieso das denn? Ich dachte, Sie halten ihn fest? Wir sind extra hergekommen, um ihn abzuholen.«

»Er wollte unbedingt nach Hause«, erwiderte der Polizist. »Wir konnten ihn ja schlecht hier festhalten. Uns war allerdings nicht wohl bei dem Gedanken, ihn allein gehen zu lassen. Meine Kollegen schlugen ihm daher vor, in den Streifenwagen zu steigen. Da war er gleich Feuer und Flamme. Er meinte, er wäre noch nie in einem Polizeiauto gefahren.« Er zwinkerte mir zu.

Wenig später hielten wir zum zweiten Mal an diesem Tag vor Opa Amandus' Haus. Ich kletterte aus dem Wagen, lief um die Ecke und sah ihn in seiner dicken Strickjacke auf der Bank neben der Haustür sitzen. Als er mich bemerkte, stand er auf, und seine Augen leuchteten.

»Tilda! Meine kleine Principessa!«

Ich warf mich ihm um den Hals. Mit einem Mal spürte ich, welche Sorgen ich mir um ihn gemacht hatte. Als er mich jetzt fest an sich drückte, war alles wieder gut. Opa war genauso groß wie Papa, doch ein bisschen dick und ziemlich kuschelig. Sein Haar war ganz weiß und stand in alle Richtungen. Sogar seine Barthaare waren weiß. Er kitzelte mich, und ich musste lachen.

Zusammen spazierten wir ins Haus. Auf der Türschwelle drehte Opa sich um und entdeckte Niko, der ihn anstarrte.

»Guck mal, der da …«, sagte Opa zu mir. »Den kenn ich doch irgendwoher …«

Mein Vater verzog keine Miene. Er fand das Ganze wohl gar nicht lustig. Aber Opa ließ sich die gute Laune nicht verderben.

»Kommt mal rein«, sagte er und legte einen Arm um meine Schultern. »Schön, dass du mich besuchst!«

Im Wohnzimmer steuerte er sein braunes Sofa an. »Hier, setz dich mal.«

Ich ließ mich auf das Polster sinken, und Opa tat es mir gleich. Das war unser Stammplatz, der schönste Ort im ganzen Haus. Schöner noch als der See, außer vielleicht im Sommer, wenn man vom Ufer aus ins Wasser springen konnte.

Doch heute war es anders als sonst. Oma war nicht mehr da.

»Willst du einen Keks?«, fragte Opa. Ich griff in die Schale, die er mir hinhielt, und nahm mir einen Schokokeks. Dann sah ich mich um. Oje! Was war denn hier passiert?

Wenn man nachts träumte, tauchten manchmal die seltsamsten Dinge auf, und man hielt sie für wahr. Fliegende Elefanten, sprechende Delfine mitten in der Wüste, eine Bürste im Kühlschrank und unterm Bett eine Schokoladenfabrik. Aber jetzt war ich wach, eindeutig. Ich rieb mir die Augen, doch das half nichts. In Opas Wohnzimmer sah es aus wie in einem mittleren Albtraum. Berge von Zeitschriften stapelten sich auf dem Tisch. Obendrauf balancierte ein Teller mit Essen, das von einer pelzig blauen Schicht überzogen war. In den Tassen schwappten undefinierbare Flüssigkeiten, die einen unangenehmen Geruch verströmten. Bücher waren aufeinandergeschichtet und ragten wie Säulen empor. Bücher, die doch eigentlich ins Regal gehörten … Mein Blick wanderte zu den hohen Regalen an den Wänden, und ich konnte kaum glauben, was ich da sah! Sie waren voller Milchflaschen, Käse, Gemüse, Butter und anderem Kram.

»Warum stehen denn deine ganzen Essenssachen im Bücherregal?«, fragte ich entgeistert.

»Na, in der Spülmaschine war kein Platz mehr«, antwortete mein Großvater und zuckte mit den Schultern.

Ich wusste nicht, was ich dazu sagen sollte. Ein bisschen unheimlich war mir das Ganze schon.

In diesem Augenblick kam Papa herein und sah sich um.

»Suchst du was?«, fragte Opa.

»Die Putzfrau?«

»Die hab ich entlassen.«

Das mochte einiges erklären. So schlimm wie hier hatte es noch nirgends ausgesehen, wo ich gewesen war, nicht bei mir, auch nicht bei Smylla oder meinen anderen Freundinnen und selbst nicht bei deren Brüdern im Zimmer.

»Aber wieso?«, fragte mein Vater. Er wirkte kein bisschen amüsiert. Vielleicht dachte er ja, dass er den ganzen Mist selber wegmachen müsste.

Opa sah sich um und tat geheimnisvoll. Dann winkte er

Papa zu sich und lehnte sich vor, als fürchtete er, belauscht zu werden.

»Sie hat geklaut«, flüsterte er.

»Sie hat geklaut?«, wiederholte Papa nicht im Geringsten leise. »Was denn?«

Opa zuckte zusammen. »Den Schmuck von deiner Schwester.«

Jetzt verstand ich gar nichts mehr.

»Aber ich habe keine Schwester«, erwiderte Papa.

Opa stützte das Kinn in seine Hand, er schien nachzudenken. Dann hellte sich sein Gesicht auf. »Aber du wolltest immer eine!«, sagte er.

Mein Vater fand das gar nicht lustig. Er warf einen Blick auf eine der Büchersäulen. Da entdeckte er Omas Schmuckschatulle. Er öffnete sie und hielt sie Opa hin. »Ist alles noch da.«

Mein Großvater wand sich. Auf einmal tat er mir leid. Er hatte wohl etwas durcheinandergebracht, und mein Vater hatte ihn dabei erwischt. Ich war fast ein bisschen sauer auf Papa, dass er Opa nicht in Ruhe ließ. Und er hörte einfach nicht auf. Jetzt zog er Omas Foto aus der Tasche und streckte es Opa entgegen.

Der nahm es ihm aus der Hand und betrachtete es wie einen Schatz. »Margarethe«, sagte er und sah mich verträumt an. »Ist sie nicht wunderschön?«

Ich nickte und kuschelte mich an ihn.

»Alle waren hinter ihr her«, erzählte Opa. »Jeder wollte sie haben, aber sie hat sich für mich … Mit mir wollte sie …« Er wusste nicht mehr weiter, was wohl auch ganz gut war.

»Du warst mit dem Foto bei der Polizei?!«, fragte Papa.

»Bei der Polizei? Warum?«

»Das wollte ich von dir wissen.«

Opa wirkte plötzlich unsicher. Er blickte sich um, als würde sich die Antwort auf Papas Frage irgendwo zwischen den Milchflaschen, den Büchern und dem Blumenkohl verbergen. Dann lächelte er verschmitzt.

»Ich wollte wohl ein bisschen angeben«, meinte er, und ich musste grinsen.

Papa atmete schon wieder geräuschvoll aus – ein klares Zeichen, dass er sauer war – und verließ das Wohnzimmer.

Ich wusste nicht so richtig, was ich machen sollte, und sah Opa an. »Und? Wie war's im Polizeiauto?«

»Sehr ergiebig«, antwortete er und sah mich verschwörerisch an. Dann griff er hinter sich, zog etwas aus seinem Hosenbund – und präsentierte mir stolz eine Pistole.

»Hä? Wo hast du die denn her?«

»Die habe ich dem Polizisten, der vor mir im Streifenwagen saß, heimlich aus dem Holster gezogen. Hat er nicht gemerkt. Ich hatte schon immer eine ruhige Hand. Brauche ich auch für die OPs.«

»Die ist doch nicht echt?!«, erwiderte ich.

»Na, dann pass mal gut auf«, sagte Opa und zielte auf das Hirschgeweih an der Wand gegenüber. Er machte eine ziemliche Schau daraus, guckte ganz konzentriert und murmelte was von »Korn« und »Kimme«, was immer das sein mochte. Ich verdrehte die Augen. Damit hätte er vielleicht einen Vierjährigen beeindrucken können, dachte ich noch – doch dann brach die Hölle los!

Der Knall war so laut, dass ich für einen Moment dachte,

meine Trommelfelle würden platzen. Ich schrie auf und presste die Hände auf die Ohren. Als Nächstes stieg mir ein stechender Geruch in die Nase.

Opa war völlig außer Rand und Band. »Peng, peng, peng!«, rief er und ballerte auf die Reste des Hirschgeweihs. Wie kleine Geschosse stoben die Splitter durch die Gegend. In Panik warf ich mich auf den Boden, die Hände noch immer auf die Ohren gepresst.

»Das Ding konnte ich noch nie leiden!«, meinte Opa und feuerte einen weiteren Schuss ab.

Da stürzte Papa herein, stürmte auf Opa zu und entriss ihm blitzschnell die Pistole.

»Sag mal, hast du sie noch alle?!«, schrie er. »Wo hast du die her?«

Amandus zuckte bloß die Schultern und machte große Augen, während Papa sich vergewisserte, dass ich nichts abbekommen hatte. Ich stand auf und klopfte mir die Geweihsplitter ab.

Mein Vater seufzte und rieb sich die Augen.

Opa aber angelte sich eine Zitrone aus dem Obstkorb und biss hinein. Unwillkürlich verzog ich das Gesicht. Auch ihm schien sie viel zu sauer zu sein, trotzdem kaute er darauf herum. In diesem Augenblick kam er mir vor wie ich als kleines Kind, wenn ich was angestellt und dann so getan hatte, als wäre ich es nicht gewesen.

Mein Vater sah ihn eine Weile schweigend an. »Was hältst du davon, wenn du zu uns ziehst?«, fragte er schließlich.

Ich horchte auf. Meinte Papa das ernst? Das wäre einfach das Größte!

»Das dürfte kein Problem sein …«, meinte Opa. »Wenn ihr mich braucht? Aber nur, wenn ich ein paar von meinen Mö… Mö… Dings hier …« Er haute auf die Lehne seines Sofas. »… Möwen mitbringen kann.«

»Abgemacht.«

Papa musste lächeln und ich auch. Mir fiel ein Stein vom Herzen. Jetzt würde alles wieder gut werden, dachte ich. Mit Opa war auch ich weniger allein.

10

Hamburg-Eppendorf, Mai 2017

Der Nieselregen, der seit dem vergangenen Abend über der Stadt lag, passte perfekt zu meiner Stimmung. Ich stieß die Tür zu dem Coffeeshop mit der Schulter auf, schüttelte den Schirm aus und trat ein. Der Duft von frisch gemahlenem Kaffee stieg mir in die Nase. Ich blickte mich um.

Smylla saß am hintersten Tisch in der allerhintersten Ecke. Wie tags zuvor trug sie ihre verspiegelte Sonnenbrille. Auweh. Das sah nach einem schweren Fall von Liebeskummer aus.

»Na du«, sagte ich, nachdem ich mich an den Tischen vorbeigeschlängelt hatte, und drückte sie kurz an mich.

»Bäh, du bist ja ganz nass«, erwiderte sie und deutete auf meinen Friesennerz. Rasch zog ich ihn aus und blickte mich nach der Kellnerin um.

»Ich hab schon Kaffee für dich mitbestellt. Du siehst übrigens beschissen aus.«

»Na, das hört man ja gern«, gab ich zurück.

»Freunde dürfen ehrlich sein, oder etwa nicht?«, meinte sie schulterzuckend, und ich streckte ihr die Zunge raus.

»Ich habe bis nachts um drei in meinem alten Tagebuch gelesen«, sagte ich zu meiner Verteidigung. »Von damals, als Opa Amandus zu uns gezogen ist.«

»Aha.«

Aha? War das alles?

Ich sprudelte fast über vor Erinnerungen, Gefühlen, Gedanken. Zu gern hätte ich Smylla das Tagebuch gezeigt, das in meiner Tasche steckte. Wollte wissen, woran sie sich noch erinnerte, was sie zu Nikos sonderbarem Anruf meinte, was ich ihrer Meinung nach tun sollte ... Aber am allermeisten wollte ich von ihr hören, dass ich mir keine Sorgen zu machen brauchte und dass alles wieder gut werden würde.

Dieses »Aha« aber, zusammen mit dem tragischen Bild, das Smylla abgab, brachte mich zurück auf den Boden. Ich war eine miserable Freundin. Was immer gerade in Smyllas Leben schieflief – und ich hätte meine Kinder oder vielleicht doch lieber Philipp darum verwettet, dass es dabei um diesen Ole ging –, setzte ihr ganz arg zu. Jetzt war erst mal sie an der Reihe.

»Jetzt erzähl schon«, bat ich und zog ihr sanft die Sonnenbrille ab. Zum Vorschein kamen die verheultesten Augen, die ich je gesehen hatte, röter als die von Käthes Albinokaninchen. Mich packte die Wut. »Kein Typ auf dieser Welt hat es verdient, dass du dir dermaßen die Augen ausheulst!«, schimpfte ich. Vor allem nicht Ole.

»Da magst du recht haben«, meinte Smylla trocken.

»Aber was ist denn passiert?«, fragte ich, nachdem die Kellnerin zwei Cappuccino vor uns abgestellt hatte und wir wieder unter uns waren.

»Die kurze oder die lange Version?«

»Beide. Ich habe Zeit.« Käthe war bis um halb zwei in der Schule, und Max war heute länger im Kindergarten, weil ein Ausflug zum Indoor-Spielplatz anstand. Das Einzige, was auf mich wartete, war die Buchhaltung.

»Ich war gestern bei Ole«, begann Smylla. »Wollte ihn überraschen.«

»Das hat Käthe erzählt … Und? War er nicht zu Hause?«

Smylla schüttelte den Kopf.

»Aber das muss doch nichts heißen! Vielleicht war er mit ein paar Kumpels unterwegs …«

Wobei ich mich im Stillen fragte, ob Ole überhaupt Freunde hatte. In meiner Fantasie sah ich ihn auf seinen endlosen Wattwanderungen mit Vögeln und den Würmern im Schlick reden.

»Er war unterwegs. Seine Freundin hat mir aufgemacht.«

»Was? Bei ihm zu Hause? Was sucht die denn da?«

»Das habe ich mich auch gefragt.«

»Bist du denn ganz sicher, dass es seine Freundin war?«

»Absolut.« Smylla verbarg das Gesicht in den Händen. »Ich habe so getan, als käme ich von einem Marktforschungsinstitut.«

»Hast du nicht!«

Ich musterte sie. Es war doch nicht zu fassen, wie tief wir Frauen wegen eines Kerls sinken konnten. Ausgerechnet Smylla. Von einem Marktforschungsinstitut!

»Hab ich doch. Und weißt du was?«

Ich schüttelte konsterniert den Kopf.

»Sie wohnt da. Seit über einem Monat.«

»Ach du Sch…«, rutschte es mir heraus. Dabei hatte Ole ihr doch weisgemacht, er stecke mitten in einer Trennung.

»Und das ist noch nicht alles.« Smylla sah auf und zielte

mit dem Löffel auf mich, als wolle sie mich erdolchen. »Sie ist schwanger. Im fünften Monat. Es wird ein Junge.«

»Schwanger?«, wiederholte ich. »Im fünften Monat? Mit einem Jungen? Au Mann. Das … das …«

»Dieser Mistkerl hat mich die ganze Zeit angelogen! Er hat behauptet, dass er schon so gut wie getrennt ist. Und dann klingle ich bei ihm, und da steht seine schwangere Freundin und macht mir die Tür auf! Wie konnte ich nur so blind sein?« Sie griff nach einer Serviette und schnäuzte sich lautstark die Nase.

»Du warst halt verliebt«, sagte ich. »Da ist man blind. Das ist so.«

»Pah. Verliebt.«

Smylla senkte den Blick in ihren Cappuccino und zerdrückte den Milchschaum mit dem Löffel.

Sie tat mir schrecklich leid. Dass einer wie Ole sich als solch ein Lügner entpuppte und sich auch noch fortpflanzte – ich wusste nicht, was schlimmer war. Aber damit half ich Smylla nicht weiter.

»Ich hätte dich gestern Nacht gleich anrufen sollen«, sagte ich zerknirscht.

Smylla winkte ab. »Alles gut. Ehrlich gesagt wollte ich gar nicht reden. Ich war viel zu durcheinander. Aber es ist toll, dass wir uns jetzt treffen. Ich muss das erst mal kapieren.«

»Dass er dir was vorgemacht hat? Mit dir gespielt hat?«

»Das, und warum ich überhaupt mit ihm zusammen war.«

Das war die Frage, auf die ich nun wirklich keine Antwort hatte. Heute noch weniger als gestern.

»Ich muss kapieren, warum ich mich überhaupt auf so eine Geschichte eingelassen habe«, fuhr sie fort. Eine kleine Zornesfalte hatte sich auf ihrer Stirn gebildet. Ich wertete es als positives Zeichen. Zorn und Wut waren doch gleich viel besser als Tränen und Selbstzerfleischung.

»Du meinst, obwohl du von vornherein wusstest, da gibt es noch jemanden … und obwohl du absolut nicht der Typ bist, der bereit ist, die zweite Geige zu spielen?«

»So in etwa.« Sie suchte meinen Blick. »Meinst du, ich fand ihn nur deshalb interessant, weil ich sozusagen gewinnen wollte? Gegen seine nebulöse Freundin? Sag es mir. Auch wenn es bescheuert ist.«

»Das kannst nur du beantworten. Vielleicht ein bisschen?«

Sie nickte. »Vielleicht ein bisschen.« Sie nahm einen Schluck von ihrem Cappuccino. Langsam bekam ihr Gesicht wieder Farbe. »Aber das war nicht der einzige Grund, warum ich bei ihm geblieben bin. Wobei du ja nie richtig verstanden hast, was ich an ihm finde. An ihm fand.«

Ich verzog den Mund. Da hatte sie recht. Smylla war attraktiv, großherzig, kreativ, intelligent. Ole war einen halben Kopf kleiner als sie, hatte falbfarbene Haare, wenn man es wohlwollend ausdrückte – misthaufenfarben fand ich passender –, aber was am schlimmsten war: Er trug diesen überheblichen Ausdruck eines Weltverbesserers vor sich her. Etwas, das ich überhaupt nicht ausstehen konnte.

»Erzähl es mir«, sagte ich. »Sag mir, was du an ihm fandest.«

»Ich brauch erst mal ein Frühstück«, entgegnete Smylla und atmete tief aus. In diesem Moment hätte ich sie knutschen können. Nicht, weil ich selbst Hunger hatte, seit ich die Zimtschnecken gerochen hatte. Sondern weil es mir so wehtat, diese niedergeschlagene, gedemütigte Version von Smylla vor mir zu sehen, und ich heilfroh war, dass sie wieder ein Stück weit aus ihrem Jammertal herausgekrochen kam. Wenn Smylla Hunger hatte, dann bedeutete das für mich, sie kam über Farblos-Ole hinweg, und zwar schneller als gedacht.

»Ich lade dich ein«, sagte ich euphorisch und bestellte zweimal Frühstück Spezial »mit allem« für uns beide.

Der Regen hatte nachgelassen, und ein paar vorsichtige Sonnenstrahlen lugten zwischen den Wolken hervor. Ich zog Smylla mit zu einem Tisch am Fenster, wo es heller war. Dann kamen auch schon der Prosecco, die Croissants, das krosse Baguette, selbst gemachte Marmeladen, geräucherter Lachs, Rührei – und natürlich die duftenden Zimtschnecken. Wir seufzten, und für den Moment war die Welt wieder gut zu uns beiden.

»Weißt du«, sagte Smylla mit vollem Mund, »ich denke, es geht gar nicht so sehr darum, was man an jemandem findet, sondern vielmehr, was der eine dem anderen zu geben hat. Man ist so lange zusammen, bis das Thema durch ist. Außer, man verpasst den Absprung.«

»Und was hat Ole dir geben können?« Ich versuchte, den ketzerischen Ton aus meiner Stimme zu verbannen, und konzentrierte mich auf mein Rührei.

Smylla strich Nutella auf ihr Croissant und biss hinein. »Du weißt ja, dass ich ihn bei dieser Wattenmeer-Kampagne kennengelernt habe. Ich hatte den Auftrag angenommen und mir nicht groß was dabei gedacht. Und dann war alles so anders. Es lief einfach fantastisch. Ole und ich haben vielleicht zehn Minuten miteinander geredet – und schon hatte ich den Text für die ganze Broschüre im Kopf.«

»Das war eine tolle Sache. Käthe hat die Flyer in ihrer Klasse verteilt. Sie wollen vor den Sommerferien einen Ausflug ins Watt machen. Hast du super hingekriegt!« Smylla war ein Naturtalent. Kreativ und vor allem originell.

»Ja, aber das lag daran, dass Ole mich für das Thema so begeistert hat.«

Mein Blick musste etwas zu skeptisch gewirkt haben.

»Guck nicht so«, schimpfte sie. »Wenn es ums Watt ging, war er Feuer und Flamme. Voller Elan. So … sprühend!«

Ich verschluckte mich. »Sorry«, japste ich. »Aber Ole und sprühend …« Mein Gesicht lief knallrot an.

Smylla sprang auf, klopfte mir auf den Rücken, und dann mussten wir beide lauthals lachen.

»Gleich fragen die Leute, was sie uns ins Essen getan haben«, brachte ich ächzend hervor.

Smylla ließ sich wieder auf ihren Stuhl fallen und hielt sich die Seiten. Dann sah sie mich an. »Oh Tilda, bitte sag mir, dass es nicht wahr ist. Sag mir, dass ich nicht drei Monate meines Lebens mit diesem Typen verbracht habe.«

»Hast du nicht. Das war bloß ein mieser Traum«, schwindelte ich.

Smylla griff nach ihrem Proseccoglas und nippte daran. Kleine Bläschen stießen sich am Glasrand ab und perlten an die Oberfläche. »Eigentlich hattest du recht. Ole war schon ein Langweiler«, meinte sie nach einer Weile.

Besser hätte ich es nicht sagen können.

»Versuch, ihn abzuhaken. Ihn loszulassen.«

»Das mach ich, versprochen. Es tut noch weh. Aber ich schaffe das.«

»Das tust du ganz bestimmt.«

Ich nahm mir eine Zimtschnecke und biss hinein. Etwas, das Smylla gesagt hatte, erzeugte in mir einen Widerhall. »Was meintest du damit, dass man so lange zusammen ist, wie man sich etwas zu geben hat und bis das Thema durch ist?«, fragte ich.

»Pffff … Na ja, ich würde schon sagen, dass Ole mein soziales Gewissen geweckt hat. Dafür ist er in meinem Leben aufgetaucht, das hat er mir gegeben. Jetzt ist es wach, und er verschwindet.« Smylla angelte sich ein Stück Räucherlachs. »Hast du dich nie gefragt, wo mein soziales Gewissen gesteckt hat – bei all dem Kram, den ich bewerbe? Die Sache ist ganz einfach – ich hatte keins. Ich habe mir völlig gedankenlos einen Auftrag nach dem andern gekrallt. Der Erfolg hat mich high gemacht. Dieses Gefühl, dass du mit dem richtigen Slogan und ein bisschen Grafik-Firlefanz alles, wirklich alles an den Mann bringen kannst. Oder an die Frau.« Sie zuckte die Schultern. »Ole hat mich danach gefragt. Er hat nicht geurteilt, sondern einfach nur gefragt. Und neulich, da hat er mich mitgenommen. Hat mir gezeigt, was sie in den Mägen der Vögel finden, die im Watt verendet sind. Lauter Plastik. Das war schlimm. Aber nötig. Es hat was in mir bewegt.« Ihr Blick verlor sich in der Ferne, und sie seufzte. »Das Dumme ist«, fuhr sie, nun leiser, fort, »wenn ein Mensch etwas in dir verändert, und du steckst mittendrin in diesem Prozess, dann … dann wünschst du dir eigentlich, dass dieser Mensch währenddessen an deiner Seite ist. Dass man das gemeinsam durchzieht …«

Ich wusste genau, was sie meinte. Und mit einem Mal fragte ich mich, was es wohl war, das Philipp mir gab und ich ihm … und ob wir es uns nicht vielleicht schon längst gegeben hatten. Ob wir zu denen gehörten, die den Absprung verpasst hatten.

Doch jetzt ging es nicht um Philipp und mich, sondern um Smylla.

»Wenn dieser Typ dich dermaßen belogen hat, dann ist er dich nicht wert«, sagte ich. »Vielleicht ist es ja das, was du ihm zu geben hast: dass er die Konsequenzen spürt, nachdem er dich angelogen und deine persönlichen Grenzen niedergetrampelt hat.«

Ein breiter Sonnenstrahl fiel herein, streifte Smyllas Gesicht, ihr langes Haar. Sie schloss für einen Moment die Augen und sah aus, als genieße sie die Wärme, die er mit sich brachte.

»Was dich angeht«, fügte ich hinzu, »bin ich mir sicher, du wirst das, was dich bewegt, in deine Arbeit und dein Leben einbinden. Es hat dich verändert, das ist was Positives. Du bist stark. Du kannst es genauso gut allein durchziehen – und während du dich veränderst, werden ganz automatisch neue Menschen in dein Leben treten und eine Strecke des Weges mit dir gehen.«

Stille breitete sich aus. Ich betrachtete Smylla, wie sie die Augen wieder öffnete, die Überreste des Frühstücks inspizierte und die Nutellaverpackung leer kratzte. Sechsundzwanzig Jahre kannten wir uns jetzt, seit dem Kindergarten. Ich war froh, eine Freundin wie sie zu haben. Einen Menschen, mit dem ich albern oder auch tiefgründig sein konnte. Mit dem ich auch mal schweigen konnte.

»Du hast recht«, sagte Smylla schließlich und richtete sich auf. »Und du hast keine Ahnung, wie sehr. Ich werde es allein durchziehen. Ich werde noch heute damit beginnen. Und ich habe auch schon eine Idee.«

Ich hob mein Proseccoglas und prostete ihr zu. »Was hast du vor?«

»Das lass mal eine Überraschung sein. Aber jetzt erzähl du. Wie war es denn gestern mit Niko?«

»Puh.«

Ich ließ mich in den Stuhl zurückfallen.

»So schlimm?«

Ich zuckte die Schultern. »Ehrlich gesagt bin ich mir nicht sicher. Es ist nur … Erst hat er vergessen, dass er mit Max das Containerschiff ansehen wollte, und dann wusste er nicht mehr, dass er sein Sakko in die Reinigung gebracht hat. Da habe ich plötzlich Panik gekriegt. Die alte Leier. Was, wenn er auch dement wird? Wenn das bei uns in der Familie liegt?«

»Jetzt mal der Reihe nach«, sagte Smylla. »Erzähl mir alles von Anfang an.«

Und das tat ich dann auch.

Als ich geendet hatte, räusperte Smylla sich und meinte: »Na ja, ich verstehe schon, dass du beunruhigt bist. Auch wenn ich überzeugt bin, dass du mal wieder aus einer Mücke einen Elefanten machst. Aber egal. Was würdest du denn jetzt am liebsten tun?«

»Niko zu uns nach Hause holen? Damit er nicht einsam ist?«

Smylla lächelte gedankenverloren. »Ich weiß noch, wie dein Opa bei euch einzog. Da war ich gerade bei dir.«

»Du warst damals oft bei uns, das war schön. Dich hat es nie gestört, dass Opa ein bisschen seltsam war.«

»Gestört? Ich hab dich beneidet, ich wollte auch so einen coolen Opa! Er hatte doch so ein Wahnsinnshaus am See, ganz aus Holz. Mann, war das ein Chaos.«

Ich knabberte an meiner Lippe. »Gestern, als ich an Nikos Tür stand und geläutet habe, da hatte ich totale Angst, was mich wohl erwartet.«

»Weißt du, du darfst das nicht überbewerten. Niko ist jetzt Rentner, und ich wette, er kommt damit nicht klar«, meinte sie und sah dann auf die Uhr. »Du, ich muss los. Soll ich dich nach Hause fahren?«

Ich schüttelte den Kopf, mir blieb noch Zeit, bis die Kinder kamen. Den Gedanken an die Buchhaltung schob ich fort.

»Ich will ein bisschen laufen, den Kopf frei bekommen«, sagte ich und stand auf. »Und wenn du wegen Ole traurig bist, dann ruf an!«

»Pah«, machte sie und knöpfte sich den Mantel zu. »Ich stürz mich jetzt erst mal in meine Kampagne. Bis morgen?«

»Alles klar. Melde dich, ja?«

Ich sah ihr hinterher, gab der Kellnerin ein Zeichen, um zu zahlen, und trat nach draußen. Die Sonne schien unvermutet warm; für einen Moment schloss ich die Augen und genoss das Gefühl. Dann schlug ich den Weg zum Isebekkanal ein. Ich erinnerte mich noch gut, wie wir Opa abgeholt hatten. Es war ein Wochenende gewesen, Smylla hatte bei mir übernachtet. Früh am Morgen waren wir mit Niko losgefahren, der Mission Opa entgegen …

☆☆☆

Mein Tagebuch
30. Mai 1998

Heute ist der schönste Tag überhaupt.
Opa zieht bei uns ein! ❀❀❀
Bestimmt ist er dann nicht mehr so traurig.
Gleich fahren Papa und ich los, um ihn abzuholen. Smylla darf auch mit. Jippieh!

☆☆☆

11

Schleswig-Holstein, Mai 1998

»Sind Sie sicher, dass hier nich' der Seuchenschutz ranmuss?«, fragte der Mann von der Umzugsfirma und deutete fassungslos auf das Chaos in Opas Wohnzimmer. Wir hatten schon jede Menge Zeug in Müllsäcke gepackt, saure Milch aus den Regalen und Sprühsahne und schimmliges Obst. Aber es sah immer noch ziemlich wüst aus.

Der Umzugsmann war so groß und breit wie ein Schrank; Papa hätte sich locker hinter ihm verstecken können. Er sah auch ganz so aus, als würde er das gerade am liebsten tun. Irgendwie war es schlimm, wie Opa gehaust hatte, seit Oma gestorben war. Aber dafür konnte er ja nichts. »Die Trauer macht seltsame Dinge mit uns Menschen«, hatte der Pastor nach der Beerdigung zu uns gesagt. Ich jedenfalls hoffte, dass Opa wieder ganz der Alte werden würde, wenn er erst mal nicht mehr so traurig wäre.

Mein Vater steckte dem Umzugsmann einen Hunderter zu und erklärte ihm die Lage. Als sein Chef dazukam, ließ der Mann den Geldschein blitzschnell in seiner Hosentasche verschwinden und machte sich daran, die ganzen Bücher auf dem Boden in Kisten zu verstauen. Während Papa mit den Männern besprach, was in den Laster und zu uns nach Hause kommen sollte, lief Opa aufgeregt umher.

»Die dürfen den Kühlschrank nicht vergessen!«, rief er. »Hörst du, Niko? Den Kühlschrank. Wo sollen denn sonst die ganzen Bücher hin?!«

»Keine Sorge«, sagte Papa. »Den vergisst keiner.«

Dann schob er Amandus, mich und Smylla ins Schlafzimmer, wo wir die nötigsten Anziehsachen packten. Opa liebte seine warmen Strickjacken, sie allein füllten schon einen riesigen Koffer. Als wir fertig waren, schleppte Papa das ganze Gepäck zum Wagen. »Auf geht's«, sagte er. »Hier stören wir bloß.«

Opa sah aus, als verstünde er überhaupt nicht, was im Haus vor sich ging. Smylla und ich nahmen ihn rechts und links an der Hand und gingen mit ihm Richtung Wagen. Immer wieder drehte er sich suchend um.

»Komm, wir fahren jetzt nach Hause und essen erst mal was. Nachher kommt dann der Laster mit all deinen Sachen. Dann kannst du es dir gemütlich machen«, sagte ich.

»Und wir helfen dir dabei«, meinte Smylla. Aufräumen war zwar das Gegenteil von Spaß, aber dass Opa sich wohlfühlte, hatte oberste Priorität.

Ich schob ihn schnell ins Auto, denn ich hatte Sorge, er könnte es sich doch noch anders überlegen. Auch Papa hatte es plötzlich eilig. Kaum saßen wir, ließ er den Wagen an, und schon fuhren wir los, nach Hause, wo wir von nun an zu viert wohnen würden.

Es war ein warmer, sonniger Tag, der schon nach Sommer duftete. Ein winziger brauner Vogel landete auf dem Geländer unserer Veranda, wetzte den Schnabel am Holz und flog wieder davon. Eine Ameise krabbelte über meinen Fuß; ich wischte sie weg.

Um uns die Zeit zu vertreiben, bis der Möbelwagen eintraf, hatten Smylla und ich das »Mensch ärgere dich nicht«-Brett aus dem Schrank geholt und auf dem großen Verandatisch aufgebaut. Opa und meine Eltern setzten sich zu uns. Ich wusste gar nicht mehr, wann wir das letzte Mal zu so vielen gespielt hatten, dass die Spielfelder nicht reichten.

Es hätte wirklich ein toller Spielenachmittag werden können, wenn Mama nicht unbedingt hätte gewinnen wollen. Aber so war sie nun mal, sie nahm jedes Spiel bitterernst. Und sie hatte unverschämtes Glück, würfelte eine Sechs nach der anderen.

Jetzt rieb sie sich die Hände. »Noch eine kleine Drei, und ich hab schon wieder gewonnen.«

Papa runzelte genervt die Stirn.

»Du bist dran, Amandus«, sagte meine Mutter und schob ihm den Würfel hin.

Opa begutachtete das Spielfeld und malte dabei kleine Kreise mit dem Finger auf die Tischplatte. Was immer gerade in ihm vor sich ging, mir war klar, es würde dauern. Also schälte ich eine Pistazie und schob sie mir in den Mund.

Mama war weniger geduldig. »Amandus?«

»Ich überlege meinen nächsten Zug«, sagte Opa und starrte noch immer auf das Spielfeld.

Ich musste grinsen, Smylla auch. Opa war einfach ein bisschen verplant.

Meine Mutter sah das anders. »Amandus, wir spielen kein Schach!«, korrigierte sie ihn.

»Mama! Lass ihn doch seinen nächsten Zug überlegen!«, erwiderte ich und warf ihr einen warnenden Blick zu.

»Okay, dann überleg halt deinen nächsten Zug«, schnaubte sie und lehnte sich zurück.

Opa ließ sich nicht beirren. »Wenn ich hier nach links gehe, schneiden die mir den … Weg ab …«

Smylla zwinkerte mir zu. »Das wäre nicht klug«, sagte sie, an Opa gewandt, und deutete auf die andere Ecke des Spielfelds. »Aber hier lang ist noch alles frei.«

»Meinst du?«, fragte Opa und legte die Stirn in Falten, sodass sie aussah wie zerknittertes Papier.

Smylla nickte. »Guck doch mal, hier geht nicht, das hast du selber gesagt, hier ist die Gefahr von … von einem Hinterhalt. Aber hier lang ist freie Bahn!«

Opa, Papa und ich mussten grinsen. Eigentlich war es doch völlig egal, wie man ein Spiel spielte. Schließlich ging es ja darum, dass man Spaß hatte. Und den hatte Opa.

Er nahm den Würfel in beide Hände, schüttelte ihn kräftig und ließ ihn mit Schwung quer über den Tisch und das Spielbrett rollen. Dass Mamas Figuren dabei zur Hälfte umfielen, war bestimmt keine Absicht. Als der Würfel neben mir auf den Boden fiel, bückte ich mich danach. Eine Zwei.

Rasch drehte ich ihn, tauchte wieder auf und legte ihn auf den Tisch. »Eine Sechs!«

Opa strahlte. »Haha! Eine Sechs!«

Emsig griff er nach seiner Spielfigur und ging laut zählend ganze zehn Felder vor. Dort stand Mamas Figur. Siegesgewiss warf er sie um und streckte Mama die Zunge raus.

Papa lachte laut. Mit Opa war das Spiel echt der Hit.

Meine Mutter aber fand das gar nicht lustig. Sie nahm ihre Figur und stellte sie klackend zurück auf das Feld. Opa warf sie erneut um, doch Mama gab nicht nach. Und so ging es hin und her und hin und her, bis Mama die Nase voll hatte.

»Du hast eine Sechs gewürfelt und keine Zehn«, schimpfte sie.

Opa schüttelte den Kopf und tat ganz unschuldig. »Sag mal, spinnst du?«

»Wir wollen uns doch an die Regeln halten, hm?«, erwiderte sie spitz.

»Wer ist dafür, dass wir nach Opas Regeln spielen?«, rief ich schnell und streckte den Arm in die Luft. Smylla und Papa taten es mir gleich. Mama sah aus, als hätte sie in eine Zitrone gebissen. Ein bisschen tat sie mir schon leid, schließlich war sie kurz davor gewesen zu gewinnen, und das ganz ohne Schummeln. Aber wir hatten Opa nun mal zu uns nach Hause geholt, weil er einsam war und traurig und weil er allein nicht zurechtkam. Da musste er doch nicht gleich haushoch verlieren.

In diesem Moment sahen wir den riesigen Möbelwagen mit Opas Sachen näher kommen. Und schon war das Spiel vergessen.

Aufgeregt lief Opa dem Laster entgegen, der im Schritttempo in Richtung Haus manövrierte. Bestimmt freute er sich, dass er nun seine Möbel wiederbekommen würde. Smylla und ich rannten ihm hinterher.

Opa dirigierte den Laster, in dem vorne die vier Umzugsmänner aneinandergequetscht saßen. Er fuchtelte mit den Händen und winkte den Laster immer näher zu sich heran. Plötzlich hörte man ein »Rumms« und dann ein hässliches Knirschen. Smylla und ich liefen zu Opa, um zu sehen, was passiert war.

»Ach du heilige Gurke«, sagte Smylla und deutete auf Mamas Mercedes. Der Laster war dagegengekracht und hatte ihn ein ganzes Stück zurückkatapultiert. Und das war nicht alles. Eine dicke schwarze Eisenstange des Lasters hatte sich tief in die Kühlerhaube des Mercedes gebohrt. Hastig warf ich einen Blick durch die Hecke zu meinen Eltern. Zum Glück hatten sie es nicht mitbekommen. Das würde noch Ärger geben!

Opa warf einen verwirrten Blick auf das Malheur, während der Laster zentimeterweise vorwärtsfuhr und sich aus der Kühlerhaube befreite. Aus dem Innern der Fahrerkabine drangen wüste Rufe. Einer der Umzugsmänner kurbelte das Fenster hinunter und sah hinaus zu Opa. Er wirkte, als sei er kurz vorm Explodieren.

Opa aber reckte strahlend den Daumen und rief mit Blick auf den Lkw:

»Nicht ein Kratzer! Ihr könnt jetzt ausladen!«

Und das taten die Männer dann auch.

Sie fuhren die Hebebühne runter und machten sich daran, Opas Sachen hinauszuhieven. Ich lief mit Smylla zurück zur Veranda, dort waren wir nicht im Weg. Als ich die Treppenstufen hinaufstieg, bemerkte ich den fassungslosen Gesichtsausdruck meiner Mutter. Ich folgte ihrem Blick und drehte mich um.

Die Männer beförderten soeben einen riesigen Sessel aus dem Bauch des Möbelwagens in unseren Vorgarten, gefolgt von Opas geliebtem Sofa, einem Ungetüm, groß und sperrig und mit speckigem Leder bezogen.

»Na großartig.« Mama hatte hektische Flecken im Gesicht. Sie wandte sich an meinen Vater. »Niko, das war so nicht abgemacht. Wir haben gesagt, dein Vater kann seine Lieblingssachen mitnehmen. Und jetzt … Jetzt schleppt er seinen gesamten Hausrat an!«

Papa kratzte sich im Nacken. Offenbar wusste er nicht, was er sagen sollte. Mama aber war noch nicht fertig.

»Sollen wir vielleicht einen Flohmarkt aufmachen?«, ätzte sie. Unwillkürlich zog ich die Schultern hoch. Die Luft roch eindeutig nach Streit.

Opa bekam von alldem nichts mit. Er sprang aufgeregt wie ein kleines Kind neben der Hebebühne auf und ab. Grund dafür war der riesige Kühlschrank, den die Männer soeben zutage förderten.

»Jetzt schlägt's dreizehn. Ein Kühlschrank«, schimpfte Mama.

Papa zog den Mund schief. »Das ist seit Neuestem sein Bücherregal.«

Aus den Tiefen des Möbelwagens tauchten nacheinander Opas Aktenschrank auf, dazu eine Stehlampe, der Schreibtisch und sogar ein Ständer mit seiner Soldatenuniform.

»Dieser Murks … Der passt doch überhaupt nicht zu unserem Einrichtungsstil«, rief Mama. Gleich würde sie ausrasten. »Das ist doch keine Rumpelkammer hier!«

»Mensch, jetzt lass ihn doch«, entgegnete Papa. »Er hängt halt an seinen Sachen. Guck doch mal, wie er sich freut.«

»Das ist ja die Hauptsache«, erwiderte sie sarkastisch.

Zwei Möbelpacker trugen ächzend den Kühlschrank ins Haus. Ich hörte ein Plätschern und folgte ihnen. Wasser lief aus dem Monstrum direkt auf unseren Teppich im Flur.

»Obacht! Der Kühlschrank kommt«, rief Opa überflüssigerweise.

Im nächsten Moment tat es erneut einen ordentlichen Rumms. Die Möbelpacker waren gegen die Kommode geknallt. Eine Vase war zu Bruch gegangen, der Rest von Mamas Deko war gleich mit runtergefallen. Und auf dem Teppich breitete sich der Inhalt des Kühlschranks aus: Bücher, pelzige Zitronen, ein Glas Honig, noch mehr Bücher … und zum Höhepunkt des Ganzen ergossen sich ein paar Eier über das Stillleben.

Einen Atemzug lang herrschte unheilvolle Stille. Dann schrie der schrankförmige Möbelpacker los.

»Verdammt! Pass doch auf, du Hoppel!«

»Pass du doch auf, Mann!«, rief der andere und schlug sich mit der flachen Hand gegen den Kopf. »So Arme, aber nichts im Kopf, Mann. Scheiße!«

Opa trat zu ihnen und tippte dem Möbelpacker gegen den muskelbepackten Arm.

»Der Kühlschrank kommt ins Badezimmer«, sagte er und sah auf zu dem Mann, der ihn um mindestens zwei Köpfe überragte.

Der nickte bloß und machte Anstalten, den Kühlschrank hochzuheben.

Da drang Mamas schrille Stimme zu uns herein.

»Amandus! Stopp!«

Eine Sekunde später stand sie im Flur, blickte auf das Chaos und schrie: »Entweder kommt dieser Schrott in die Scheune oder in dein Zimmer, und zwar nur da rein!«

Alles erstarrte. Und Opas hilfloser Blick schnitt mir mitten ins Herz.

Stunden später, als alles ausgeladen und Mamas Mercedes in die Werkstatt geschleppt worden war, öffnete ich vorsichtig die Tür von Opas Zimmer und spähte durch den Spalt. Er saß allein inmitten seiner Habe und sah ganz verloren aus. Ich trat ein.

»Hier, Opa«, sagte ich und reichte ihm die Schmuckschatulle, die die Möbelpacker fast im Wagen vergessen hätten.

Opa nahm sie in die Hände und drehte sie ehrfürchtig. Als er sie öffnete, fiel mein Blick auf Omas Perlenarmband, das sie immer an Weihnachten und zu Geburtstagen getragen hatte.

»Hm«, machte Opa, inspizierte den Inhalt und sah mich an. Seine Augen schimmerten. »Alles wieder da«, meinte er und lächelte glücklich.

Vielleicht würde jetzt alles wieder gut werden. Für Opa und für uns.

12

Hamburg-Harvestehude, Mai 2017

Der Weg am Isebekkanal entlang war von Joggern bevölkert. Ich rettete mich angesichts so viel sportlicher Aktivität zwischen die Bäume ans Ufer und blieb einen Moment stehen. Vor mir auf dem Wasser trieb ein Kanu. Sein Insasse hatte selbstvergessen die Paddel quergelegt und die Augen geschlossen, um das Gesicht in die Sonne zu halten. Ich schmunzelte. Noch einer, der lieber den Müßiggang als die sportliche Herausforderung suchte. Als hätte er meine Gedanken gehört, sah der Kanufahrer auf, blickte sich um und winkte mir zu. Ich winkte zurück und machte mich mit einem Lächeln im Gesicht wieder auf den Weg.

Zum Glück konnte ich mir meine Arbeit selbst einteilen, das war ein Riesenvorteil. Der Nachteil war, dass sich am Ende des Monats regelmäßig Berge an Akten auf meinem Schreibtisch türmten, was wahre Fluchtimpulse in mir auslöste. Fluchtimpulse, gegen die mein Pflichtbewusstsein auf verlorenem Posten stand.

Ich sah auf die Uhr. Schon Viertel nach eins! Ich schickte Käthe eine SMS.

Lust auf Eisessen?
Shoppen?

Ne, muss mit Malina ein Referat machen. Darf ich zu ihr? Holst du mich um 7 ab?

Ja klar!

Was war nur los mit den Kindern heutzutage? Machten freiwillig ihre Hausaufgaben. Smylla und ich hätten alles dafür gegeben, wenn uns jemand vom Lernen abgehalten hätte. Smylla … Sie tat mir schrecklich leid. Nach außen hin spielte sie gern die toughe, unabhängige Frau, der nichts und niemand etwas anhaben konnte. Aber in ihrem Inneren sah es ganz anders aus. So schrecklich belogen zu werden …

Philipp, dachte ich, würde so etwas niemals tun. Er würde niemals solch ein Lügengebäude errichten.

Ich schlug den Weg Richtung Alsterpark ein. Die Sonne schien jetzt so warm, dass ich unter meiner Öljacke in Schweiß ausbrach. Ich zog sie aus, knäulte sie zusammen und stopfte sie in meine Tasche.

Damals, als Philipp und ich uns ineinander verliebt hatten, waren wir oft hier gewesen, im Alsterpark. Ganz gentlemanlike hatte er seine Jacke auf dem Gras ausgebreitet, und wir hatten uns daraufgelegt, uns eng aneinandergeschmiegt und zu den Wolken hinaufgeblickt.

Ich suchte mir eine Bank ganz für mich allein und atmete tief durch. Die Luft duftete nach frisch gemähter Wiese und Erinnerungen, schönen Erinnerungen … Jahrelang hatte ich Philipp kaum wahrgenommen, obwohl er in meine Parallelklasse gegangen war. Dann, eines Tages, hatte er mich zwischen Schulklo und Chemielabor etwas steif gefragt, ob ich Lust hätte, mit ihm segeln zu gehen. Ich sah ihn noch genau vor mir. Er kam mir so groß vor, bestimmt einen halben Kopf größer als mein Vater. Sein Hals war rot angelaufen, und er wusste nicht, wohin mit seinen Händen. Und ich kriegte Herzklopfen, ganz plötzlich, während es aus dem Chemielabor schrecklich nach Schwefel stank.

Smylla war natürlich die Erste, die es erfuhr. Tuschelnd saßen wir in der letzten Reihe. Sie fand Philipp »optisch ganz okay, aber sterbenslangweilig«. »Guck dir doch an, wie der sich anzieht. Lacoste-Pullunder, jeden Tag 'ne andere Farbe. Ja, geht's noch?«, flüsterte sie. »Ich wette, seine Mutter legt die ihm morgens raus!«

In den folgenden Tagen, in denen wir uns während der Pausen auffallend oft in der Nähe seines Klassenzimmers rumdrückten, ergänzte sie ihre Negativ-Liste mit »blass, fade, monoton, reizlos, öde«. Ich ging trotzdem mit ihm segeln.

Ja, er war schrecklich konservativ. Hielt Händchen. Umarmte mich linkisch. Kriegte einen Hustenanfall, als er mich das erste Mal küssen wollte. Aber auf Philipp war Verlass, an seiner Seite gab es keine bösen Überraschungen. Das war wie Balsam für mich in einer Zeit, in der sich gerade alles veränderte. Das Geschäft meines Vaters lief plötzlich schlecht, und meine Eltern hatten wieder mal angefangen, sich gegenseitig Vorwürfe zu machen. Ständig geriet ich zwischen die Fronten und versuchte, es allen recht zu machen – etwas, womit ich naturgemäß scheiterte.

In Philipps Welt hingegen gab es klare Regeln, die keiner infrage stellte. Das Leben war plötzlich so einfach. Man brauchte sich bloß anzupassen, und schon lösten sich sämtliche Probleme in Luft auf. Er machte es mir leicht, mich fallen zu lassen, denn ich wusste, er würde mich auffangen.

Nur manchmal blitzte mein Widerspruchsgeist auf …

Ich erinnerte mich wieder, wie er mich seinen Eltern vorgestellt hatte. Und ich? Ich war von einem Fettnäpfchen ins andere getreten.

Die Haushälterin öffnete damals auf mein Klingeln hin. Ich hielt sie für Philipps Mutter, drückte ihr überschwänglich den Blumenstrauß und Käthe-Elisabeth meine regennasse Jacke in die Hand. Das war der erste Fauxpas einer langen Kette aus peinlichen Verstößen, die sich bis in die Gegenwart erstreckte. Irgendetwas war es, das Käthe-Elisabeth ausstrahlte und das in mir ein Gefühl der Ohnmacht und des Versagens erzeugte.

Später an jenem Abend war ich bei Philipps Eltern zum Essen eingeladen. Das Esszimmer wirkte geradezu einschüchternd auf mich. Dunkel getäfelt, an den Wänden irgendwelche alten Lithografien von Leuchttürmen und der peitschenden See in goldenen Rahmen. Fehlt nur noch ein Anker, dachte ich und erspähte am Fenster eine Wetterstation aus blitzendem Messing.

»Und, was möchten Sie denn studieren?«, fragte Maximilian, der Patriarch der Familie, während ich die Scholle auf meinem Teller von ihren Gräten befreite.

»Keine Ahnung«, sagte ich wahrheitsgemäß. Ich hatte mich noch nicht wirklich damit beschäftigt, was ich nach der Schule mit meinem Leben anfangen wollte. Die Vielzahl an Möglichkeiten fand ich erschlagend. »Ich dachte, ich mache erst mal ein Soziales Jahr und sehe dann weiter. Psychologie oder so wäre cool. Falls ich einen Studienplatz bekomme.«

Philipps Vater legte Messer und Gabel beiseite, nahm einen Schluck Tafelwasser und formte die Hände zu einer Raute. Dann setzte er zu einem Vortrag über den Beruf des Anwalts an. Wie spannend Jura doch sei. Anfangs trocken, ja, aber dann …

Seine Augen begannen zu leuchten.

»Wissen Sie, warum Gesetzestexte ständig überarbeitet werden müssen? Ich sage es Ihnen. Weil findige Anwälte auf immer neue Lücken stoßen, die einen winzigen Interpretationsspielraum lassen. Das ist das wirklich Spannende an unserem Beruf: Möglichkeiten aufspüren, um unsere Klienten zu unterstützen, bevor die nächste Gesetzeslücke geschlossen wird.«

Ich zog die Stirn kraus. »Aber handelt man damit denn nicht unethisch? Quasi am Gesetz vorbei?«

Käthe-Elisabeth sog die Luft hörbar durch die geblähten Nasenflügel und warf mir einen pikierten Blick zu. Ich betrat offenbar gerade ein Minenfeld.

Philipps Vater wischte meinen Einwand gönnerhaft fort. »Nein, im Gegenteil. Wir Anwälte sorgen dafür, dass die Gesetze immer präziser werden. Dass niemand hindurchschlüpfen kann.«

»Nach Ihnen«, erwiderte ich. »Nach Ihnen kann keiner mehr durchschlüpfen. Aber Ihre Klienten schon.«

Philipp trat mir unter dem Tisch auf den Fuß. Ich lief rot an.

»Mit zwanzig regiert der Wille, mit dreißig der Verstand und mit vierzig das Urteilsvermögen«, erwiderte Philipps Vater gelassen. »Das sagte einst Benjamin Franklin. Wie alt sind Sie, mein Kind?«

»Siebzehn«, antwortete ich. »Fast achtzehn. Aber noch unter zwanzig.«

Philipps Vater lachte dröhnend und schlug seinem Sohn jovial auf die Schulter. »Schlagfertig, die Kleine.«

Damals spürte ich eine seltsame Ambivalenz Anwälten gegenüber. Wider Willen war ich fasziniert von Maximilians Spitzfindigkeit, der sich hinter seiner bürgerlichen Fassade verschanzte und das Recht zum Vorteil seiner Klienten verdrehte und verbog. Philipp schätzte seinen Vater, bewunderte ihn, er sprach aber auch viel von Gerechtigkeit. Ich ließ mich einlullen in das Netz, das er auswarf, denn Gerechtigkeit war ein Wort, mit dem man mich ködern konnte. Und so landete ich an meinem ersten Studientag neben Philipp im Hörsaal. Als Jurastudentin.

Die Vorlesungen zogen sich. Bürgerliches Gesetzbuch. Strafgesetzbuch. Und als zweifelhafter Höhepunkt die Rechtsgeschichte als Grundlagenfach. Das Lernen war eine Qual.

Irgendwann wollte ich morgens gar nicht mehr aufstehen, denn bei dem Gedanken an die Uni wurde mir schlecht. Doch bald stellte sich heraus, dass es nicht das Studium war, das für meine Morgenübelkeit sorgte, sondern Käthe. Käthe, mein schlaues, schrecklich bodenständiges Mädchen. Die Schwangerschaft hatte mich damals gerettet aus einer lähmenden Langeweile in Graden, die selbst Smylla nicht hätte benennen können. Und so hatte ich mich in das Abenteuer gestürzt, mit neunzehn Jahren Mutter zu werden …

Ein Gefühl von Wärme erfasste mich, als ich an die Zeit zurückdachte. Unsere kleine Wohnung in der Wrangelstraße. Käthe, die bei uns im Bett schlief. Philipp, wie er über seinen Büchern saß und immer wieder versonnen zu ihr herüberblickte …

Ich holte mein Handy hervor und rief ihn an.

»Hallo, du«, sagte ich zärtlich. »Ich bin gerade im Alsterpark und muss an dich denken … Wie wir uns kennengelernt haben.«

»Wie wir segeln waren, oh ja, das war denkwürdig … Du hättest das Boot fast zum Kentern gebracht.« Er lachte warm. »Apropos, ich muss am Wochenende mit ein paar Klienten zum Segeln gehen.«

»Das klingt toll«, sagte ich. »Die Kinder werden sich freuen. Sie sind schon ewig nicht mehr auf dem Wasser gewesen.«

Einen Moment herrschte Stille.

»Entschuldige, aber das hast du falsch verstanden. Ich kann euch nicht mitnehmen. Kundenpflege, du weißt schon.«

»Aber deine Klienten könnten ihre Kinder doch auch mitbringen. Das wäre ein Spaß!«

Philipp lachte; es klang plötzlich angestrengt. »Ach, Schatz. Glaub mir, die meisten von ihnen sind mehr daran interessiert, wie sie um überhöhte Unterhaltsforderungen für ihre Kinder herumkommen. So ein Familienevent wäre da kontraproduktiv.«

»Du klingst ganz wie dein Vater«, sagte ich, plötzlich enttäuscht.

»Es sind ja auch seine Klienten.«

»Und warum wollen sie den Unterhalt nicht zahlen?«, erwiderte ich streitlustig. »Vielleicht sind die Kinder oder vielmehr ihre Mütter ja darauf angewiesen.«

»Bitte, Tilda … du kennst die Zusammenhänge nicht.« Er atmete hörbar aus. »Ich wusste nicht, dass dir so viel daran liegt, mitzukommen. Es tut mir leid.«

»Schon in Ordnung. Wir können ja ein anderes Mal segeln gehen«, sagte ich wenig enthusiastisch. »Bis heute Abend!« Damit legte ich auf.

Einen Moment lang wartete ich noch, ob Philipp mir vielleicht eine SMS hinterherschickte, aber vergebens. Früher hatte er das getan, wenn wir aneinandergeraten waren. Früher hatte er gespürt, wenn er einen wunden Punkt getroffen hatte. Ich mochte es nun mal nicht, wenn er uns überging, schon gar nicht für irgendwelche windigen Klienten, die sich vor ihren Verpflichtungen drücken wollten. Enttäuscht steckte ich das Handy ein und machte mich auf den Weg zum Kindergarten, um Max abzuholen.

Spät am Abend, als Philipp schlief, legte ich mich auf die Seite und knautschte das Kissen unter meinem Kopf zusammen. Lange betrachtete ich ihn im Schein des diffusen Lichts, das durch den Spalt im Vorhang hereinfiel. Die Linie seines Kinns, die gerade Nase. Sanft strich ich ihm über das Haar. Er war ja nicht schuld daran, dass ich unzufrieden mit mir war. Wahrscheinlich erwartete ich gerade einfach zu viel von ihm. Erwartete, dass er mir half, meine

Wünsche an das Leben neu zu finden. Dass er mich in meinen Ideen bestärkte. Dass er mir sagte, ich brauchte keine Angst zu haben. Nicht vor meiner Zukunft und nicht vor der meines Vaters.

Niko … Niko war ganz normal gewesen, als ich ihn nachmittags mit Max abgeholt hatte. Wir hatten ein Fischbrötchen am Hafen gegessen und waren dann Richtung Lohsepark geschlendert. Das absolute Highlight war die nach Teer stinkende Baustelle an der Überseeallee gewesen, an der Niko und Max sich fachsimpelnd über Walzen, Planierraupen und Straßenbeläge ausgetauscht hatten. Niko hatte den ganzen Nachmittag über nichts durcheinandergebracht. Obwohl ich ihm ein, zwei Fangfragen gestellt hatte, wie ich mir jetzt eingestand. Vielleicht wurde ja wieder alles gut. Mit ihm, mit mir, mit uns allen.

Mit diesen Gedanken schmiegte ich mich an Philipp und versank in Erinnerungen. Erinnerungen und Träumen …

13

Hamburg, Juni 1998

Seit Tagen regnete es in Strömen. Auf dem Rasen hatten sich kleine Tümpel gebildet, und sogar der Holzboden der Veranda war ganz glitschig vor Nässe. Ich konnte es kaum erwarten, dass Sommer wurde!

Sommer …

Das war barfuß durchs Gras laufen. Heimlich die Himbeeren von den Nachbarn pflücken und sie in der Hängematte liegend aufessen. Abends länger aufbleiben dürfen. Fackeln im Garten anzünden …

Fünf Wochen noch, dann wären endlich Ferien!

Dieses Jahr würde ich die Sommerferien nicht bei meinen Großeltern im Haus am See verbringen, denn Oma war nicht mehr da, und das Haus sollte verkauft werden. Dann würde jemand anders dort wohnen, eine Familie vielleicht. Und die würde keine Ahnung haben, welche Geschichten das Haus zu erzählen hatte. Wie Opa und ich im Garten gezeltet und nachts den Mond mit seinen riesigen Kratern durch sein Teleskop gesehen hatten. Wie wir einen Waschbären am See beobachtet und die Mäuse mit Käse aus dem Keller hinaus und in den Wald gelockt hatten … Aber ich wollte nicht traurig sein, nicht jetzt. Ich streckte den Kopf weit aus dem Fenster, bis die

Regentropfen auf mein Gesicht fielen. Kalt waren sie, aber nicht so wie Schneeflocken, die ich immer mit dem Mund zu fangen versuchte.

Langweilen würde ich mich ganz bestimmt nicht in den Ferien. Opa machte nämlich eine Menge Quatsch. Wobei ich mir manchmal nicht sicher war, ob er sich das ausdachte oder noch immer so verwirrt war.

Ich beschloss, eine Liste zu machen, was ich mit Opa in den Ferien tun könnte.

☆☆☆

Sommer mit Opa

Eis zum Frühstück
Opas Zimmer schöner machen
Zirkus!
Seiltanzen üben
Einrad?!!!!
Mit Opa in unserem Garten zelten

☆☆☆

Unter der Tür drang der Geruch nach gebratenen Zwiebeln hindurch. Mein Magen knurrte, ich sah auf die Uhr. Gleich Essenszeit. Meine Mutter bestand darauf, dass wir abends alle zusammen Punkt sieben aßen. Eigentlich war das richtig schön, dann erzählte jeder, was er den Tag über erlebt hatte, und manchmal hatte Papa danach Zeit ganz für mich. Aber seit Weihnachten, seit dem schlimmen

Streit, herrschte oft so eine Stimmung wie vor einem Gewitter, wenn Mama und Papa im selben Raum waren. Gut möglich, dass es plötzlich losdonnerte. Und seit Opa bei uns wohnte, war es nur noch schlimmer geworden.

Ich legte den Stift und meine Liste zur Seite und lief rüber zu Opas Zimmer.

»Komm, Opa!«, rief ich.

Er kratzte sich am Kopf. »Wohin denn?«

»Abendessen!«

»Ah, gut«, sagte er, und wir gingen zusammen in die Küche. Dabei erzählte ich ihm von meinen Sommerplänen, aber Opa war nicht ganz bei der Sache. Er setzte sich auf seinen Platz neben mir und starrte auf das riesige Foto von Mama, das in unserer Wohnküche an der Wand hing. Sie sah total hübsch darauf aus, mit ihren riesengroßen braunen Augen. Als das Foto aufgenommen worden war, da war sie noch jünger gewesen. Opa jedenfalls gefiel es. Er zwinkerte Mama auf dem Foto zu und grinste sie an.

»Na, du«, sagte er und fing an, mit der Zunge zu schnalzen.

Meine Mutter stocherte in ihrem Salat. Als Opa kleine Küsse in Richtung Wand warf, blickte sie irritiert hinter sich.

Opa legte sich mächtig ins Zeug, er wackelte mit den Augenbrauen, klimperte mit den Wimpern und lächelte verschmitzt.

Mama war es wohl peinlich, dass Opa mit ihrem Foto flirtete, und sie versuchte ihn abzulenken.

»Amandus, wärst du so lieb und reichst mir das Brot?«

Opa aber reagierte überhaupt nicht auf sie und schnalzte weiter. Irgendwie fand ich es lustig, und auch Papa musste grinsen. Meine Mutter warf ihm einen schnellen Blick von der Seite zu, doch Papa ließen die stummen Warnsignale völlig unberührt. Opa ging indessen ganz in seinem Schnalzen auf.

»Amandus?!«, sagte meine Mutter nun lauter.

Endlich verstummte er und sah sie fragend an.

»Das Brot?«, wiederholte sie.

»Was ist damit?« Opa zog fragend die Brauen hoch.

Der Arme. Er verstand einfach nicht, was Mama von ihm wollte. Die Sache mit dem Brot brachte ihn ganz durcheinander.

Mit einem leicht vorwurfsvollen Blick reichte Papa ihr den Brotkorb.

»Danke«, sagte Mama leise. »Aber eigentlich hatte ich ja Amandus gefragt.«

Ich verdrehte die Augen.

Opa wandte sich wieder dem Bild zu und legte den Kopf schief.

»Ja, du bist mir vielleicht eine …«, sagte er zu Mama auf dem Foto. »Irgendwo hab ich dich schon mal gesehn …« Und schon fing er wieder an zu schnalzen.

Das war zu viel für meine Mutter, jetzt wurde sie sauer. »Amandus, bitte, kannst du damit aufhören, das ist echt nervig beim Essen!«

»Mama!«, rief ich. Ständig musste sie Opa kritisieren.

Opa war beleidigt. Er hörte auf zu schnalzen.

»Nichts darf man hier«, brummelte er. »Da hätt ich auch zu Hause bleiben können. Da war mehr los.«

Meine Mutter schnaubte. Sie legte ihre Gabel beiseite und meinte schulterzuckend: »Dann schnalz halt weiter, ich bin eh fast fertig …«

Puh. Einen Herzschlag lang hatte ich Angst gehabt, sie würde sagen: »Dann geh doch.«

»Jetzt will ich nicht mehr«, sagte Opa bockig und verschränkte die Arme.

»Schade«, erwiderte Mama bissig.

»Selber schuld.« Opa nahm eine Scheibe Schinken und ließ sie auf sein Butterbrot klatschen. »Langweilig«, murrte er.

Da hatte ich eine Idee. Vielleicht ließ sich ja so der Abend noch retten. »Erzähl uns doch mal, wie du Oma kennengelernt hast.« Natürlich kannte ich die Geschichte längst auswendig, aber Opa freute sich immer wieder aufs Neue, wenn er davon sprach.

»Oh nein«, sagte meine Mutter gerade noch laut genug, dass Opa es hören konnte.

Und Opa hatte es gehört.

Er starrte sie eine ganze Weile an und spitzte die Lippen. »Dann erzähl du uns doch mal die Geschichte mit deinem … na … Chef! Wie habt ihr euch denn kennengelernt?«

Meine Mutter war völlig perplex. Opa aber grinste breit.

Damit war das Abendessen gelaufen. Meine Mutter stand auf, räumte demonstrativ den Tisch ab. Ich nahm Opa an der Hand, ging mit ihm ins Wohnzimmer und holte ein Fotoalbum hervor.

Opa liebte die Alben und konnte sich an vieles erinnern, während wir die Seiten durchblätterten und der Geruch des vergilbten Papiers mich in der Nase kitzelte. Und so wurde es doch noch ein schöner Abend, vor allem als Papa sich zu uns setzte. Nur Mama fehlte, sie hatte sich in ihr Arbeitszimmer zurückgezogen. Ich wünschte mir, sie wäre dabei und würde sehen, wie gut Opas Erinnerung war. Wie er von Papa erzählte, als er noch klein gewesen war. Vielleicht hätte sie dann verstanden, dass Opa keinen Ärger machen wollte, sondern einfach nur durcheinander war.

Später in der Nacht hörte ich meine Eltern miteinander reden. Ich war auf dem Weg ins Bad und hatte kein Licht gemacht, daher bemerkten sie mich nicht.

»Woher weiß dein Vater das mit Serge?« Das war Mamas Stimme. Ich blieb im Schatten der halb geöffneten Tür stehen. Lauschen war nicht in Ordnung, aber das musste ich jetzt einfach mithören …

»Woher er das weiß?«, sagte Papa gerade. »Ich hab's ihm erzählt.«

»Na toll. Und wie steh ich jetzt vor ihm da?«

Papa brummte irgendwas. Dann herrschte Stille. Ich wollte schon weiterschleichen, da hörte ich, wie meine Mutter wieder zu reden anfing, ganz leise jetzt. Ich beugte mich ein Stück weiter vor, damit ich mitbekam, was sie sagte.

»Niko.«

»Ja?«

»Ich weiß, dass du das nicht hören möchtest, aber dein Vater ist mehr als ein bisschen verwirrt …«

Ich hielt den Atem an.

»Meinem Vater geht's gut«, erwiderte Papa genervt. »Können wir jetzt schlafen?«

Auf Zehenspitzen löste ich mich aus meinem Versteck und schlüpfte zurück in mein Bett.

In der Nacht träumte ich schlecht und wusste doch nicht, warum.

14

Hamburg-Eppendorf, Mai 2017

Am nächsten Morgen wachte ich wie gerädert auf. Ein Blick in den Spiegel tat ein Übriges. Über meine rechte Wange zog sich eine Knitterfalte, die mir eine Idee davon gab, was das Alter mit mir anrichten würde.

»Wie siehst du denn aus, Mama?«, fragte Käthe, als ich ihr die Cornflakes reichte. »Du hast ja Ringe unter den Augen wie ein Pandabär.«

»Danke, das baut mich auf«, murmelte ich.

»Bist du etwa krank?«

Überrascht sah ich sie an. So viel Fürsorge war ich gar nicht gewöhnt. Ich war richtiggehend gerührt. Eine ganze Sekunde lang.

»Weil, wenn du krank bist«, fuhr Käthe mit vollem Mund fort, »wär es echt besser, du würdest woanders frühstücken. Sonst steckst du mich noch an. Dann kann ich nicht mit zum Klettern.«

So viel zum Thema Nächstenliebe bei meiner Tochter.

»In welchen Klettergarten geht ihr denn?«, fragte Philipp, der frisch rasiert in die Küche trat und sich zu uns an den Tisch gesellte. Er angelte sich einen Toast und bestrich ihn akribisch mit Margarine.

»Kein Kletter*garten*, das ist was für Babys«, sagte Käthe.

»Wir klettern in die Wanten. Das geht fünfunddreißig Meter hoch über die Elbe.« Sie schob sich einen Löffel Cornflakes in den Mund.

Max bekam ganz große Augen. »Ich will mit«, rief er.

»Das ist nur was für Große«, gab Käthe gelassen zurück.

»Einspruch! Ich bin schon groß.« Er sprang auf und streckte sich.

»Bist du nicht.«

»Bin ich doch.« Max holte aus und trat unter dem Tisch nach Käthe, aber sein Bein war zu kurz, was ihn nur noch wütender machte.

Ich verbarg ein Grinsen. Im Grunde war ich fast ein bisschen froh über den Streit, rückte er unser gepflegtes Familienfrühstück doch raus aus der Stimmung einer Margarinewerbung und rein in die Realität. Max aber fand es gar nicht lustig. Bevor das Ganze zu einer Keilerei ausarten konnte, stand Philipp auf.

»Keinen Streit beim Frühstück. Wir müssen los. Ab ins Auto mit euch.« Er hauchte mir einen Kuss auf die Wange, sagte: »Bis nachher!«, und dann verschwand die ganze Bagage.

Eine halbe Stunde später hatte ich die Spuren des Frühstücks beseitigt und die Ringe unter meinen Augen mit einer Schicht Concealer abgedeckt. Die Knitterfalte war immer noch zu sehen. Ich steckte mein Tagebuch in die Tasche, schlüpfte in die unbequemen Pumps und machte mich auf den Weg zur Kanzlei.

Wollte man die Kanzlei meines Schwiegervaters in einem Wort beschreiben, so wäre »gediegen« das passendste gewesen. Die Einrichtung: gediegen, die Stimmung: gediegen, die Frisur der Sekretärin am Empfang, die schon vor zwanzig Jahren dort gesessen hatte: gediegen. Ja, selbst die Zeitschriften, die auf dem Beistelltisch der ledernen Sitzgruppe im Wartebereich auslagen, waren gediegen. Das Modernste hier war das WLAN.

Ich stieg hinab in mein Kellerbüro, setzte mich seufzend an den Schreibtisch und kickte die Schuhe von den Füßen. Der Computer brauchte ein wenig, um hochzufahren. Also zog ich erst mal mein Handy aus der Handtasche, in der Hoffnung, dass ich irgendwelche Nachrichten hatte, die dazu taugten, mich zu erlösen. Käthe, die ihr Sportzeug vergessen hatte, Max, der Fieber, Bauchweh oder notfalls auch Läuse hatte …

Ah, Smylla hatte ein Foto geschickt. Ich sah es mir an. Eine weiße Kaffeetasse in Antik-Optik. Darin ein Caffè Crema. Dampf stieg auf. Darüber der Schriftzug:

Zelebriere den Moment. Er gehört nur dir.
Dir ganz allein.

Na ja, nicht schlecht. Hatte was von Ich-AG, das kam an bei den Leuten.

Du musst das Bild schon ganz öffnen.

Smylla schien unter die Gedankenleser gegangen zu sein.

Ich tat es.

Puh!

Die stylische Kaffeetasse war nur die Spitze einer Collage. Sie thronte auf einem gigantischen Berg aus bunten Alu-Kapseln, die von verschimmelten Kaffeepulverresten und anderem Unrat zusammengehalten wurden. Aus dem Müllberg schälten sich vereinzelt dunkelhäutige Kinder, abgemagerte Ziegen, Krähen … Der ganze Wahnsinn unserer Wegwerfgesellschaft, outgesourct, damit er uns nicht in unserem täglichen Genuss belastete. Darunter prangte die Textzeile:

Es gibt keine zweite Erde.
Gut, dass wir eine dritte Welt haben.
Die neue Kapselmaschine von Massimiliano Barista.

»Nicht dein Ernst«, flüsterte ich und wählte ihre Nummer.

»Kann gerade nicht«, raunte sie in den Hörer. »Werde jeden Moment zerlegt.«

»Hast du es etwa losgeschickt?«

»Klar.«

»Doch nicht an deinen Chef!«

»Genau an den. Und an den Kunden«, sagte sie kichernd. »Nicht schlecht, oder?«

»Es ist der Wahnsinn! Aber …«

»Muss Schluss machen. Ulrich im Anflug.«

Ulrich war ihr Chef. Sein Gebrüll drang bis an mein Ohr. »… komplett wahnsinnig geworden? Hast du auch nur die geringste Idee, was du da angerichtet hast?« Dann herrschte plötzlich Stille. Smylla hatte das Gespräch weggedrückt.

Autsch.

Ich starrte auf mein Handy. Auf die Collage. Las den Text. Vergrößerte das Bild. Sah es mir im Gesamten an. Wenn sich das in der Werbewelt rumsprach, war Smyllas Karriere zu Ende. Sie hatte beruflichen Selbstmord begangen.

Die kommenden zwei Stunden schrieb ich Rechnungen, doch ich war unkonzentriert und musste alles zweimal überprüfen. Immer wieder wanderten meine Gedanken zu Smylla. Endlich trudelte eine Nachricht von ihr ein.

Bin zu Hause.
Lust vorbeizukommen?

Ich musste nicht lange überlegen.

Bin schon auf
dem Weg!

Ich schlug die langweilige Aktenmappe zu und schaltete den Computer aus. Rasch schlüpfte ich in Schuhe und Mantel und setzte eine hektische Miene auf, als ich an der Sekretärin vorbeirannte.

»Ja, gehen Sie denn schon?!«, rief sie mir hinterher.

»Kindergarten … angerufen … dringend … bis später«, stammelte ich und ließ die Tür hinter mir zufallen. Kaum war ich außer Sichtweite, verlangsamte ich meine Schritte auf Normaltempo. Ein strahlend blauer Himmel empfing mich. Ich zog den Mantel aus, warf ihn mir über den Arm. Und atmete Freiheit.

15

Smylla wohnte in einem angesagten Loft im Otto-von-Bahrenpark, einem ehemaligen Gaswerk-Komplex aus dem neunzehnten Jahrhundert, der aufwendig restauriert worden war. Ich liebte ihr kleines Reich mit den Backsteinwänden und den hohen Fenstern, das schön und chaotisch zugleich war.

Als sie mir öffnete, grinste sie mich schalkhaft an.

»Das war vielleicht ein Spaß heute früh!«, meinte sie. »Aber komm erst mal rein.«

»Was hat Ulrich gesagt?«, fragte ich und folgte ihr durch den langen Flur in das Wohnzimmer mit der spektakulären Aussicht auf Altona und die Innenstadt. »Gibt er dir noch eine zweite Chance?«

»Haha, zweite Chance, du bist echt witzig. Gefeuert hat er mich. Und das ist nicht mal alles.« Triumphierend blickte sie mich an. »Er will mich verklagen. Geschäftsschädigendes Verhalten und so weiter.«

Mir fiel die Kinnlade runter. »Und jetzt?«

»Setz dich doch endlich«, sagte sie und deutete vage in Richtung Sitzlandschaft.

Ich ließ mich auf das Sofa sinken. »Warst du shoppen?«, fragte ich mit Blick auf Berge von Einkaufstüten, die auf dem Boden herumstanden.

»Ja, für mein neues Projekt. Hatte noch keine Zeit auszupacken.« Sie äugte in eine der Tüten, dann in die nächste und zog strahlend ein Paar Wintersocken heraus. »Hier, zieh an«, meinte sie.

Ich runzelte die Stirn. Was ging hier gerade vor sich?

»Wo stecken die bloß?«, murmelte Smylla und leerte die nächste Tüte auf dem Couchtisch aus. Zum Vorschein kamen Mehl, Trockenhefe, Kakao, Milch.

»Willst du Plätzchen backen?«, fragte ich.

»Brot.«

»Warum, um Himmels willen, willst du Brot backen? Jetzt erzähl doch endlich mal, was los war.« Ich platzte fast vor Neugier, gespickt mit Sorge, aber Smylla ließ sich nicht beirren. Endlich hatte sie das Gesuchte gefunden. Zwei rosa Plaids.

»Hier, nimm dir eine Decke und mach's dir gemütlich«, sagte sie und wickelte sich ein. Dann legte sie die Füße neben das Mehl und fing an zu erzählen. Von dem schäumenden Kunden, der sie und Ulrich mit einer Kaskade an italienischen Schimpfwörtern bedacht und seinen Auftrag postwendend zurückgezogen hatte. Von den tuschelnden Kollegen in der Agentur, die zwischen Empörung, Schadenfreude und Neid angesichts ihres Mutes schwankten. Von ihrem Rauswurf, hochkant und endgültig.

»Und wie geht's dir damit?«, fragte ich, als sie geendet hatte.

Smylla streckte sich.

»Gut. Richtig gut. Ich finde, das war meine beste Kampagne bisher.«

»Bloß nicht die verkaufsförderndste«, warf ich ein.

»Hahaha. Aber weißt du was? Ich finde, ich habe endlich meinen persönlichen Stil gefunden. Mein Kopf ist voll von

Ideen. Klar lassen die sich nicht verkaufen. Höchstens an irgendwelche Umweltorganisationen.«

»Zahlen die denn?«

Sie breitete die Arme aus. »Das ist mir gerade total egal. Es wird schon irgendwie weitergehen. Vielleicht mach ich was ganz anderes. Mach Werbung nur noch ehrenamtlich. Warum nicht?«

»Aber was willst du denn jetzt tun?«

Sie legte den Kopf schief. »Du klingst schon wie dein Mann.«

»Also jetzt mal im Ernst«, erwiderte ich. »Ich finde deine Aktion stark und mutig. Aber ich verstehe deine gute Laune nicht so ganz.« Gestern noch war sie eine hoch bezahlte Werbetexterin mit einem exzellenten Ruf gewesen. Und heute? Arbeitslos und womöglich mit einer Klage am Hals.

»Warum verstehst du das nicht? Es ist ein richtig gutes Gefühl, das zu tun, wozu man Lust hat.«

Lust? In meinen Augen balancierte Smylla dicht an einem Abgrund entlang. Mit Lust hatte das nichts zu tun.

»Klar ist es toll, sich nicht um irgendwelche Konventionen zu scheren. Aber was willst du in Zukunft machen? Wovon bezahlst du deine Rechnungen? Deine Lebenshaltungskosten? Die Wohnung hier? Was, wenn du berufsmäßig abstürzt?«

»Wenn ich abstürze? Dann lande ich auf der Nase. Oder ich entdecke, dass ich fliegen kann.« Sie musterte mich kritisch. »Warum machst du dir eigentlich solche Sorgen? Ich hab ein bisschen was gespart. Ich muss nicht gleich morgen was Neues finden. Das ist echt Luxus.«

»Und du hast keine Angst? Weil du nicht weißt, was du als Nächstes tun willst?«

»Vielleicht. Aber das wird sich schon finden.«

»Hm.« Hätte ich doch nur ein Quäntchen von ihrem Mut, von ihrer Abenteuerlust. Wobei … Ich war doch früher auch nicht so übervorsichtig, so bieder gewesen. Es hatte eine Zeit gegeben, da hatte ich auch das Abenteuer gesucht und war mutig gewesen. Schließlich war ich zu Hause ausgerissen und mit meinem Opa allein nach Venedig gefahren. Mit meinem alzheimerkranken Opa. Wann war mir die Lust auf Ungewissheit und Risiko bloß abhandengekommen? »Was machst du denn bis dahin? Bis dir das Richtige einfällt?«, fragte ich sie.

Smylla streckte die Arme weit aus. »Hygge. Erst mal mach ich Hygge. Ich lass es mir gut gehen. Mache es mir gemütlich. Backe Brot, koche Marmelade ein, lasse meine Seele baumeln. Erhole mich von der Geschichte mit Ole.«

»Hygge?«, hakte ich nach und kniff die Augen zusammen.

Sie deutete auf die warmen Socken an meinen Füßen. »Kuschelsocken statt Pumps. Offener Balkon, Frühlingsduft und eine rosa Decke. Alles, was dazu beiträgt, dass du dich wohlfühlst.«

Ich sah sie forschend an. Smylla war nicht leicht zu durchschauen, vor allem nicht, wenn sie einen auf gute Laune machte. Ein untrügliches Gefühl sagte mir, dass sie in Wirklichkeit Ole hinterhertrauerte. Sie konzentrierte sich auf diese Wohlfühlsache, weil sie nicht zugeben wollte, wie weh ihr sein Verhalten tat.

»Du bist so still«, sagte sie.

»Es ist doch schön, mal zu schweigen«, gab ich zurück. »Voll Hygge.«

Sie strahlte. »Nicht wahr? Es wirkt!«

Ich lehnte mich zurück und versuchte mich zu entspannen. Unglücklicherweise fiel Smyllas Hygge-Phase auf den bisher wärmsten Tag des Jahres. Das Thermometer zeigte unglaubliche zweiundzwanzig Grad. Und was tat ich? Ich saß mit dicken Stricksocken aus der Wolle dänischer Dünenschafe und einem rosafarbenen XXL-Plaid auf ihrer Couch und schwitzte vor mich hin. Meine Füße juckten ganz schrecklich. Und wer wusste schon, was noch auf mich zukam.

»Was für ein Tag.« Smylla lächelte mich an. »Ich mach uns jetzt erst mal einen schönen warmen Kakao.«

Kakao? »Ne, lass mal«, sagte ich rasch. »Du musst dir doch keine Umstände machen.« Wenn es eines gab, das ich nicht ausstehen konnte, dann war es warmer Kakao mit fieser Haut obendrauf.

»Die Milch ist schnell warm gemacht, kein Thema. Und ich sag dir, Kakao ist super. Auch für die Figur.« Sie kniff sich in die Hüften. »Seit ich Kakao trinke, habe ich viel weniger Appetit.«

»Kein Wunder«, murmelte ich und harrte der Dinge, die da kamen.

Kurz darauf kam Smylla mit dem Kakao zurück, stellte die Tassen auf den Couchtisch, dann kuschelte sie sich in ihre Ecke und griff nach einem Buch.

»Hier, guck mal. ›Hygge für Kreative. Mein Weg zu mir selbst‹«, sagte sie und schlug das Buch auf. »Tu's nicht. Die Augen verdrehen.«

»Liest du jetzt?«, fragte ich verblüfft.

»Wir können uns auch unterhalten.«

»Ehrlich gesagt fällt mir dazu jetzt gerade nicht viel ein.«

Sie sah von ihrem Buch auf. »Willst du auch was zu lesen?«

»Ich habe mein Tagebuch dabei. Von damals, als Opa bei uns wohnte.«

»Echt? Zeig her!«

Sie sprang auf und ließ sich mitsamt Decke dicht neben mir nieder.

Ich kramte in meiner Tasche. »Hier ist es«, meinte ich und schlug es auf.

»Da ist ja ein Bild von Amandus«, sagte sie und nahm das vergilbte Foto zur Hand, das mir als Lesezeichen gedient hatte. Liebevoll strich sie eine Ecke glatt, die sich ein wenig eingerollt hatte.

»Deine Aktion damals, einfach mit elf Jahren mit ihm abzuhauen, war der Hammer.«

»Ja«, sagte ich. »Ich weiß.«

Smylla spähte über meine Schulter auf die aufgeschlagene Seite. »Kein Wunder, dass du Buchhaltung hasst«, sagte sie lachend und deutete auf meine Kleinmädchenschrift.

Wenn doch bloß die doofe Mathearbeit nicht wäre. Ich kapiere es einfach nicht.

»Ich erinnere mich noch genau!«, rief sie. »Da hatten wir doch so einen endslangweiligen Lehrer … Wie hieß der noch mal … Wohlhaus … Wohlbein …«

»Wohlleben!«, sagte ich. »Der hatte jeden Tag dasselbe Hemd an. Erklären konnte der überhaupt nicht. Wie haben wir damals bloß die Versetzung geschafft?«

»Intelligent abgeschrieben«, sagte sie grinsend und blätterte die Seite um.

Und so fingen wir dann doch an zu lesen.

16

Hamburg, Juni 1998

Sieben Wochen waren nach Omas Tod vergangen – sieben ganze Wochen, das waren neunundvierzig Tage. Mir kam das ziemlich lange vor, aber Opa war immer noch komplett durcheinander.

Manchmal wünschte ich ihn mir zurück, so wie er früher gewesen war. Wünschte mir, dass ich wieder normal mit ihm reden und er mir alles erklären könnte, was ich wissen wollte. Ein bisschen hatte ich auch gehofft, er würde mir bei den Hausaufgaben helfen. Doch Opa hatte Mühe, sich zurechtzufinden. Oft irrte er durchs Haus, und wenn ich ihn fragte, was er denn suche, sah er mich nur an und runzelte die Stirn. Er kriegte so viele Dinge nicht auf die Reihe, und wenn er sprach, wiederholte er sich andauernd.

Aber er war nun mal so, wie er war, und das Wichtigste war schließlich, dass man sich lieb hatte.

In den letzten Wochen hatte ich ihm geholfen, seine Sachen auszupacken. Zusammen mit Papa hatten wir ein paar sperrige Möbel in die Scheune gebracht, damit Opa in seinem Zimmer mehr Platz hatte. Das hatte richtig gut geklappt.

Nur mit meiner Mutter lief es nicht so gut. Sie hatte

ständig etwas an Opa auszusetzen, wenn er unordentlich war oder mal wieder etwas anstellte. Das Haus war ihr wichtig, sie hatte jede Menge Zeit reingesteckt, um die Zimmer zu dekorieren, hatte wochenlang Vorhänge und Kissen ausgesucht und den Garten zusammen mit einem Landschaftsarchitekten angelegt …

»Ich will halt einfach ein schönes Zuhause haben«, sagte sie.

Doch was war schön?

Ich jedenfalls fand es viel schöner, wenn Opas Weste über dem Sessel hing und seine Bücher und Fotos von Oma herumlagen. Wenn ich wusste, er war zu Hause und wartete, dass ich aus der Schule kam. Oft saß er dann in seinem Zimmer und starrte vor sich hin. Doch kaum sah er mich, kam Leben in ihn. Dann fläzten wir uns zusammen aufs Sofa oder die Veranda, und ich erzählte ihm von der Schule und meinen Freunden. Ich konnte ihm einfach alles sagen. Gut möglich, dass er es gleich wieder vergaß. Aber ich wusste, dass er mich verstand.

Ich freute mich, dass bald Ferien waren und ich dann viel mehr Zeit mit Opa verbringen konnte. Bevor es allerdings so weit war, mussten wir noch für die Mathearbeit lernen, und das war echt ätzend. Smylla und ich brüteten gemeinsam am Küchentisch über den Aufgaben, aber da wir beide keine Ahnung von Bruchrechnung hatten, kam nicht wirklich etwas dabei heraus.

»Ich kapier das alles nicht«, ächzte ich und starrte auf das Aufgabenblatt. »Der Wohlleben is' so doof, der kann das einfach nicht erklären …«

»Das stimmt«, meinte Smylla. »Der ist so derbe ein Spast.«

»Spast sagt man nicht.«

»Dann eben … Gurkenschäler!«

»Hä? Was ist denn ein Gurkenschäler?«

Smylla spitzte die Lippen. »Na, einer, der den ganzen Tag Gurken schält.«

»Wenn der sich beim Gurkenschälen genauso doof anstellt wie beim Unterrichten, dann …«

»Dann bleibt nix von der Gurke übrig.«

Ich verdrehte die Augen.

Opa kam zu uns in die Küche und sah sich suchend um. Sein Blick fiel auf die Kaffeemaschine. Tapsig steuerte er darauf zu, nahm den Deckel ab und schüttete eine Handvoll Bohnen hinein.

»Willst du auch einen Kaffee?«, fragte er mich.

»Opa! Ich bin doch erst elf.«

»Stimmt«, murmelte er. »Auch nicht mehr die Jüngste.«

Jetzt hatte er das Kaffeepulver gefunden und füllte es in die Maschine. Den Papierfilter quetschte er zum Schluss mit rein. Na, das würde eine Brühe geben.

»Willst du auch einen Kaffee trinken?«, fragte er und sah wieder zu mir.

Ach, Opa …

»Ja, sehr gern. Ich *liebe* Kaffee«, sagte ich und musste lachen.

Opa strahlte. Inzwischen hatte er den Schalter gefunden und stellte die Maschine an.

»Du musst da Wasser reinfüllen«, riet ich ihm.

Er legte die Stirn in Falten und überlegte. Dann endlich

nahm er die Kanne, ließ Wasser hineinlaufen und goss es über den zerknüllten Filter.

»Soll ich dir helfen?«, fragte ich vorsichtig.

»Nicht nötig. Ich hab schon mal Kaffee gekocht.« Er fühlte an der Kanne und zog die Hand weg. »Wird schon warm. Gleich fertig. Muss nur noch kurz ziehen.«

Smylla grinste. Sie mochte Opa auch total gern.

Ich versuchte mich wieder auf Mathe zu konzentrieren. Keine Chance, ich blickte einfach nicht durch. »Opa, kannst du uns schnell helfen?«

Er nickte und kam zu uns an den Küchentisch. Nachdem er einen Blick auf den Aufgabenzettel geworfen hatte, schüttelte er den Kopf.

»Nein … Das … das kann ich nicht.«

»Opa!? Brüche kürzen. Das ist echt babyeierleicht. Wenn man nicht gerade so einen blöden Lehrer hat wie wir.«

Opa aber schüttelte den Kopf. »So was hatten wir in der Schule nicht. Wir haben die Brüche … also die Brüche … die haben wir immer lang gelassen.«

»Ihr habt sie immer lang gelassen?«

»Wie soll das denn gehen?«, flüsterte Smylla.

Ich schüttelte kaum merklich den Kopf. »Klar«, sagte ich zu Opa. »Das ist ja auch viel schlauer, sie lang zu lassen.«

»Siehste«, meinte er und setzte sich vor den Fernseher. Dort wurde gerade Heidi Klum interviewt, ein deutsches Model, das in den USA Werbung für Bikinis gemacht hatte und jetzt berühmt war. Opa war gleich hin und weg und fing mal wieder an zu schnalzen.

»Was war eigentlich dein Opa von Beruf?«, flüsterte Smylla.

»Tierarzt.«

»Krass, und dann kann der keine Brüche kürzen?«

»Ich glaube, er hat's nur vergessen«, sagte ich und sah zu Opa. Er versuchte gerade, das Model im Fernsehen in ein Gespräch zu verwickeln.

Wir beobachteten Opa.

»Wollen wir zwei vielleicht mal ein Käffchen trinken?«, sagte er gerade zu der Fernseher-Heidi. Das war wirklich schräg. Als die Szene wechselte und plötzlich ein Mann auf dem Bildschirm erschien, wurde Opa richtig wütend. »Weg da! Was machen Sie da?«, rief er aufgeregt in den Fernseher. Smylla und ich mussten lachen.

In diesem Augenblick kam meine Mutter in die Küche. Ihr Blick fiel auf die Kaffeemaschine, die noch angestellt war. Sie holte sich eine Tasse aus dem Schrank und goss sich ein. Smylla stieß mich unter dem Küchentisch an und grinste verschwörerisch.

»Amandus, wärst du so lieb und würdest die Hecke schneiden?«, fragte meine Mutter.

Unsere Hecke war inzwischen so hoch, dass man von den Nachbarn kaum noch etwas sehen konnte. Nur wenn Papa mich auf die Schultern nahm und ich mich streckte, sah ich ihren Vorgarten, der von einer ganzen Truppe aus Gartenzwergen bevölkert war.

Opa drehte sich vom Fernseher weg. »Kann ich, kann ich machen«, sagte er und stand auf.

»Schön! Nur in Form bringen. Nur so …« Mama zeigte mit Daumen und Zeigefinger die Höhe an. »… zehn Zentimeter kürzen. Schaffst du das?«

Opa sah mich fragend an. »Kein Problem, oder?«

Ich reckte den Daumen.

»Aye, aye, Sir … äh, Sandra!«, sagte Opa und machte sich auf den Weg zur Scheune, wo die Motorsäge lagerte.

»S-a-r-a-h!«, rief meine Mutter ihm hinterher. Sie hob die Tasse und nahm einen kräftigen Schluck von der Kaffeebrühe. Im nächsten Moment spuckte sie alles aus.

Smylla und ich mussten so lachen, dass uns die Bäuche wehtaten.

Arme Mama. Ihr Mund, ihre Zähne … alles war voller Kaffeepulver.

Panisch stürzte sie ins Bad.

Von draußen drang das Aufheulen des Motors herein. Es war prima, dass Opa eine Aufgabe hatte. Apropos Aufgabe … Smylla und ich versuchten, uns wieder auf Mathe zu konzentrieren. Das Addieren der Brüche war eigentlich gar nicht so schwer, da kamen wir einigermaßen voran. Aber das mit dem Kürzen …

Smylla schlug das Mathebuch auf und las: »Hier steht: ›Um einen Bruch zu kürzen, muss man Zähler und Nenner in Faktoren zerlegen.‹«

»Na toll«, stöhnte ich. »Und was sind jetzt noch mal Faktoren?«

»Puh. Wenn man das wüsste.«

Ratlos starrten wir auf unsere Hefte.

»Lass uns das mal mit einer Torte ausprobieren«, sagte Smylla und malte einen Kreis auf ein leeres Blatt.

»Torte essen würde mehr Spaß machen«, erwiderte ich und begann den Kreis zu verzieren, sodass eine richtige Geburtstagstorte daraus wurde. Wir waren gerade dabei, kleine bunte Streusel zu malen, als ein markerschütternder Schrei von der Veranda ertönte. Mama?!

Smylla und ich rannten aus der Küche nach draußen.

Mama hatte die Hände um das Geländer gekrallt. »Oh mein Gott!«, schrie sie. »Hör sofort auf damit!«

Wir folgten ihrem Blick. Oder ihrem Schrei, je nachdem. Da wurde mir alles klar. Opa war dabei, die Hecke vor unserem Haus abzusägen. Dort, wo er schon zugange gewesen war, ragten bloß noch ein paar armselige braune Stümpfe aus der Erde.

Er sah meine Mutter mit hochgezogenen Brauen an und stellte die Heckenschere ab.

»Was machst du da?«, rief sie hysterisch.

»Wonach sieht's denn aus? Ich kürze die, die … das grüne Ding da. So wie du gesagt hast.«

»Ich habe gesagt: zehn Zentimeter!« Mama war dabei auszurasten.

Opa zog einen Zollstock aus der Hosentasche und hielt ihn unten an den Heckenstumpf. Dann grinste er stolz. »Exakt. Zehn Zentimeter. Also, wenn du mich fragst, finde ich sie höher viel schöner. Soll ich den Teil hier lieber stehen lassen?« Meine Mutter antwortete nicht, sie stürzte wutentbrannt davon.

»Das ist wie bei *Versteckte Kamera*«, flüsterte Smylla mir vergnügt ins Ohr.

Beim Abendessen war die Luft so dick, dass man sie hätte zerschneiden können. Obwohl es Ofenkartoffeln gab, die ich sonst ziemlich lecker fand, kriegte ich kaum einen Bissen runter.

»Wo bleibt Amandus?«, fragte meine Mutter. »Ich hab ihn zweimal gerufen. Wenn man schon unter einem Dach lebt, kann man sich doch wenigstens an die Essenszeiten halten.«

»Opa ist im Garten«, sagte ich. »Er versucht die Hecke zu reparieren.«

Mein Vater warf mir einen ungläubigen Blick zu. Ich nickte mit dem Kopf in Richtung Fenster. Draußen war Opa zu sehen, wie er mit den Büschen hantierte.

»Die Hecke reparieren!?« Mamas Augen wurden ganz schmal.

»Ja.« Ich zuckte die Schultern. Streng genommen hatte Opa ja nur tun wollen, was ihm aufgetragen worden war. Statt die Hecke um zehn Zentimeter zu kürzen, hatte er sie auf diese Länge runtergesägt. Jetzt wollte er es wiedergutmachen, indem er die abgeschnittenen Zweige auf die Stümpfe steckte. Das war nicht gerade geeignet, meine Mutter zu besänftigen.

»Fünf Jahre hat es gebraucht, bis sie auf diese Höhe gewachsen ist. Fünf verfickte Jahre.«

»Mama!«, rief ich. »Verfickt sagt man nicht.«

»Is' doch wahr. Ich meine … Tut mir leid, mein Schatz.« Sie wischte sich über die Stirn. »Niko … Du musst etwas unternehmen. Wer weiß denn, was er als Nächstes kaputt macht?«

Sie holte tief Luft und wollte schon zu einer weiteren Schimpftirade ansetzen, als Opa mit einem Strauß weißer Rosen in die Küche trat. Oh, oh. Das sah ganz danach aus, als hätte er Mamas Rosenrabatten kahl rasiert. Und das, wo sie doch immer so stolz drauf war …

Ich wechselte einen schnellen Blick mit Papa. Der musste sich das Lachen verkneifen, und mir ging es ganz ähnlich.

»Amandus. Wo hast du die her?«, fragte meine Mutter wie erstarrt.

Opa strahlte. »Aus deinem Garten. Gefallen sie dir?«

»Du willst mich fertig machen, oder?«, zischte Mama.

Opa sah sie irritiert an und schüttelte den Kopf.

»Ich wollte mich bei dir entschuldigen.« Er räusperte sich und hielt ihr den Strauß hin. »Sandra, entschuldige, dass ich die …«

»Sarah«, flüsterte ich.

»Dass ich die … Sarah … falsch geschert habe … ähm … mich nicht richtig geschnitten habe … um die …«

»Hecke.«

»Hecke …« Völlig verwirrt brach Opa ab.

Meine Mutter sprang auf. »Prima, toll gemacht«, giftete sie. »Wenn meine Gäste ankommen, sehen sie jetzt nicht mehr eine gepflegte, hoch gewachsene Hecke, sondern die Gartenzwerge unserer spießigen Nachbarn. Und wenn sie in den Garten kommen, dann sehen sie als Erstes kein Rosenbeet, sondern … sondern …« Sie brach ab, zu aufgebracht, um weiterzusprechen, und stürzte aus der Küche.

Opa zog hilflos die Schultern hoch. In diesem Moment tat er mir so leid, und zugleich hatte ich ihn schrecklich lieb, wie er da stand, den großen Strauß im Arm, und traurig den Kopf schüttelte.

»Komm, iss was«, sagte Papa. Ich stand auf, suchte eine Vase und stellte die Rosen ins Wasser.

»Schön sind die«, sagte ich. »Und wie sie duften.«

»Elisabeth mochte Rosen sehr gern.«

»Mama hieß Margarethe, Papa«, korrigierte ihn Papa.

Opa wischte sich die Nase.

»Dann eben Margeriten.«

17

Hamburg-Bahrenfeld, Mai 2017

»An das mit der Hecke erinnere ich mich gar nicht mehr«, sagte Smylla.

»Mein Vater hat sie damals ersetzt. Wir sind zum Baumarkt gefahren, haben mannshohen Liguster gekauft und eingepflanzt. Hat keiner gemerkt.«

»Und deine Mutter? War sie danach wieder besänftigt?«

Ich zog die Schultern hoch. »Damals war ich sauer auf sie, weil sie ständig an Opa rumkritisiert hat. Aber jetzt, wo sie nicht mehr da ist …«

»Das war bestimmt nicht leicht für sie, dass dein Opa ständig was angestellt hat«, sagte Smylla und kicherte.

»Ne, und es war auch nicht immer lustig«, überlegte ich. »Wenn er die Badewanne hat überlaufen lassen und das Wasser bis auf den Flur schwappte, wo die Teppiche sich vollgesogen haben. Und manchmal war's auch richtig gefährlich. Einmal hat er im Garten Holz gesammelt und wollte unter der Kaminumrandung ein Feuerchen machen … Wenn ich meine Mutter wäre, würde ich heute wahrscheinlich auch die Krise kriegen.«

»Aber wir zwei konnten das damals mit Humor nehmen. Wir hatten halt die möglichen Konsequenzen nicht im Blick.«

»Das stimmt. Aber trotzdem hätte meine Mutter anders mit ihm reden können. Irgendwie lieber.«

»Und Niko? Der kam mir irgendwie relaxter vor.«

»Mein Vater war traurig. Ich glaube, er wollte nicht wahrhaben, was mit Opa passierte. Was ich absolut nachvollziehen kann. Du stehst daneben und beobachtest, wie jemand sich förmlich auflöst. Der Mensch ist noch da, und gleichzeitig entfernt er sich immer weiter. Und du kannst nicht das Geringste dagegen tun. Du versuchst alles, kämpfst gegen die Krankheit an. Aber du weißt, dass du verlierst.«

»Das muss hart sein.«

»Niko hat Opa erst immer noch korrigiert, wenn er was durcheinanderbrachte. Das war wahrscheinlich gut gemeint, aber letztlich nicht gerade schön für Opa, weil er dann merkte, dass er schon wieder etwas verkehrt gemacht hatte.«

»Glaubst du denn, es war ihm bewusst, dass er Alzheimer hatte?«, überlegte Smylla.

»Anfangs auf jeden Fall. Da waren die Ausfälle ja nicht permanent. Und später …« Ich versank in Schweigen.

Smylla stupste mich an. »Was war später?«, fragte sie sanft.

»Als er permanent alles durcheinanderbrachte, da hatte er trotzdem noch helle Augenblicke. Und das muss die Hölle gewesen sein für ihn …«

»Bist du dir sicher? Woher willst du das wissen?«

»Weil er es gesagt hat.« Es tat weh, sich daran zu erinnern.

»Das hast du mir nie erzählt«, meinte Smylla und zog die Decke enger um mich.

Ich dachte nach. »Vielleicht habe ich es deshalb nicht erzählt, weil ich es in seiner Tragweite nicht verstanden habe.«

»Aber was hat er denn gesagt?«

Ich sah auf. »Er hat gesagt, er sei ein Idiot und er wisse das.«

»Echt?«

Ich nickte traurig. »Das war, als wir an der Elbe spazieren gingen. Warte mal, wo steht denn das …« Ich blätterte in meinem Tagebuch. Dann fand ich die Stelle, und Smylla legte den Kopf auf meine Schulter, wie Käthe es oft tat, wenn ich ihr vorlas.

18

Hamburg, Juni 1998

Am Wochenende steckte Mama voll und ganz in der Planung des Sommerfests. Damit wir ihr nicht auf die Nerven gingen, packte mein Vater Opa und mich ins Auto, und wir fuhren am Volkspark vorbei durch die Stadt nach Blankenese und immer weiter, fast bis zur Stadtgrenze. In Rissen bog er ab, und von da ging es am Forst entlang runter zur Elbe.

Wir parkten nahe dem Leuchtturm. Als wir aus dem Wagen kletterten, brannte die Sonne so warm herab, dass Opa sogar auf seine Strickjacke verzichtete.

Es war lange her, dass wir am Wittenbergener Strand gewesen waren. Der Sand war fast so weiß wie an der Nordsee und die Elbe so breit, dass man sich ausmalen konnte, man wäre am Meer.

In kleinen Wellen plätscherte das Wasser ans Ufer. Opa und Papa nahmen mich in die Mitte, und so schlenderten wir den Strand entlang.

»Erzähl mir 'ne Geschichte«, bat ich Opa.

»'ne Geschichte?«

»Ja, von dir und Papa. Als er so alt war wie ich.« Die hörte ich am liebsten. Dann versuchte ich mir eine Zeit vorzustellen, als es mich noch nicht gegeben hatte. Irgendwann, vor Ewigkeiten, war Papa so klein gewesen wie ich und hatte seinem Vater bloß bis zur Schulter gereicht.

Opa blieb stehen und dachte nach, aber es fiel ihm nichts ein.

»Weißt du noch, als wir campen waren?«, half Papa ihm auf die Sprünge. »Da haben wir im Garten ein Zelt aufgeschlagen.«

Meine Idee!, dachte ich und musste unwillkürlich grinsen. Opa ahnte es noch nicht, aber genau das hatte ich ja mit ihm vor, sobald Ferien waren.

Papa lächelte in sich hinein. »Um das Zelten noch spannender zu machen, hat Opa mir von Füchsen und Waschbären erzählt, die angeblich nachts unseren Garten unsicher machen würden«, erzählte er. »Und dann haben wir uns mit Schaufeln, Besenstiel und allem, was der Geräteschuppen sonst noch so hergab, bewaffnet, um sicher vom Haus zum Zelt zu kommen.«

Ich liebte die Geschichte!

Opa blieb stehen, seine Augen leuchteten. »Ja, du … du hast sogar deine Angel mitgenommen.«

»Stimmt!«, rief Papa überrascht. »Daran kannst du dich noch erinnern?«

Opa lachte verschmitzt. »Wie könnt' ich das vergessen? Als wenn man mit 'ner Angel einen Waschbären verjagen könnte …«

Wir lachten. Über uns flogen Möwen schreiend umher, als wollten sie ihren Kommentar dazu abgeben.

Papa erzählte weiter. »Und als wir so im Zelt liegen, da höre ich plötzlich ein Kratzen an der Zeltwand, und mein Herz fängt wie wild an zu schlagen. Und dann war da ein

Heulen, so: wuhuuuuuu …, und ich fragte Papa ganz ängstlich: ›Was war das?‹, und er sagte: ›Ein Waschbär.‹«

Unwillkürlich hielt ich die Luft an. Ich fühlte mich plötzlich so, als wäre ich selbst dabei gewesen.

»Jedenfalls guckte ich ihn an«, fuhr Papa fort, »und sagte: ›Aber Waschbären heulen doch nicht‹, und da erwiderte dein Opa: ›Die hier schon.‹ Und bis heute weiß ich nicht, ob das Kratzen an unserem Zelt wirklich ein heulender Waschbär war oder nicht doch eher ein Fuchs.« Papa drückte meine Hand und zwinkerte mir zu.

Opa grinste breit. »Ich war das«, verriet er ganz stolz.

Papa sah ihn gespielt verwundert an. »Das hast du mir nie erzählt!«

»Du hast mich nie gefragt«, erwiderte Opa lachend. Er griff nach meiner Hand und stieg über eine Mole.

Ein tiefes Tuten drang an mein Ohr. Ich drehte mich um. Ein Stück weit die Elbe hinauf war ein Kreuzfahrtschiff zu sehen, das in den Hafen einlaufen wollte. Von woher es wohl kam?

Wir liefen weiter, jeder in seine Gedanken versunken. Ich fragte mich, ob ich auch mal mit so einem Schiff fahren würde und welche Länder ich am liebsten bereisen würde. Italien vielleicht oder Neuseeland …

Da räusperte sich Papa.

»Ich habe übrigens mit einem Arzt gesprochen«, sagte er, und ich hörte an seiner Stimme, wie sehr das Thema ihn bedrückte. »Der würde dich gern mal untersuchen.«

Opas Lächeln erlosch, so als hätte jemand es ausgeknipst.

»Wieso?«, entgegnete er und blieb stehen.

»Weil …« Papa suchte nach Worten. Opa ließ meine Hand los.

»Weil ich ein Idiot bin?« Er starrte Papa an. »Meinst du, ich merk das nicht?«

Mein Vater rieb sich das Gesicht, dann legte er eine Hand auf Opas Schulter. »Du bist kein Idiot, Papa.«

»Klar bin ich das.« Opa schüttelte den Kopf. »Ich gehe nicht zum Arzt, Niko.«

»Aber vielleicht kann der dir helfen …« Papa klang ziemlich verzweifelt. Doch Opa wollte davon nichts hören.

»Du redest schon wie deine Mutter!«

»Wollte sie denn auch mit dir zum Arzt?«, fragte Papa überrascht.

»Weiß ich nicht mehr …«, erwiderte Opa und starrte ins Leere. »… aber helfen kann der nicht. So viel weiß ich noch …«

Ich spürte, wie die Traurigkeit sich über uns breitete. Eben war noch alles so schön gewesen. Ein Frühsommertag am Elbstrand. Das goldene Licht und unsere Spuren im Sand. Mein Herz wurde schwer.

Schweigend liefen wir zurück. Ich suchte nach einer Geschichte, um Opa und auch Papa aufzuheitern, plapperte vor mich hin, erfand alle möglichen witzigen Dinge, doch ich hatte das Gefühl, dass mir keiner richtig zuhörte. In Gedanken waren alle mit etwas anderem beschäftigt, und das lastete auf uns wie der Nebel, der nun langsam vom Fluss her aufstieg.

Später lag ich auf meinem Bett und las. Draußen war es noch so warm, dass mein Fenster weit geöffnet war. Ich sah, wie Papa im Kerzenschein auf der Veranda saß und vor sich hin grübelte. Mama trat zu ihm und hielt ihm Muster von den Einladungskarten hin, für das Sommerfest.

»Findest du die in Braun besser oder in Beige?«, fragte sie.

»Beige«, sagte Papa. Er klang nicht gerade begeistert. Wahrscheinlich war er mit seinen Gedanken ganz woanders.

»Sicher?«, hakte Mama nach.

»Dann nimm halt Braun.«

»Du hast gar nicht richtig geguckt.«

Papa stöhnte genervt auf.

»Mann, Sarah, ich habe gerade ganz andere Probleme als das Scheißgartenfest.«

»Hast du mit deinem Vater gesprochen?«

»Ja, aber er will nicht.«

»Wie – er will nicht …«

Ich setzte mich im Bett auf. Jetzt war ich ganz Ohr.

»Er will sich nicht untersuchen lassen«, erklärte Papa.

»Ja und?«, erwiderte Mama.

»Nichts ›ja und‹. Mein Vater ist ein erwachsener Mann. Ich kann ihn nicht zwingen, zum Arzt zu gehen. Wie soll ich ihm das erklären?«

Mama schnaubte.

»Na, so wie du mir erklärt hast, dass er seinen ganzen Krempel mitbringt. Nämlich gar nicht.«

Papa stand auf und trat an das Geländer. Müde stützte er sich darauf ab. Mama redete unterdessen weiter auf ihn ein.

»Es kann ja wohl nicht angehen, dass er hier die Regeln aufstellt. Du nimmst ihn jetzt bitte schön an die Hand und gehst mit ihm zum Arzt. Niko, dein Vater hat Alzheimer. Er braucht Hilfe.«

Alzheimer. Das Wort hatte ich noch nie gehört. Also eine Krankheit. Opa war krank, deswegen war er so durcheinander. Ich versuchte herauszuhören, ob die Krankheit gefährlich war, so wie Omas Herzinfarkt. Oder wie Krebs. Aber wenn Mama meinte, er sollte zum Arzt gehen, dann war es ja noch nicht zu spät, oder? Dann konnte man noch etwas tun.

Ich spitzte angestrengt die Ohren, doch ich verstand nicht, was Papa gerade murmelte.

Mamas Worte verstand ich dafür nur zu gut.

»… außerdem kann er hier auf Dauer nicht wohnen bleiben. Er ist völlig verwirrt und bringt alles durcheinander. Und weder du noch ich haben die Zeit, uns rund um die Uhr um ihn zu kümmern.«

»Mein Vater bleibt hier, solange es irgendwie geht«, sagte Papa mit Nachdruck in der Stimme.

Meine Gedanken rasten. Opa war krank. Mama wollte ihn loswerden, Papa bestand darauf, dass er bleiben durfte. Das beruhigte mich einigermaßen. Jetzt mussten wir Opa nur zum Arzt kriegen, dann würde schon alles irgendwie gut gehen, sagte ich mir.

19

Montagnachmittag, und ich saß allein auf dem Schulhof. Seit einer halben Stunde wartete ich darauf, dass Opa mich abholte und zum Kinderarzt brachte. Mein Vater hatte für den Tag nach London fliegen müssen, und Mama sollte in der Arbeit irgendwas Wichtiges präsentieren; Pitchen nannte sie das. Also hatte Papa Opa ein Mäppchen gemacht, in dem Geld für ein Taxi und ein Stadtplan steckten und alles genau drinstand:

Montag:
Tilda nach der Schule um 13:15 Uhr abholen.
Zum Kinderarzt fahren.
Dr. Ehlers, Uhlenhorster Weg 14

Ich sah auf die Uhr. Langsam wurde es knapp. Mich beschlich das Gefühl, dass Opa den Termin verschwitzt hatte. Also schnappte ich mir meine Schultasche und rannte los. Das würde ich schon alleine hinkriegen.

Dr. Ehlers kannte mich, seit ich ein Baby war. Er war schon alt, sein Haar so weiß wie Opas, wenn auch besser gekämmt. Und um seine Augen und den Mund hatte sich ein Kranz aus Falten gebildet, sodass er immer ein bisschen so aussah, als würde er lächeln.

Weil ich im Frühjahr eine schlimme Bronchitis gehabt

hatte, hörte er meine Lunge ab. Sein Stethoskop fühlte sich kalt auf meiner Haut an, und es kitzelte. Ich atmete tief ein und aus und dann noch mal.

»Das hört sich aber gut an«, sagte Dr. Ehlers. »Deine Lunge ist ganz frei. Haste immer die Strümpfe angezogen, wie ich dir gesagt hab, hm?«

»Ja, klar«, sagte ich und musste grinsen. Na ja, immer nicht, vielleicht ab und zu, wenn es kalt gewesen war. Und ich es nicht vergessen hatte. Also eigentlich nie. Aber das musste er ja nicht so genau wissen.

Ich zog mein T-Shirt wieder runter. Dr. Ehlers trat zum Schreibtisch und füllte meine Patientenakte aus. Ich überlegte einen Moment. Dann nahm ich all meinen Mut zusammen.

»Kann ich dich mal was fragen?«

Dr. Ehlers sah auf und lächelte. »Natürlich kannst du das.«

Mein Mund wurde ganz trocken, weil ich plötzlich Angst hatte. Aber jetzt gab es kein Zurück mehr.

»Was ist Alzheimer?«

Dr. Ehlers sah mich verwundert an. »Wieso fragst du?«

»Mein Opa hat das, glaub ich.«

»Wie kommst du denn darauf?«

»Mama sagt das.«

»Ist deine Mama Ärztin?«

»Nein, sie arbeitet in 'ner Werbeagentur.«

Dr. Ehlers zwinkerte mir zu. »Siehste. Alzheimer ist eine Krankheit, die kann nur der Arzt feststellen. Dafür muss man eine Reihe von Untersuchungen machen.« Er legte den Kopf schief. »Erzähl mir mal was von deinem

Opa. Vergisst er manchmal Dinge? Oder bringt er Sachen durcheinander?«

»Manchmal?« Ich zog eine Grimasse.

Dr. Ehlers lächelte, und die Falten um seine Augen wurden noch tiefer. »Ja, weißt du, manchmal bring ich auch was durcheinander, das ist ganz normal in meinem Alter.«

Ich war mir nicht sicher, ob »ganz normal« auf das passte, was Opa alles anstellte. Dr. Ehlers schien meine Zweifel zu spüren; er lehnte sich gegen den Schreibtisch und nickte mir auffordernd zu.

Und dann fing ich an zu erzählen. Wie Opa vergessen hatte, mich abzuholen, trotz des Mäppchens. Wie er sich mit den Leuten im Fernseher unterhielt, ständig Namen verwechselte und Riesengedächtnislücken hatte.

Während ich sprach, wurde Dr. Ehlers' Miene immer nachdenklicher. Ich seufzte, denn ich ahnte Schlimmes.

Dr. Ehlers legte einen Arm um meine Schultern. »Jetzt verstehe ich, warum ihr euch Sorgen macht. Und warum deine Mutter an Alzheimer denkt.«

»Aber was ist es denn genau?«, hakte ich nach.

»Wie kann ich dir das am besten erklären …«, murmelte Dr. Ehlers und trat zu seiner Bücherwand. Sie war voll von allen möglichen Lexika.

»Stell dir mal vor, die ganzen Bücher hier, wenn das das Gehirn deines Opas wäre. Bedingt durch die Krankheit, kippen immer mal hier, mal da ein paar Bücher um …« Er ließ zwei schwere, in schwarzes Leder gebundene Bände umfallen und fuhr mit seiner Erklärung fort: »Alles, was in diesen Büchern steht, hat er in dem Moment vergessen.«

»Aber manchmal erinnert sich Opa auch wieder an Dinge, die er am Tag vorher nicht mehr wusste«, warf ich ein.

Dr. Ehlers räusperte sich. »Richtig. Je nach Tagesform stellen sich manche Bücher dann wieder auf. Dafür kippen dann andere um.«

Ich begann zu verstehen. So oft schon hatte ich gedacht, dass es Opa wieder besser ginge. Aber so war es nicht. Am Vorabend, da hatte ich ihn gefragt, ob er wisse, was er zu tun hatte. Und er hatte gesagt: »Dich vom Kinderarzt abholen.« Doch wer war heute nicht da gewesen?

»Aber je länger die Krankheit fortschreitet, desto mehr Bücher kippen aus dem Regal«, sagte Dr. Ehlers in meine Gedanken hinein. »Bis eines Tages …« Er brach ab.

Bis eines Tages …

»Bis er gar nichts mehr weiß?«, fragte ich.

Dr. Ehlers sah mich traurig an. Meine Augen fingen an zu brennen.

»Bis er gar nichts mehr weiß?«

Er kam zu mir und strich mir ganz sanft über den Kopf. Eine Träne rollte mir über die Wange. Ich wischte sie weg.

»Was kann ich denn machen, damit es ihm besser geht?«

»Was dein Opa jetzt braucht, ist viel Liebe von dir. Und Verständnis. Auch wenn er Sachen sagt oder tut, die keinen Sinn machen, dann musst du ihm doch das Gefühl geben, dass du ihn verstehst.«

Ich nickte. Das würde ich hinkriegen.

»Und du musst ihm Aufgaben geben«, sagte Dr. Ehlers eindringlich. »Das ist ganz wichtig für ihn. Damit er sich gebraucht fühlt.« Lange sah er mich an. »Weißt du was?«, meinte er dann. »Wenn du Fragen hast oder ein paar Tipps brauchst, dann komm einfach vorbei. Oder ruf mich an, ja?«

»Das tue ich«, sagte ich und machte mich auf den Nachhauseweg.

Abends lag ich lange wach und konnte nicht schlafen. Im Haus roch es verbrannt und nach Chemikalien aus dem Feuerlöscher. Opa hatte irgendwelche Dinge in den Herd gesteckt, die nicht reingehörten, sodass eine Stichflamme daraus emporgeschossen war. Zum Glück war Mama rechtzeitig nach Hause gekommen und hatte das Feuer gelöscht. So war nur das Innere des Ofens verbrannt.

Wenn Opa mich doch bloß abgeholt hätte. Dann wäre das mit dem Herd nicht passiert, dachte ich.

Draußen hörte ich Motorengeräusch und dann das Knallen einer Autotür. Das war bestimmt Papa, der aus London zurückkam! Ich stand auf und wollte schon zu ihm laufen, als ich Mama und ihn im Flur reden hörte.

»Da bist du ja endlich«, sagte Mama. »Hast du eine Ahnung, was heute passiert ist?«

»Mein Vater hat Tildas Arzttermin vergessen?«

»Pah. Das hab ich dir ja vorher schon gesagt. Viel schlimmer ist, dass er fast unser Haus abgefackelt hätte!«

»Was?«, fragte Papa erschrocken. »Was ist denn passiert?«

»Niko, wenn ich nur ein bisschen später nach Hause gekommen wäre, würdest du wahrscheinlich in einer abgebrannten Ruine stehen! Zum Glück war Tilda bei Dr. Ehlers! Was ist beim nächsten Mal, wenn keiner von uns zu

Hause ist? Sag schon, was? Dann könnte Tilda alleine mit Opa im Haus sein, und dann könnte hier ein Unglück passieren. Und weißt du was? Das ist alles deine Schuld! Weil du noch nicht mal in der Lage bist, deinen Vater untersuchen zu lassen, aber trotzdem nach London musst!«

»Was soll'n die Kacke? Du hättest ja auch deinen Pitch verschieben können«, entgegnete Papa etwas leiser, aber immer noch laut genug, dass ich es durch den Türspalt hören konnte.

»Hätte ich nicht!«, schimpfte Mama. »Du bringst sie zum Arzt, das war der Deal! Ich bin angestellt, du nicht. Du kannst deine Zeiten selber einteilen! Ich kann nicht einfach am Abend vorher zu Serge sagen: ›Morgen kann ich nicht pitchen, was hältst du von übermorgen?‹«

Serge. Oje, es war nicht schlau, ihn Papa gegenüber zu erwähnen. Der wurde dann auch gleich laut.

»Was haste denn gepitcht, deine Titten?«, schrie er.

»Was soll das denn jetzt?!«, brüllte Mama zurück.

»Sag! Das interessiert mich! War der Spast zufrieden mit deinen Titten?«

Irgendwas klatschte, dann wurde es plötzlich still.

Es war eine unheimliche Stille. Ich fröstelte und schlüpfte schnell wieder ins Bett. Dort zog ich die Decke über die Ohren und drückte Berta eng an mich.

Berta war mein Lieblingskuscheltier, Papa hatte sie mir letztes Jahr aus Berlin mitgebracht. Ich war mir nicht sicher, was für ein Tier sie überhaupt war, mit ihrer langen braunen Samtschnauze, den Schnurrhaaren und den buschigen Augenbrauen. Auf dem Kopf hatte sie ein weiches braungraues Wuschelfell, das sich bis runter zu ihrem

Bauch zog. Vielleicht war sie ja ein wilder Bär. Oder ein Wolf. Ein Tapir? Oder ein Schaf? Aber Schafe hatten keine Schnurrhaare, oder doch? Ich würde Opa morgen fragen …

Bei dem Gedanken an Opa schlief ich ein. Ich meinte noch zu spüren, wie Papa mir einen Kuss auf die Wange drückte. Aber vielleicht träumte ich auch schon.

20

Hamburg-Bahrenfeld, Mai 2017

Ich sah auf die Uhr.

»Oh, Mist, schon so spät«, rief ich, schlüpfte aus den Kratzesocken und in meine Schuhe. Jetzt ging es mir schon wie Amandus. Ich vergaß die Kinder, meine Termine, alles.

Smylla sah mich mit einem leicht vernebelten Blick an. Sie hatte ihren Kakao mit Rum aufgemöbelt, und das nicht zu spärlich. »Bist du mit dem Auto da?«, fragte sie.

»Ne, öffentlich«, erwiderte ich.

»Soll ich dich fahren?«

»So weit sind wir noch nicht«, murmelte ich. »Noch hängen wir am Leben.« Ich zog ihr das scheußliche Plaid über die Schulter, nahm ihr die Flasche weg, stellte sie vorsichtshalber weit hinten in den Schrank und griff nach Mantel und Tasche. »Ich ruf dich nachher an! Und wenn was ist, melde dich, hörst du?«

»Ja, ja, Schwester«, brummte sie und zog sich ein Kissen heran.

Der Aufzug kam und kam nicht. Ich nahm die Treppe, immer zwei Stufen auf einmal, und sprintete zur S-Bahn-Haltestelle. Während ich keuchend durch die Unterführung rannte, hörte ich schon das verräterische Sirren der Schienen. Ich hastete die Treppe hinauf zum Gleis, stolperte wie so oft über meine eigenen Füße und quetschte mich im allerletzten Moment durch die sich schließende Tür. Als die Bahn endlich losfuhr, überschlug ich die Fahrtzeit. Es wurde knapp. Besser, ich rief gleich im Kindergarten an.

Ich angelte das Handy aus der Tasche und drückte auf Kontakte, als es seinen Geist aufgab. Eben hatte es noch neunzehn Prozent Akku – und jetzt? Ein toter Bildschirm. Typisch.

In Altona sprang ich in ein Taxi. Das hätte ich in Bahrenfeld schon tun sollen, hätte es dort denn eines gegeben.

Siebzehn Minuten zu spät riss ich die Tür zum Kindergarten auf. Max saß allein auf der Zwergenbank und sah mich finster an.

»Wo warst du, Mama?«

»Entschuldige«, sagte ich zerknirscht. »Ich habe die Zeit vergessen.«

»Aber warum hast du nicht angerufen? Dann hätte ich mit Anton und seiner Mama mitgehen können. Die essen zusammen Eis.«

»Mein Handy ist ausgegangen«, sagte ich zerknirscht. »Wollen wir Pfannkuchen machen?« Max' Miene hellte sich zaghaft auf.

Er hatte ja keine Ahnung, wie oft ich als Kind gewartet hatte. Auf meine Mutter, meinen Vater, auf Großvater. Das war gar nicht schön gewesen. Während die anderen Kinder eines nach dem anderen abgeholt wurden, saß ich da, stierte Löcher in die Luft und fühlte mich verloren. Überflüssig. Deshalb versuchte ich ja sonst immer, es mit meinen Kindern anders zu machen. Ich war zu Hause, wenn sie von ihren Freunden kamen, holte sie ab, brachte sie zum Arzt, eigentlich ganz gewöhnliche Dinge, deren Bedeutung man vermutlich erst erkannte, wenn man sie nicht gehabt hatte. Dann vermied man Situationen, die andere enttäuschten. Ihnen wehtaten. Ihnen das Gefühl gaben, ein Störfaktor zu sein.

Ich war oft wegorganisiert worden. Am schlimmsten aber war der Streit zu Hause gewesen. Dieses Gefühl, dass die zwei wichtigsten Menschen, die meine kleine Welt ausmachten, sich nicht mehr lieb hatten. Dass sie voller Wut aufeinander waren. In solchen Phasen hatte ich mich auf Zehenspitzen durchs Leben bewegt. Hatte Angst gehabt, mit einer unbedachten Reaktion eine weitere Auseinandersetzung auszulösen. Manchmal war es mir so vorgekommen, als würde sich der Boden unter meinen Füßen auflösen. Seither vermied ich alles, was Streitgespräche nach sich zog. Vielleicht war ich ja ein Feigling. Aber, mal ehrlich: Viele Diskussionen waren doch einfach unnötig. Letztlich war es egal, ob der eine den Müll raustrug oder der andere. Ob Käthe nun Käthe Sarah oder Sarah Käthe hieß. Ob man in Dänemark oder Italien Urlaub machte. Hauptsache, kein Streit.

»Satt«, sagte Max und steckte sich den letzten Bissen Pfannkuchen in den Mund, der so groß war, dass die Himbeermarmelade an den Seiten rausquoll.

»Du siehst aus wie ein kleiner Vampir.« Ich wischte ihm den Mund ab. Max wehrte sich halbherzig.

»Malst du mit mir? Wir sollen einen Schild zeichnen. Mit eigenem Wappen! Von so Rittern. Du kannst dann auch ein Ritter sein«, sagte er. »Mit deinem eigenen Wappen!«

Ich ließ mich von Max an der Hand in sein Zimmer ziehen. Er war so ordentlich, dass ich es beinahe beunruhigend fand. Jetzt holte er die akribisch nach Farben geordneten Buntstifte aus seiner Schreibtischschublade, legte jedem von uns ein DIN-A4-Blatt hin und malte auf seines einen Schild. Er sah eher aus wie ein überdimensionales Osterei, und meiner wurde nicht viel besser.

»Und was soll ich jetzt machen?«, fragte ich ratlos.

»Jetzt darfst du ein Wappen malen.«

»Was denn für ein Wappen?«

»Na, so ein Bild von dir. So, wie du sein willst.«

»Aha«, sagte ich und runzelte die Stirn.

Max sah mich an, seine Miene bekam etwas Gewichtiges. »Also, Mama. Wenn du ein Ritter sein willst, der einen Drachen tötet, dann darfst du einen Drachen draufmalen und ein Schwert. Das ist dann dein Wappen.«

»Ich will aber keinen Drachen töten.«

»Aber Drachen sind gefährlich, sie speien Feuer und vernichten alles.«

»Ne«, erwiderte ich. »Nicht alle Drachen sind böse. In China gelten sie als Glückssymbole.«

Das brachte Max kurzfristig aus dem Konzept. »Aber das war ja nur ein Beispiel. Du kannst auch was anderes sein«, meinte er großzügig. »Hier hast du noch ein paar Schmierzettel. Wenn du es erst ausprobieren willst.« Er schob mir einen Stapel Notizblätter rüber, während er sich daranmachte, sein eigenes Wappen zu malen, irgendetwas zwischen einem Porträt von Großmutter Käthe, einem Lastwagen und elektromagnetischen Wellen.

Schützend hielt er die Hände über sein kleines Kunstwerk. »Du darfst mein Seeungeheuer nicht sehen«, schimpfte er. »Sonst malst du ab.«

Seeungeheuer also. Da hatte ich gar nicht so falschgelegen.

»In Ordnung«, sagte ich seufzend. »Dann mache ich mich mal lieber an mein eigenes Wappen.«

Eine Weile saß ich da und malte ineinander verschlungene Linien auf einen Schmierzettel. Smylla hätte gewusst, wie sie ihr Wappen gestalten sollte: ein ganzes Universum voll eigener Ideen. Ich nahm einen anderen Zettel und malte mich mit Max und Käthe an der Hand. War das ich? Ein Teil von mir, ja, ein großer sogar. Aber war das genug? Oder anders gesagt: War das schon alles? Durfte man das überhaupt, sich nur über die Kinder definieren? Würde sie das nicht schrecklich einengen? Und wo blieb man selbst dabei?

Ich schielte hinüber zu Max' Bild. Das, was ich für einen Lastwagen gehalten hatte, wurde langsam, aber sicher zu einem prächtigen Schiff. Wie leicht es ihm fiel, sich auszudrücken. Ich dachte zurück an früher, als ich ein Kind gewesen war. Eine Weile hatte ich Tierärztin werden wollen, wie Opa Amandus. Oder Zirkusartistin. Smylla und ich hatten in der Scheune Strohballen aufgetürmt und uns die wildesten Kunststücke ausgedacht.

»Wenn wir groß sind, dann hauen wir ab und gehen zum Zirkus«, hatte sie geflüstert, wenn sie bei mir übernachtet hatte. »Und dann ziehen wir durch die ganze Welt und werden berühmt.«

Das Stroh hatte noch in unseren Haaren gehangen und gepikt. Unsere Beine waren voller blauer Flecken von all den Stürzen. Aber was machte das schon, wenn das Leben voller Abenteuer war. Wenn man Träume hatte …

Das war vor Opas Diagnose gewesen. Aber dann war alles anders geworden.

Ich nahm einen Bleistift und zeichnete eine Seiltänzerin, mit ausgebreiteten Armen und Tüllröckchen. Ein Bein schwebte in der Luft.

»Was ist das?«

»Hey, nicht gucken«, sagte ich zu Max.

»Aber ich will sehen, ob du es richtig machst«, erwiderte er streng und nahm meine schützenden Hände von der Zeichnung.

Kritisch zog er die Brauen zusammen. In diesem Moment kam er mir schrecklich altklug vor.

»Ist das ein Dino-Vogel?«, fragte er.

»Nein«, erwiderte ich empört. »Das ist eine Seiltänzerin!«

»Ach so. Aber wo ist denn da das Seil gespannt?«

Ich blickte auf meine Zeichnung. Gute Frage.

»Das muss ich noch malen«, sagte ich, was mir ein aufforderndes Nicken einbrachte.

Ich zeichnete links und rechts einen Baum und dann das Seil. Und da wurde mir klar, dass es gerade mal eine Handbreit über dem Boden gespannt war.

»Das ist schlau, da kannst du nicht so tief fallen«, meinte Max ganz pragmatisch.

»Du hast recht. Sicher ist es allemal.«

Sekundenlang starrte ich auf das Wappen. So sah ich mich also? Als jemand, der durch das Abenteuer Leben balancierte, immer schön darauf bedacht, maximal eine

Handbreit tief zu fallen? Das machte doch keinen Sinn. Unwillkürlich dachte ich an Smylla. Ihr Leben glich eher einem Baumwipfelpfad. Einen Herzschlag lang verspürte ich etwas wie Neid. Neid auf den Kick. Den grandiosen Ausblick. Das Gefühl, ganz oben, Teil der Weite zu sein. Zu schweben und keine Angst vor dem Fall zu haben …

Seit wann war ich denn so ein Angsthase?

Mein Vater hatte immer gesagt, ich sei mutig gewesen. Mutig, mich auf Opa einzulassen, obwohl er so krank gewesen war.

Ich hatte mich damals nicht geschützt. Hatte mein Herz weit geöffnet, auch wenn ich geahnt hatte, dass ich meinen Opa schon bald verlieren würde. Vielleicht war es das, was Kinder von Erwachsenen unterschied. Die Unfähigkeit, sich zu schützen. Oder, andersherum, die Größe, sich trotz allem zu öffnen.

21

Hamburg, Juli 1998

Staub tänzelte in den Lichtstrahlen, die durch die Ritzen der Scheunenwand fielen. Ich lotste Opa an den Soldatenvogelscheuchen, die er von zu Hause mitgebracht hatte, und den alten Seemannskisten vorbei zur Leiter und hinauf durch die Luke auf den Scheunenboden. Hier war mein Geheimversteck, das außer mir nur Smylla kannte. Und jetzt eben auch mein Großvater.

Überall lag Stroh, es kitzelte in der Nase, und ich musste niesen. Zwischen zwei Pfosten war ein festes Seil gespannt, auf dem Smylla und ich Balancieren übten. Ich hievte zwei Strohballen von dem großen Haufen und breitete eine bunte Decke drüber, damit es nicht so pikte.

»Guck mal, der da!«, sagte Opa und deutete auf den riesigen Stofftierlöwen, der auf einem kleinen Hocker thronte. »Der sieht ja gefährlich aus.«

»Ich und Smylla haben ihn dressiert«, sagte ich und zwinkerte Opa zu. »Wenn endlich Ferien sind, dann machen wir eine Zirkusvorstellung ganz für dich allein.«

»Da bin ich ja mal gespannt!«, sagte Opa. Ich war kurz davor, ihm zu verraten, dass wir vielleicht weglaufen wollten, um zum Zirkus zu gehen. Opa würde uns bestimmt nicht verraten. Es war ja nicht mal sicher, ob er sich überhaupt daran erinnern würde. Und wenn ich ehrlich war, so wollte ich im Augenblick auch gar nicht weg. Wer würde sich dann um Opa kümmern?

Als wir es uns bequem gemacht hatten, reichte ich ihm das Fotoalbum, das er so liebte.

Dr. Ehlers hatte mir gesagt, dass Menschen mit Alzheimer sich oft am besten an Dinge erinnerten, die lange her waren, und dass sie Freude daran hatten, wenn ihnen wieder etwas einfiel. Deswegen die Fotoalben. Opa wusste meist nicht mehr, was er mir schon gezeigt hatte und was nicht, aber dafür konnte er ja nichts. Und obwohl ich seine Geschichten rückwärts im Schlaf aufsagen konnte, war es jedes Mal einfach nur schön, ihn so glücklich zu sehen …

»Hab ich dir das eigentlich schon einmal gezeigt?«, fragte er und schlug umständlich das Album auf.

Einmal? Ich verkniff mir ein Grinsen und schüttelte den Kopf.

»Nein«, schwindelte ich.

»Echt!?« Opa kratzte sich am Kopf, sodass sein Haar in alle Richtungen stand. Es sah ein bisschen aus wie ein alter Wischmopp. Wie ein alter, *lieber* Wischmopp. »Ich hätte schwören können …«

»Jetzt zeig schon«, sagte ich, denn ich wollte nicht, dass er ins Grübeln kam und sich unsicher fühlte.

»Also gut, mal sehen …« Er blätterte ein wenig und deutete dann auf ein Foto von ihm und Oma Margarethe am Strand. Sie saß in einem altmodischen Badeanzug auf einer Badematte und hatte die Beine von sich gestreckt. Neben ihr hockte Opa im Sand. Beide waren auf dem Foto noch ganz jung, viel jünger als meine Eltern jetzt.

»Hier, also da, am Lido, hatten wir immer endlos lange Diskussionen mit dem Bade… mit der Badematte …« Opa runzelte die Stirn. »Mit dem Wald… dem Waldmeister.« Er schüttelte den Kopf, dann lächelte er verschmitzt. »… weil Margarethe nämlich immer nackt baden wollte.«

»Wie habt ihr euch denn mit ihm unterhalten?«

»Parlo italiano perfetto, la mia principessa«, sagte er stolz.

Es war wirklich verrückt, dass er noch Italienisch konnte, wo er doch gerade nicht mal den Bademeister hingekriegt hatte.

Verträumt blickte er auf das Foto von Oma. Die beiden waren bestimmt total glücklich gewesen damals. Und nicht nur damals. Als Oma noch lebte, hatte ich sie und Opa mal in der Küche erwischt, wie sie geknutscht hatten. Obwohl sie schon so alt waren.

Ich legte den Kopf auf Opas Schulter. Sein Haar kitzelte mich an der Wange.

»Was heißt ›Ich liebe dich, Opa‹ auf Italienisch?«

»Ti amo, nonno.«

»Ti amo, nonno!«, sagte ich und schmiegte mich noch enger an ihn.

Opa strich mir zärtlich über den Kopf und blätterte dann weiter zu dem Foto vom Markusplatz. Oma Margarethe stand inmitten Hunderter Tauben.

»Wo ist das?«, fragte ich, auch wenn ich es längst wusste.

»Das ist der … Mar… Dings … Mann, gab es da viele … Möwen. Oma mochte die. Bis ihr eine auf ihren Mozzarella Caprese geschissen hat.«

Ungläubig sah ich ihn an. »'ne Möwe?«

Opa nickte. »Mitten beim Essen. Was meinst du, was Oma da gemacht hat?«

Ich überlegte. »Geweint?«

»Sie hat gelacht! Und dann hat ihr dieselbe Taube auch noch auf den Kopf geschissen.«

»Echt?«

»Kein Scheiß!«

Wir mussten beide lachen. Davon hatte Opa noch nie erzählt. Manchmal waren die Fotos wie Türchen eines Adventskalenders. Dahinter versteckten sich immer neue Erinnerungen, und alle waren sie schön.

»Deine Oma hat viel gelacht«, erzählte er. »Das konnte sie gut. Von abends bis morgens, den ganzen Tag.« Sein Blick verschwamm, als er in die Vergangenheit eintauchte. In diesem Moment hatte ich ihn so schrecklich lieb, dass sich alles in mir zusammenzog.

»Ich vermisse Oma«, sagte ich.

»Ich auch.« Opa schien mit einem Mal ganz weit weg zu sein. »Ich bin so gespannt, wie sie aussieht, wenn wir uns endlich wiedersehen.«

»Wie, wenn ihr euch wiederseht?« Ich begriff nicht, wovon er sprach. Wollte es nicht begreifen.

»Na, wenn ich sterbe, dann treffen wir uns im Himmel wieder.«

»Ich will nicht, dass du stirbst, Opa«, sagte ich schnell. Das war das Schlimmste, was ich mir vorstellen konnte. Meine Augen fingen an zu brennen.

»Papperlapapp«, sagte Opa und wandte sich zu mir. »Wenn ich sterbe, gibt's im Himmel 'ne Riesenparty! Mit allem Drum und Dran. Sobald Margarethe und ich wieder zusammen sind, dann mischen wir den Laden da oben richtig auf.«

Eine Träne rollte mir über die Wange. Opa merkte es und wischte sie mir ganz sanft aus dem Gesicht. Dann legte er wieder den Arm um mich.

Ich glaubte nicht wirklich an den Himmel, fand es aber lieb von ihm, dass er mich zu trösten versuchte. Obwohl ich ihn ja eigentlich trösten wollte.

Später lag ich zusammen mit Smylla in der Hängematte im Garten und blickte zu den Sternen auf. Weil Wochenende war und ihre Eltern ausgehen wollten, durfte sie bei mir übernachten.

»Was glaubst du, wo jemand hingeht, wenn er gestorben ist?«, fragte ich sie. »In den Himmel?«

»Keine Ahnung. Da hab ich noch nie irgendwelche Leute gesehen. Aber Mamas Bruder sagt, dass die Menschen wiedergeboren werden.«

Darunter konnte ich mir gar nichts vorstellen. »Und was bedeutet das?«

»Puh. Also, das muss man sich so vorstellen ... Der Körper, sagt mein Onkel, der verrottet. So wie Küchenabfälle, die du auf'n Komposthaufen schmeißt. Aber die Seele, also, was jemand ist, die verrottet nicht. Die schlüpft dann in einen neuen Körper.«

Das klang schräg. »In den Körper von einem Menschen? Du meinst, in so 'n Baby?«

»Ja, oder vielleicht auch in ein Tier. Deshalb isst mein Onkel kein Schnitzel und auch keine Wurst und all so was mehr. Er sagt, das könnte ja sein Vater sein.«

»Erzähl keinen Scheiß«, sagte ich und dachte mit einem mulmigen Gefühl an die Würstchen zurück, die ich zum Abendessen vertilgt hatte.

»Aber hey, ich muss dir was erzählen«, sagte Smylla und drehte sich um, sodass sie mir ins Gesicht sehen konnte. »Stell dir vor, mein Bruder, der ist voll verknallt.«

Olaf war schon fünfzehn und ein ziemlicher Lauch: lang und dünn, mit leicht grünlicher Haarfarbe, wie Smylla und ich fanden. Er kam sich immer schrecklich erwachsen vor. Na gut, das stimmte ja auch, immerhin war er schon alt. Er war Smyllas Halbbruder und wohnte bloß jedes zweite Wochenende bei ihr und ihren Eltern.

Und dann erzählte mir Smylla, wie sie gelauscht hatte, als er mit Martina, seiner Freundin, telefoniert hatte.

»Du bist so toll«, sagte Smylla mit Olafs Stimme. »Und du hast so tolles Haar.« Als dann angeblich auch noch die Ohren, die Augen und die Zahnspange sooo toll waren, fielen Smylla und ich vor Lachen aus der Hängematte und landeten im Gras.

Und da musste ich es ihr einfach sagen, auch wenn ich ein mulmiges Gefühl dabei hatte.

»Du, Smylla, das mit dem Zirkus. Ich kann jetzt erst mal nicht weglaufen. Wegen Opa.«

»Klar«, sagte sie. »Kein Problem. Das können wir ja immer noch machen. Jetzt kommen sowieso erst mal die Ferien.«

22

Hamburg-Eppendorf, Mai 2017

»Warum nimmt Papa uns eigentlich nicht mit?«, fragte Käthe stirnrunzelnd, als Philipp am Samstag in aller Früh seine Segeltasche schulterte, uns zum Abschied winkte und die Tür hinter ihm ins Schloss fiel.

»Er verbringt das Wochenende mit seinen neuen Klienten«, erklärte ich. »Lauter wichtige Leute. Da hätte er gar keine Zeit für uns.«

»Ich wär aber viel lieber an der Ostsee als immer nur zu Hause«, sagte Käthe. »Egal, ob Papa Zeit für uns hat oder nicht.«

»Hey«, meinte ich, einer plötzlichen Eingebung folgend. »Wer sagt denn, dass wir nicht auch an die See fahren können? Wir gehen am Strand spazieren und machen Lagerfeuer …«

»Langweilig«, maulte Käthe.

»Mit Stockbrot?«, hakte Max nach.

Käthe verdrehte die Augen.

»Wisst ihr was? Ich rufe mal Opa Niko an, und dann sehen wir, ob er eine Idee hat, ja?«

Zwei Stunden später stiegen wir in Hamburg-Dammtor in den Bummelzug nach Sylt. Thilo, Käthes Zwergkaninchen, war bei den Nachbarn untergekommen, ich hatte ein paar warme Sachen in meinen ausgedienten Weekender geworfen und Philipp ganz altmodisch einen Zettel auf dem Küchentisch hinterlassen, dass wir unterwegs waren. Schließlich wollte ich ihn nicht stören. Nicht, dass er gerade mit Wieselgesicht darüber sprach, wie man die tschechische Tochter jemand anderem unterschieben konnte, und ich ausgerechnet dann per SMS in seine Unterredung platzte.

»Fährt Smylla auch mit?«, fragte Käthe.

»Ich glaube, sie hat schon was anderes vor. Aber ich hab ihr geschrieben, dass wir nach Sylt unterwegs sind. Vielleicht kommt sie ja nach.« Smylla hatte mich zwei Abende zuvor angerufen und gemeint, sie brauche mal ein paar Tage ganz für sich allein. Vielleicht hatte sie ja trotzdem Lust auf uns.

Der Zug hielt so ziemlich an jedem Baum. Das war der Nachteil einer Regionalbahn, aber dafür war die Fahrt billig, und wir mussten nicht den Umweg über Dänemark nehmen. Max hockte auf Nikos Schoß und sah konzentriert aus dem Fenster. Seit wir Itzehoe verlassen hatten, klebte er förmlich mit der Nase an der Scheibe, um bloß nicht den Nord-Ostsee-Kanal zu verpassen. Niko erzählte ihm Seemannsgarn über angebliche Piratenschiffe, die sich im Schutz der Brückenpfeiler verbargen und den Frachtschiffen und manchmal sogar auch den Zügen auflauerten. Käthe hatte die Füße auf den Sitz gezogen und war ganz in einem Fantasy-Schinken versunken. Ihre linke Hand war abwechselnd mit der Chipstüte und dem Umblättern beschäftigt. Ich streckte die Beine aus und lehnte mich zurück. In diesem Moment hätte ich nirgendwo anders sein wollen. Auch nicht bei Philipp, wurde mir klar, als ich den Gedanken weiterspann – nicht beim Segeln mit seinen windigen Klienten und vor allem nicht bei dem geplanten Casinobesuch am Abend. Solche Events waren für mich meistens mit Anspannung verbunden. Man musste die Gattinen bespaßen oder diente als Hintergrund-Dekoration, was mit den Kindern natürlich immer ein Balanceakt war, weil die ihren Papa lieber im Sand einbuddelten, statt ordentlich gekleidet am Kindertisch Brokkoli und Fischstäbchen zu essen. Alles in allem konnte ich wirklich froh sein, dass Philipp uns nicht mitgenommen hatte.

Doch was sagte das über uns beide aus? Über unsere Ehe? Die Zukunft?

23

Als wir in Westerland aus dem Zug stiegen, empfing uns eine steife Brise.

»Brr, ist das kalt«, rief Käthe zähneklappernd. Ich warf einen demonstrativen Blick auf ihre offene Jacke, was jedoch keine Konsequenzen hatte. *Mädchen.* Als ob ich anders gewesen wäre. Max war da viel unkomplizierter. Ich zog ihm die Mütze über die Ohren, sah mich nach Niko um, und dann machten wir uns alle vier auf den Weg. Noch im Zug hatte ich ein Apartment in einem reetgedeckten Hotel hinter den Dünen ergattert. Von dort war das Meer nur einen Katzensprung entfernt. Kaum hatten wir eingecheckt und unser Zeug verstaut, schlüpften wir auch schon in die Gummistiefel, und los ging's.

Die Kinder stürmten die Himmelsleiter hinauf, eine riesige Treppe, die über die Dünen hinweg zum Strand führte.

»Ich seh das Meer, ich seh das Meer!«, rief Käthe, die schon ganz oben angelangt war.

»Ich auch!«, schrie Max, obwohl das gar nicht stimmen konnte. Mit seinen kurzen Beinen hatte er gerade mal die Hälfte der Stufen geschafft.

»Gar nicht wahr«, gab Käthe zurück und machte ihm eine lange Nase.

»Doch wahr!«, erwiderte Max und stapfte weiter.

»Wartet oben auf uns«, rief ich, dann hatte auch Max die Plattform erreicht.

»Ein Schiff, dahinten ist ein Schiff! Opa, komm!«, schrie er gegen den Wind an.

Ich lief hinter Niko, als der plötzlich stehen blieb. Seine Hand klammerte sich um das Geländer, und er keuchte.

»Papa …!«, sagte ich erschrocken.

Niko zwang sich, tief und gleichmäßig zu atmen. »Geht schon wieder«, meinte er dann.

»Was ist denn los?«, fragte ich alarmiert.

Er verzog das Gesicht. »Keine Sorge. Ich war bloß ein bisschen außer Puste. Das kommt noch vom Stress. Und bevor du fragst: Ich war beim Arzt. Das Herz ist in Ordnung. Kein Grund zur Panik.«

»Hast du das öfter?«

»Ich hab doch gesagt, es geht schon wieder«, blaffte er.

In diesem Moment kam Käthe die Stufen heruntergehüpft. »Opa, das musst du sehen!« Sie hakte sich bei Niko unter und redete aufgeregt auf ihn ein.

Mein Vater zog sich am Treppengeländer hinauf zur Plattform. Ich war nur einen Schritt hinter ihm. *Kein Grund zur Panik.* Leicht gesagt.

Hier oben auf der Himmelsleiter wehte der Wind noch stärker und blies Sandkörner in mein Gesicht. Ich sah forschend zu Niko. Er zog die Brauen zusammen, als er meinen Kontrollblick bemerkte. Ich wertete es vorsichtig als positives Zeichen. Besser, er ärgerte sich über mich, als dass er auf einer Treppe ins Keuchen geriet.

»Guck mal, da hinten«, rief Käthe und deutete über die Dünen hinweg nach Süden. »Das ist doch Rantum. Da waren wir mal zusammen im Urlaub! Du und ich und Oma Sarah.«

Niko folgte mit dem Blick ihrem ausgestreckten Arm. Der Wind stellte sein kurzes graues Haar auf, als wären es Stacheln.

»Stimmt, das da muss Rantum sein. Daran erinnerst du dich noch? Der Urlaub ist ja schon ewig her. Da war Max noch gar nicht auf der Welt.«

»Klar erinnere ich mich. Da war doch so ein kleiner Hafen, wo die Boote bei Ebbe immer im Schlick lagen, sodass man ihren Kiel sehen konnte.«

»Da will ich hin!«, rief Max und sprang aufgeregt auf und ab.

»Rantum ist ganz schön weit für einen Spaziergang in Gummistiefeln. Sieh mal da, am Horizont, da sind doch auch Schiffe«, sagte Niko und deutete nach Westen, wo das Meer sich endlos erstreckte und mit dem Horizont verschwamm.

»Die sind aber pippiklein. Ich will zum Hafen!«, schrie Max, der es gar nicht ertragen konnte, dass seine große Schwester schon mehr im Leben gesehen hatte als er.

»Einspruch!«, sagte ich laut und deutlich. »Wir gehen jetzt erst mal Richtung Norden und trinken was Warmes.«

Für einen Moment war Max sprachlos. Dann brummelte er etwas in sich hinein und folgte Käthe die Stufen hinunter zum weiten Strand.

Der Weg von der Himmelsleiter bis zur Friedrichstraße mit ihren Teestuben und Restaurants war nicht mal einen Kilometer weit, und doch brauchten wir Stunden. Da waren die Wellen, mit denen Käthe und Max unermüdlich Fangen spielten. Die kleine Scholle, die von der Flut angetrieben worden war, und die drei Anläufe, sie wieder im

Meer auszusetzen. Das kostbare Stück Bernstein, das Niko fand und das sich als abgelutschtes Kräuterbonbon herausstellte. Der Crêpestand mit seinen Köstlichkeiten. Der Versuch, Niko im Sand einzugraben. Noch mal der Crêpestand. Und die salzige Luft, die all meine Gedanken zerstob, bis nur noch ich übrig blieb, ein großes Fragezeichen im Wind.

Irgendwann bekam ich dann doch noch meinen heißen Ostfriesentee. Wir saßen in erster Reihe in einem Restaurant in der Friedrichstraße unter einem Heizpilz und aßen einmal die Speisekarte rauf und runter.

Während ich die Hände um die Tasse legte, um sie zu wärmen, fiel mein Blick auf Niko. Er wirkte wieder völlig normal.

Max kletterte auf seinen Schoß und schob ihm ein Stück Gurke in Richtung Mund. Niko schnappte nach seiner Hand, und Max quiekte auf. So ging es eine ganze Weile, bis Max sich die Gurkenscheibe selbst in den Mund steckte. Niko lachte und kitzelte ihn, sodass sich Max nur noch unter den Tisch retten konnte.

Mein Großvater hatte das auch mit mir gemacht: nach der Hand schnappen. Mich jagen, fangen, durchkitzeln. Die beiden waren sich ähnlich in ihrer Art, wie sie mit Kindern umgingen. Niko war vielleicht nicht ganz so der Kuschelopa, wie sein Vater es gewesen war. Aber das erstaunte mich nicht. Statt den Tag mit Tieren und ihren Besitzern in der Praxis zu verbringen, hatte Niko in der harten Geschäftswelt bestehen müssen, hatte sich gegen Konkurrenten und die großen Tee- und Kaffeeketten durchgesetzt.

Solch ein Geschäftsgebaren konnte man vermutlich nicht so einfach abstreifen. Und doch war er einfach toll mit den Kindern. Er korrigierte sie nicht ständig, so wie Philipps Eltern es taten, fragte sie nicht nach ihren Leistungen. Er nahm sie genau so, wie sie waren. Ließ es zu, dass sie auf ihm herumturnten. Verwöhnte sie. Setzte ihnen Flöhe ins Ohr und erzählte ihnen die tollsten Geschichten. Und genau dafür waren Großeltern ja da.

»Oh, Opa, du bist so lustig«, sagte Max kichernd, kam aus seinem Versteck unter dem Tisch hervor und schmiegte sich an Niko. »Kannst du nicht bei uns einziehen? Dann wärst du immer da.«

»Ja, Opa, das wäre toll!«, rief Käthe und kletterte auf Nikos Schoß. »Dann könnten wir ganz viel Quatsch machen. Das wäre so … so …« Sie breitete die Arme aus. »So wunderschön!«

»Wie schön denn?«, neckte Niko sie.

»So … so schön wie Sonne und Zucker und Kirschen. Wie Marmelade. Marmelade im Herzen!«

Niko lächelte warm und legte den Kopf auf Käthes Schulter.

»Gibst du mir dann auch immer was von deiner Marmelade ab?«

»Sogar die Kirschen, Opa«, sagte Käthe. »Ich würde sie dir immer alle aus dem Glas fischen, wenn du zu uns kommst.«

Marmelade im Herzen. So fühlte sich das an, wenn man jemanden ganz fest lieb hatte. Das hatte ich auch mit meinem Opa gespürt.

Als wir auch noch die Rote Grütze verdrückt hatten, machten wir uns auf den Heimweg. Käthe nahm ihren Opa an der Hand. »Ich bin vollgefressen wie eine Kugel. Nimmst du mich Huckepack?«

Niko lachte. »Ne, ne, das schaffen meine alten Knochen nicht. Auf jetzt. Schauen wir lieber mal, ob die Flut eine Flaschenpost angespült hat. Oder eine Schatzkiste.«

Und in dem Wissen, dass wir morgen um die Zeit schon wieder zu Hause wären, jeder in seinem Trott gefangen, liefen wir los, den Wellen entgegen, und stapften an ihrem Saum entlang.

Der Wind hatte nachgelassen, und das Wasser zog sich langsam zurück. Max und Käthe durchsuchten den angeschwemmten Tang nach Muscheln. Mondlicht brach sich auf dem Wasser, und es war so still – kein Auto, kein Stadtgeräusch, nur das unablässige Schlagen der Wellen. Ich war nicht oft auf Sylt gewesen, aber wenn, dann packte es mich jedes Mal. Dieser kleine Streifen Sandstrand, an dem die Gezeiten, die Stürme nagten. Und dazu die Weite, die mir an diesem Abend endlos erschien.

24

Als die Kinder im Bett waren und schliefen wie ein Stein, trat ich zu Niko, der ausgestreckt auf der Couch lag.

»Willst du was zu trinken?«, fragte ich.

»Ah, so ein steifer Grog wäre nicht schlecht«, meinte er. »Ich bin irgendwie noch ganz durchgefroren von dem Wind.«

Ich durchstöberte die Minibar, fand zwei Fläschchen Rum und setzte Wasser auf. Dann gab ich braunen Kandis in die Gläser, dazu den Rum und goss mit kochendem Wasser auf. Der Kandis knackte, und aus den Gläsern stieg der Duft nach Zuckerrohr und Melasse auf. Kurz musste ich an Smylla und ihren Kakao-Rum-Exzess denken. Sie hatte sich auf meine Nachricht hin nicht gemeldet. Hoffentlich war alles in Ordnung.

Niko nahm seinen Grog entgegen und sog den Dampf tief ein.

»Ah«, seufzte er wohlig. »Das war ja mal ein richtig schöner Tag.« Er klopfte neben sich auf die Couch. »Jetzt steh da nicht so ungemütlich rum, sondern setz dich neben mich. Und dann erzähl mal, was los ist. Du hast doch irgendwas.«

Ich ließ mich auf die Couch sinken und suchte nach Worten.

»Keine Ahnung, Papa. Ich … ich muss gerade viel an früher denken. An den letzten Sommer mit Opa.«

Er legte den Arm um mich, und ein vertrautes Gefühl stieg in mir auf. Das Wissen, auf ihn zählen zu können, wenn es darauf ankam. Ja, er hatte mich lieb, ihm war wichtig, dass es mir gut ging. Aber irgendwie schwang da auch immer eine Prise Schuldgefühl mit. Weil er so viel gearbeitet hatte. Weil ich phasenweise kein Zuhause gehabt hatte, in dem ich mich geborgen gefühlt hatte.

»Irgendwie hatte ich nie genug Zeit für dich, oder?«, sagte er in meine Gedanken hinein. »Da ist man jahrzehntelang bloß am Arbeiten und vergisst darüber das eigentliche Leben. Dabei muss man ja sowieso irgendwann aufhören zu arbeiten. Das Geschäft verkaufen. Und dann? Dann sitzt man da und überlegt, was man hätte anders machen können. Oder sollen.« Niko nahm einen Schluck von seinem Grog. »Du hast ja keine Ahnung, wie gern ich die Zeit zurückdrehen würde.«

Ich schmiegte mich näher an ihn.

»Und was würdest du anders machen wollen?«

Er zuckte die Schultern. »Eine Menge. Weniger Firlefanz. Mehr Zeit für dich und deinen Bruder. Für Sarah. Weniger Streit …«

Ich biss mir auf die Lippe. Weniger Streit wäre gut gewesen, definitiv. Aber man konnte das Leben nun mal nicht rückwärts leben.

Niko sah mich von der Seite an. »Ich überlege die ganze Zeit, ob es nicht besser gewesen wäre, wenn deine Mutter und ich uns hätten scheiden lassen. Nächtelang liege ich wach und frage mich das, immer und immer wieder. Vielleicht wäre sie ja glücklich geworden mit diesem bescheuerten Serge. Vielleicht wäre sie dann noch am Leben.«

»Aber Papa, das weißt du doch nicht.«

»Eben.«

»Außerdem hatte sie ja meinen Bruder. Sie war total glücklich, als er geboren wurde. Wo steckt er eigentlich gerade?«

Mein Bruder Amandus war zwölf Jahre jünger als ich, der Versuch meiner Eltern, ihre marode Ehe zu kitten, und in dieser Funktion klar gescheitert. Was natürlich nicht an ihm lag.

»Der ist abgetaucht, im wahrsten Sinne des Wortes.«

Das konnte man kaum besser sagen. Mein Bruder hatte die Schule hingeschmissen und jobbte als Tauchlehrer.

»Als wir das letzte Mal geskypt haben, war er in Ägypten. Das war um Ostern herum, glaub ich.«

»Ja, aber da wollte er weg. Jetzt ist er irgendwo auf Bali.«

Bali. Noch so ein Ort, wo ich immer schon mal hinwollte. Aber dazu hätte ich auch später noch Zeit, wenn Käthe und Max ein bisschen älter wären. Wobei ich mich fragte, wie sinnvoll es war, alles auf später zu verschieben.

»Macht es dir was aus? Dass Amandus so weit weg ist? Sein eigenes Leben lebt?«

Niko rührte in seinem Grog, ein kleiner Kandisbrocken knirschte unter dem Löffel. Er setzte das Glas an die Lippen und trank es in einem Zug aus.

»Natürlich hätte ich mich gefreut, wenn er ins Geschäft eingestiegen wäre. Wenn wir uns näher gewesen wären. Das haben wir nie wirklich hinbekommen in all den Jahren«, sagte er. »Aber das Wichtigste ist, dass er glücklich ist.«

Mein Vater rieb sich das Gesicht. Wie waren wir nur hier gelandet, nach diesem schönen, harmonischen Tag? Aber vielleicht war es ganz heilsam, all diese Gedanken einmal auszusprechen. Klar hatte ich Angst gehabt, dass meine Eltern sich scheiden lassen könnten. Das fühlt man als Kind, wenn die Eltern ständig streiten. Eine Scheidung ist die schrecklichste Vorstellung überhaupt. Aber doch nur, weil man es nicht anders kennt. Weil man Angst hat vor Veränderungen. Dass etwas Gewohntes, Liebgewonnenes wegbricht.

»Weißt du noch, Opas letzter Sommer bei uns? Du und Opa und ich – wir haben zu dritt Ferien gemacht.«

Niko lächelte, und ich sah zu, wie die Erinnerungen an seinen Vater in ihm aufstiegen und seine Züge weicher machten. »Ja, das war schön.«

»Einmal waren wir angeln, und dann hat der arme Fisch so gezappelt, dass wir ihn aus lauter Mitleid wieder in den See geworfen haben«, erzählte ich.

»Stimmt! Daran erinnere ich mich auch noch.«

»Wir wollten an dem Abend eigentlich Fische fangen und sie über dem Feuer braten. Und dann hatten wir bloß Brötchen und sonst nichts. ›Stockbrot‹, hast du gesagt. Opa hat sie aufgespießt und ins Feuer gehalten, und da sind sie verkohlt. Wir sind dann nach Hause gefahren und haben Pizza in den Ofen getan.«

»Und mein Vater hat Holz aus der Scheune geholt und wollte es mit in den Herd schieben, damit er schneller heiß wird.«

Wir lachten. Draußen pfiff der Wind ums Reetdach. Doch hier drinnen, bei uns, war es warm. Für einen Moment reisten wir in die Vergangenheit und bargen ihre Schätze.

»Das weißt du alles noch?«, sagte Niko nach einer Weile.

»Klar«, meinte ich. »Ich lese gerade nächtelang in meinem Tagebuch von damals.« Ich stand auf und ging zu meiner Tasche. »Hier, sieh mal …«

Mein Vater schlug es auf. »Lauter Blümchen«, sagte er und grinste.

☆☆☆

Mein Tagebuch
8. Juli 1998

❀❀❀❀❀❀❀❀❀❀❀❀❀

Endlich sind die Sommerferien da!
Mama wollte eigentlich, dass wir nach Schweden fahren, aber Papa hatte keine Lust. Seit dem letzten schlimmen Streit reden die beiden nur das Nötigste. Das ist echt blöd.
Aber jetzt sind Ferien, und weil Mama mit Oma Vivian heute Morgen nach Mallorca gefahren ist, verbringen Papa und Opa und ich die ganze Zeit miteinander.
Morgen soll das Wetter schön werden, da geht's an den See!

❀❀❀❀❀❀❀❀❀❀❀❀❀

☆☆☆

Niko deutete auf die Zeilen und verzog das Gesicht. »Siehst du? Da steht's: ›Seit dem letzten schlimmen Streit‹. Wann war das? Nach diesem katastrophalen Sommerfest?«

»Ne, das war der *richtig* schlimme Streit«, sagte ich und stupste ihn an, denn ich wollte nicht, dass er sich schon wieder schuldig fühlte.

Ich blätterte ein paar Seiten zurück. »Der Streit hier, das war nach der Sache mit der Hecke.«

»Die Hecke …« Niko überlegte. Dann lachte er laut los. »Du meinst, als Papa die Hecke vorm Haus runtergeschnitten hat? Himmel, was war deine Mutter sauer.«

»Oh ja, das war sie.« Arme Mama.

Niko schüttelte den Kopf. »Was war das für eine Zeit. Hast du damals nicht Filme von Opa gemacht? Mit unserem alten Camcorder?«

»Ja, genau!« Jetzt fiel es mir wieder ein. Die Filme! Ich hatte Opa gefilmt, für später, wenn er sich an gar nichts mehr würde erinnern können. »Wo sind die eigentlich?«

»Die müssten bei mir im Keller stehen. Ein ganzer Keller voller Erinnerungen«, sagte Niko und lehnte sich seufzend zurück.

»Es waren eine Menge schöne dabei.« Ich reichte ihm mein Tagebuch. »Hier, lies selbst.«

25

Hamburg, Juli 1998

Wenn etwas richtig schön ist, dann wünscht man sich, dass es *immer* so bleibt. Und wenn schon nicht für immer, dann doch so lange wie nur irgend möglich. So ging es mir mit den Sommerferien.

Opa und ich waren ganz oft spazieren und unternahmen so viel, dass ich kaum zum Tagebuchschreiben kam. Am schönsten war es, wenn Papa dabei war. Dann liefen wir durch die Felder und spielten Fangen. Opa zeigte mir auch, wie man Vogelscheuchen bastelt. Manchmal verbarg er sich hinter einer und versuchte mich zu erschrecken. Als ob ich ihn nicht längst gesehen hätte! Oder wir spielten Verstecken im knallgelben Raps. Und wenn er mich gefunden hatte, schlich er sich langsam an, um mich durchzukitzeln.

Wann immer die Sonne schien, fuhr Papa Opa und mich an den See, wo jede Menge andere Kinder und meine Freunde waren. Dort gab es einen Steg, und auf dem machte Opa die tollsten Faxen. Er tat, als wäre er ein Bodybuilder, und ließ seine Muskeln spielen, obwohl er doch kaum welche hatte.

Die anderen Kinder fanden ihn vielleicht ein bisschen seltsam, aber sie merkten schnell, wie viel Spaß man mit

Opa haben konnte. Und dann schubsten sie ihn ins Wasser, und er sprang so, dass es ganz doll spritzte und alle nass wurden. Prustend kam er wieder an die Oberfläche, wie das Ungeheuer von Loch Ness, und jagte uns, bis wir alle im See landeten. Und so ging es die ganze Zeit, bis wir irgendwann vor Lachen Bauchweh bekamen und ins Gras fielen und die Sonne unsere nasse Haut trocknete.

Einmal, als Papa ins Geschäft musste, unternahm ich mit Opa eine Fahrt auf einem alten Elbdampfer. Das Wasser war bräunlich, doch der Wind kam von Nordwesten her und trug den salzigen Geruch der Nordsee mit sich. Weil es so schön draußen war, saßen Opa und ich nebeneinander an Deck. In meinem Rücken brummten die Schiffsmotoren. Ich hielt mein Gesicht in die Sonne und dachte nach. Vergeblich versuchte ich, mir vorzustellen, wie das war, wenn man mehr und mehr vergaß.

»Wie fühlt sich das eigentlich an?«, fragte ich Opa.

»Was?« Verwirrt blickte er mich an.

»Wenn man so viel vergisst.«

Opa sah in die Ferne, als wäre die Antwort irgendwo dort verborgen, wo der Fluss sich im Dunst verlor. Eine Möwe flog vorbei und stieß einen Schrei aus.

»So wie … wie Honig im Kopf«, sagte er schließlich. »Irgendwie verklebt.«

Ich versuchte es mir vorzustellen. Gedanken, die aneinanderhafteten und sich nicht befreien konnten. Erinnerungen, halb versunken in der klebrigen Masse. Bei manchen Dingen war es ja vielleicht ganz praktisch, wenn man sich nicht daran erinnerte. Aber Opa konnte es sich nicht aussuchen. Und gerade dann, wenn er krampfhaft nach einem Wort suchte, schien es sich hartnäckig zu wehren, an die Oberfläche zu dringen. Das war bestimmt nicht schön.

»Wie lange hast du denn schon Honig im Kopf?«

»Och, seit ich nicht mehr denken kann.« Opa grinste. Seinen Humor hatte er noch nicht verloren, aber darüber zu lachen fiel mir schwer. Es machte mich traurig, genau wie an dem Tag, als er gesagt hatte, er sei ein Idiot. Es schnitt mir ins Herz.

Opa schien das zu spüren. Er nestelte am Reißverschluss seiner Tasche herum. Ich half ihm, sie zu öffnen. Umständlich zog er ein kleines ledergebundenes Buch hervor und hielt es hoch.

»Was ist das?« Ich reckte neugierig den Hals.

»Da steht alles drin, was ich behalten muss«, sagte er. »Das hat deine … äh … na … hm.« Er tippte auf das Buch, wieder und wieder. Endlich hatte er das Wort gefunden. »Oma gemacht.«

Ich beugte mich näher zu ihm. »Kann ich mal sehen?« Opa blätterte durch die Seiten und reichte es mir.

Ich schlug es auf. Da war ein Foto von Papa, und darüber die Zeile: *Niko, mein Sohn.* Auf der Seite gegenüber stand alles Mögliche über Papa, Dinge, die wir alle wussten. Wann er geboren war. Was er gern mochte und was nicht. Erinnerungen, von denen ich mir einfach nicht vorstellen konnte, dass Opa sie vergaß. War das wirklich so, dass er sich auch irgendwann nicht mehr an Papa erinnern würde?

Ich blätterte weiter. Eine Seite zu Mama. Dann Omas

eigenes Bild. Als ich die Überschrift las, stockte mir das Herz: *Margarethe, meine Frau.*

Darunter stand, in einem andersfarbigen Kuli: *Margarethe lebt nicht mehr.*

»Wusste Oma eigentlich schon vorher, dass sie stirbt?«, fragte ich Opa.

Er betrachtete das Bild und schüttelte den Kopf.

»Nein, das … muss ich wohl geschrieben haben.« Unsicher sah er mich an.

»Sie ist doch tot, oder?«

Für einen Moment schnürte sich mein Hals zu. Ich wusste nicht, was ich sagen sollte. Hatte er das wirklich vergessen?

»Ja, Opa«, sagte ich vorsichtig.

»Wusst ich's doch.«

Er sah so traurig aus. Ich lehnte mich an ihn, legte eine Hand über seine. Die Haut fühlte sich trocken an, war voller Linien. Wie eine Landkarte mit Wegen, von denen keiner wusste, wohin sie führten.

Er legte seine andere Hand über meine, und so saßen wir da und blickten auf das Wasser hinaus, das sich zum Horizont hin verlor.

26

Viel zu früh kam der Tag, an dem die Schule wieder anfing, und von da an ging alles bergab. Wenn ich geglaubt hatte, wir wären stärker als die Krankheit, die mir Opa Stück für Stück fortnahm, dann musste ich bald feststellen, dass das ein Fehler war. Doch der Reihe nach …

Opas Geburtstag rückte näher, und ich zerbrach mir den Kopf darüber, womit ich ihm eine Freude machen konnte. Irgendwann kam ich auf die Idee mit einem Hund. Opa hatte Tiere immer geliebt, und ein Hund würde ihn beschäftigen. Dann hätte er eine Aufgabe, müsste ihn füttern und dafür sorgen, dass es der Hund gut bei uns hätte. Ich fand meine Idee klasse. Abends, vor dem Einschlafen, malte ich mir aus, wie Opa, ich und der Hund durch die Wiesen streiften und die tollsten Abenteuer erlebten. Vielleicht könnte ich ihm ja ein paar Kunststücke beibringen. Und er würde vor Opas Bett schlafen, auf ihn aufpassen und ihn trösten. Manchmal war Opa nämlich ziemlich traurig und weinte, vor allem nachts, wenn er allein war.

Als Erstes ging ich zu Mama und zählte alle Vorteile eines Hundes auf. Aber sie war dagegen.

»Ein Hund kommt mir nicht ins Haus«, sagte sie in einem Tonfall, der keine Einwände duldete.

Also versuchte ich es bei Papa.

»Hm. Ein Hund würde Amandus vielleicht wirklich guttun. Was sagt denn deine Mutter?«

»Sie will keinen Hund«, sagte ich.

»Dann geht es nicht.« Papa zuckte die Schultern und meinte, er hätte schon genug zu kämpfen mit Mama, er könne nicht noch ein Gefecht austragen.

Ich verstand nicht, warum meine Eltern immer noch Stress hatten. Alles wegen diesem blöden Serge und dem, was er und Mama auf der Weihnachtsfeier gemacht hatten. Opa vertrat dazu eine ganz klare Meinung. »Was der Hahn darf, das dürfen die Hühner auch«, hatte er gesagt, als Papa es ihm erzählt hatte.

Das brachte mich in Sachen Hund aber auch nicht weiter. Stattdessen planten meine Eltern etwas ganz anderes, was Opas Geburtstag anging. Sie hatten beschlossen, in einem teuren Restaurant zu feiern. Vielleicht würde es ja ein toller Abend werden.

Besagtes Restaurant befand sich in einem riesigen Gewölbe. Als wir eintraten, duftete es nach Pasta, überbackenem Käse und Knoblauchbrot. Vorn neben der Bar stand ein Flügel. Klaviermusik perlte um die hohen Säulen herum und mischte sich mit dem Stimmengewirr. Auf den Tischen standen riesige Leuchter, der Schein der Kerzen spiegelte sich in den Gläsern. Auch wenn es kein Hund war, so war es doch richtig schön.

Wir alle hatten uns Opa zu Ehren etwas Besonderes angezogen. Oma Vivian war auch gekommen, die Mutter von meiner Mama. Sie war ziemlich verrückt. Auf dem Kopf trug sie einen Turban, und sie hatte sich lauter Ketten umgehängt. Als der Kellner Champagner einschenkte, zwinkerte sie ihm zu und flirtete mit ihm.

Opa sah ganz fremd aus in seinem schwarzen Anzug.

Vermutlich hätte er es schöner gefunden, zu Hause auf der Terrasse zu sitzen und seine Alben anzusehen. Doch meine Eltern wollten ihm zeigen, dass sein Geburtstag etwas ganz Besonderes für sie war.

Als der Kellner mir Apfelschorle und den anderen Champagner eingeschenkt hatte, hob Oma Vivian das Glas. »So, und jetzt einen Toast auf unseren lieben Amandus.«

»Toast?«, entgegnete Opa. »Ich hab doch ein Brötchen.« Mit Messer und Gabel stach er auf ein kleines Brötchen auf seinem Teller ein, das immer wieder wegrutschte, was ihn zusehends nervös machte.

»Wir wollen auf dich trinken«, sagte Oma geduldig.

»Ich hab keinen Durst«, erwiderte Opa. Dann fiel das Brötchen runter, und er fing an zu fluchen.

Oma Vivian ließ sich nicht aus der Ruhe bringen. »Komm, Amandus, wir versuchen es noch mal. Wir trinken jetzt auf dich. Auf deinen Geburtstag.«

Da rastete Opa aus.

»Ich hab keinen Durst! Alzheimer, oder was?«, rief er so laut, dass sich alle nach uns umdrehten.

Oma Vivian warf Mama einen erschrockenen Blick zu. Meine Mutter zuckte kaum merklich mit den Schultern.

Im nächsten Moment brachte der Kellner eine Schale Knoblauchcreme zum Dippen. Als Papa sein Brot eintunken wollte, wurde Opa ganz fuchsig.

»Was soll denn das«, schimpfte er und sicherte sich die Schale Aioli. Als Nächstes steckte er die Hände in die cremige Masse und schmierte sie sich andächtig aufs Gesicht.

Mama und Oma warfen sich schon wieder Blicke zu und schwiegen betreten. Der Kellner aber blieb ganz ruhig und mitfühlend. »Olivenöl ist gut für die Haut«, sagte er. Ich war froh, dass er nicht böse auf Opa war.

»Haben die Damen und Herren denn schon gewählt?«, fragte er und strahlte uns an.

»SPD, wie immer«, sagte Opa und verstrich einen Rest Aioli auf seiner Stirn. »Willy Brandt. Das ist mein Mann.«

Der Kellner beugte sich vor. »Ich darf in Deutschland leider nicht wählen, aber wenn ich dürfte, würde ich den auch nehmen.«

Opa lächelte. Wenigstens einer, der ihn verstand.

Der Kellner reichte ihm eine Serviette. »Sie haben da was im Gesicht«, meinte er, als wäre es das Normalste der Welt.

Opa griff nach der Serviette, doch anstatt sich damit die Aioli abzuwischen, schnäuzte er sich so laut, dass es klang, als wären wir im Elefantenhaus in Hagenbecks Tierpark. Meine Mutter und Oma Vivian hielten die Luft an. Und mit ihnen das ganze Restaurant – so schien es zumindest. Für eine Schrecksekunde waren alle Geräusche verstummt, das Gewirr von Stimmen, Stühlerücken, das Kratzen von Messern und Gabeln auf Porzellan. Dann schnäuzte Opa sich erneut.

»Geht's noch?«, ertönte eine Stimme zwei Tische weiter. »Das ist ja widerlich!«

»Kümmern Sie sich bitte um Ihren eigenen Kram«, erwiderte der Kellner.

Der Mann, der sich beschwert hatte, lachte überheblich. »Weißt du eigentlich, wer ich bin?«

Oma Vivian beugte sich zu Mama. »Wer ist'n das?«

»Irgend so ein Schauspieler«, flüsterte Mama zurück.

Der Kellner schien davon wenig beeindruckt. Er entschuldigte sich bei uns und ging auf den Mann zu. Eine Weile stand er schweigend da und musterte ihn von oben bis unten.

»Haben wir zusammen im Sandkasten gespielt, oder warum duzen Sie mich?«, fragte er dann.

Der Schauspieler wusste nicht, was er darauf sagen sollte. So was war dem eingebildeten Typen wohl noch nie passiert. Ich spitzte die Ohren.

»Der Mann ist krank«, flüsterte der Kellner.

»Ja, dann soll er halt zu Hause bleiben.«

Ich spürte, wie mein Herz klopfte. Würden sie Opa am Ende noch rauswerfen, an seinem Geburtstag? Aber ich hatte mir umsonst Sorgen gemacht.

»Da ist die Tür«, sagte der Kellner unbeirrt und sah den Gast auffordernd an.

Der Mann sprang auf. »Jetzt hörst du mir mal zu. Ich will deinen Chef sprechen.«

»Ich bin der Chef, du Idiot. Und jetzt raus.«

Das tat richtig gut. Ich sah zu, wie der Schauspieler mit seiner Begleitung das Restaurant verließ.

Opa aber bekam von alldem nichts mit.

Der Kellner, der auch der Chef war, kehrte zu uns an den Tisch zurück, um die Bestellungen aufzunehmen. Oma Vivian strahlte ihn an, als wäre er siegreich aus einer Schlacht zurückgekehrt.

Oma und Mama gaben ihre Bestellung auf. Ich entschied mich für Spaghetti mit Butter.

»Gute Wahl«, sagte der Kellner-Chef und zwinkerte mir zu. »Die Spezialität des Hauses.« Ich musste grinsen.

»Und der Herr?«, wandte er sich an Opa.

Armer Opa, er wusste überhaupt nicht, was von ihm verlangt wurde.

»Welcher Herr?«, fragte er und klang richtig verzweifelt.

»Was du essen möchtest, Papa«, sagte Niko traurig über den Zustand seines geliebten Vaters und hielt ihm die Karte hin.

Opa deutete auf irgendwas.

»Seit wann isst du denn Leber?«, wollte Papa wissen.

Opa sah ihn aus seinen großen blauen Augen ratlos an. »Weiß ich nicht«, sagte er, und ihm kamen die Tränen. »Was ess ich denn?«

»Mozzarella Caprese?«, schlug Papa ihm sanft vor. Ich dachte noch, dass das bestimmt eine gute Wahl war, Mozzarella hatte Opa ja mit Oma in Venedig gegessen. Doch an diesem Abend waren alle Erinnerungen daran wie fortgeblasen.

»Mozza-was?«, fragte Opa unter Tränen.

»Zweimal Mozzarella, bitte«, sagte Papa zum Kellner.

Opa fing nun richtig an zu weinen. Dicke Tränen rannen ihm über die faltigen Wangen.

»Nicht weinen«, sagte Papa und legte den Arm um ihn. Dann kamen auch ihm die Tränen, und er legte den Kopf auf Opas Schulter.

Es passierte nicht oft, dass ich Papa weinen sah. Es war schrecklich. Ich dachte nur, was für ein trauriger Geburtstag das doch war. Als die Spaghetti kamen, stocherte ich in ihnen herum und konnte es kaum erwarten, dass wir wieder nach Hause fuhren. Opa steckte sich den Mozzarella in den Mund, dann stand er auf und suchte den Ausgang.

Papa und ich folgten ihm schnell, um ihn zum Auto zu begleiten, während Mama sich um die Rechnung kümmerte.

Auf der Heimfahrt war es still im Wagen, keiner sagte ein Wort. Nicht mal Mama beschwerte sich, dass sie ihr Thunfischtatar hatte stehen lassen müssen. Vielleicht war auch sie traurig – traurig, wie Papa und ich es waren. Weil es nichts gab, was wir tun konnten.

Ich musste an Dr. Ehlers denken. Ein Buch nach dem anderen fiel um. Und immer weniger stellten sich wieder auf.

Als ich an diesem Abend ins Bett ging, lag ich lange wach und konnte nicht einschlafen. Ich stellte mir vor, wie Papa neben Mama lag und auch keinen Schlaf fand. Und Opa?

Der Gedanke an ihn trieb mich aus dem Bett. Ich klemmte mir Berta unter den Arm und lief zur Tür. Ich hatte sie noch nicht mal ganz geöffnet, da hörte ich ihn schon schluchzen.

»Opa?«, flüsterte ich und trat in sein Zimmer. »Was ist denn?«

Er saß im Schlafanzug an seinem großen alten Schreibtisch, in der Hand einen Kuli, vor ihm ein Blatt Papier und eine Lupe.

Seine Hand mit dem Kuli zitterte. Er legte ihn beiseite.

In seinen Augen hatten sich Tränen gesammelt, und er war ganz in sich zusammengesunken.

Ich setzte mich neben ihn.

Opa schüttelte nur den Kopf. »Es fühlt sich so … so … schlimm … so … so schrecklich … schrecklich …

scheuß…« Er brach ab und blickte sich suchend um. Die Worte versteckten sich vor ihm. Es tat richtig weh zu sehen, wie er um sie rang. Weil er den Kampf um sie verlor.

»Alles leer«, schluchzte er. »Und wenn man was aufschreiben will, und es … es geht nicht … Irgendwas macht in dir … dass es nicht geht …«

Mir wurde ganz elend, als ich Opa so verzweifelt sah.

»Weißt du denn noch, was du schreiben wolltest?«, fragte ich und spürte, wie meine Augen brannten.

Opa schob mir das Blatt Papier und den Kuli rüber.

»Schreib du«, sagte er und begann zu diktieren. »Für Tilda … meine geliebte … äh, geliebte … meine geliebte …«

»Enkelin?«, schlug ich vor.

Aber Opa mochte es nicht, dass ich ihn unterbrach. »Ich sage, was geschrieben wird«, schimpfte er.

Ich nickte bloß. Er wischte sich die Augen und versuchte sich mit aller Macht zu konzentrieren.

»Es wird der Tag kommen, wo ich dich nicht … nicht mehr weiß, dass du du … du … du bist.«

Ich beeilte mich, die wirren Worte mitzuschreiben.

»Es kann sogar passieren … Auf jeden Fall möchte ich, dass du eins weißt. Ich liebe dich. Du bist die beste Prinzessin, die ich mir wünschen konnte.«

Er strich mir zärtlich über das Haar. Und es brach mir das Herz.

27

Westerland, Mai 2017

Als ich aufsah, bemerkte ich die Tränen. Sie brannten eine Spur über die von Falten gezeichneten Wangen meines Vaters.

»Papa. Was hast du? Nicht weinen«, bat ich ihn.

Niko wischte sich mit der Hand über das Gesicht.

»Was ist denn?«, fragte ich.

Niko suchte in seinen Hosentaschen vergeblich nach einem Taschentuch. Ich fischte eine Packung aus meiner Tasche und reichte sie ihm. Sanft strich ich ihm über den Arm.

»Es muss so schrecklich für ihn gewesen sein«, sagte er und putzte sich die Nase. »Zu wissen, wie immer mehr von ihm verloren ging, und nichts dagegen tun zu können. Was für ein Albtraum.«

Stille legte sich über uns. Draußen, in der Ferne, bellte ein Hund.

Mein Herz begann zu pochen. Ich spürte, wie eine Frage in mir aufstieg und sich einen Weg über meine Lippen bahnen wollte. Ich wusste nicht, ob es der richtige Augenblick war. Aber wann, wenn nicht jetzt?

»Hast du manchmal Angst, du könntest es geerbt haben?«, fragte ich, ganz leise. Auch mir stiegen Tränen in die Augen. Ich hatte es einfach getan. Hatte das Unsägliche ausgesprochen. Dieses Tabu, das über uns hing wie ein Damoklesschwert, von dem keiner wusste, wann es niedersausen würde. Wann und ob.

Niko stützte das Kinn auf die gefalteten Hände. »Jedes Mal, wenn mir ein Wort nicht einfällt. Jedes Mal, wenn ich meine Brille verlege. Wenn ich etwas vergesse. Oder durcheinanderbringe.«

Ich runzelte die Stirn. »So wie neulich, mit dem Sakko …«

Er lachte auf; es klang verloren. »Da stand ich komplett neben mir. Ich hatte die Nacht davor mal wieder nicht schlafen können. Und wenn ich wie gerädert bin, dann vergesse ich halt mal was.«

Das gefiel mir nicht. Zweimal setzte ich an, schwieg wieder. Dann brach es aus mir heraus. »Aber wenn du beim Arzt warst, wegen deines Herzens, hast du dich denn … sonst auch testen lassen?«

Sonst auch testen lassen. Tilda, du Feigling.

Niko hob den Blick. Seine Augen waren gerötet.

Er schüttelte den Kopf. »Seit Sarah gestorben ist, überwachst du mich. Meinst du, das kriege ich nicht mit? Das macht mir ganz schön Druck. Ich weiß ja, du meinst es nicht böse. Du kannst nicht anders. Aber …«

Ich wurde rot. »Entschuldige, Papa …«, murmelte ich, doch er hatte noch nicht zu Ende geredet.

»Tilda … Gib mir Zeit. Ich muss selbst entscheiden, ob und wann ich mich untersuchen lasse. Und weißt du auch, warum? Ich muss erst Kraft sammeln.«

Ich senkte den Kopf. »Ich verstehe nicht, was du meinst.«

»Wie soll ich das erklären?« Niko stand auf und trat an das Fenster. Von der Straße fiel das Licht einer Laterne herein und zerschnitt den Raum. Eine Weile starrte er nach draußen, dann wandte er sich um, setzte sich zu mir, auf die Lehne.

»Wir wissen doch alle, dass wir irgendwann sterben müssen. Wir wissen auch, dass wir irgendwann krank werden können. Herzinfarkt, Krebs, Demenz, klar. Aber solange man mit so einer Krankheit noch nicht wirklich in Kontakt gekommen ist, hofft man eben, sie würde an einem vorübergehen. Sie ist dann bloß eine Möglichkeit, die man gut verdrängen kann.«

»Und du meinst, es wäre zu hart, die Wahrheit zu kennen?«, warf ich ein, doch Niko hob die Hand.

»Lass mich ausreden. Damals, als Opa so verwirrt war, habe ich mir eingeredet, es läge daran, dass meine Mutter gestorben war. Ich dachte, wir könnten ihn zurück ins Leben holen. Das war Unsinn. Ich habe die Augen vor der Wahrheit verschlossen, bis es irgendwann nicht mehr ging. Bis er sich und uns in Gefahr brachte. Da bin ich zum Arzt gegangen, ohne deinen Opa. Habe ihm die Symptome geschildert. Sie waren eindeutig. Dieser Moment ...« Er atmete tief durch. »Plötzlich bekommst du so eine Diagnose. Das haut dich um. Du wusstest immer, Alzheimer könnte auch deine Familie treffen, aber bis zu dem Punkt war es bloß ein ... ein Konjunktiv. Könnte. Vielleicht. Möglicherweise. Dann aber ist es Realität. Opa war dement. Tod und Krankheit waren mit einem Mal ganz dicht an mich rangerückt. Mein Vater hatte Alzheimer. Es gab keine anderen Optionen mehr. Kein Verdrängen. Keine Heilung.«

Ich nickte. »Und wenn du zum Arzt gehst und dich auf Alzheimer testen lässt …«

»Dann kann ich vielleicht nicht länger davon ausgehen, dass es bloß eine ferne Option ist. Ich habe schon einmal erlebt, dass ein Arzt ›Alzheimer‹ sagt. Warum also nicht wieder? Und um das in letzter Konsequenz auszuhalten, muss ich stark sein. Denn eins kann ich dir verraten: Die Ärzte, die dir das mitteilen, die können es nicht mit dir tragen. Du bist damit allein, ganz allein.«

Bilder stiegen in mir auf. Papa, Opa und ich in einer neurologischen Klinik. »Ich weiß noch, der Arzt, bei dem wir mit Opa waren … Der ihn gefragt hat, was neun plus drei ist.«

»Pfeife«, schnaubte Papa.

Opa hatte dem Arzt die einfachsten Fragen nicht beantworten können. Nicht einmal mein Alter hatte er mehr gewusst. Aber er war schlau gewesen, hatte dem Arzt einen Witz erzählt, ihn eingewickelt. Und dann hatte er sich einen Kittel vom Haken geschnappt, war hineingeschlüpft und hatte sich verabschiedet. Er müsse noch zu einer OP. Der Arzt könne gern mit mir einen neuen Termin ausmachen, ich sei seine Assistentin. Damals hatte keiner von uns noch länger leugnen können, dass Opa Alzheimer hatte.

»Aber hast du denn vor, zum Arzt zu gehen?«, fragte ich und konnte nicht verhindern, dass meine Stimme so wie früher klang, wie als kleines Mädchen.

»Hast du es vor, Tilda?«, hielt mein Vater dagegen.

Ich lehnte mich an ihn. »Manchmal denke ich darüber nach, einen Gentest zu machen.«

»Und was hält dich davon ab?«

Ich überlegte. Tatsächlich hatte ich schon mehrmals einen Anlauf genommen, hatte einen Termin machen wollen. Als ich mit Käthe schwanger gewesen war. Als Philipp mich gefragt hatte, ob ich ihn heiraten wolle. Und neulich erst, als ich eines Mittags gemerkt hatte, dass die Kochplatte heiß war und ich nicht die geringste Ahnung gehabt hatte, wann ich sie angestellt haben könnte.

Ich seufzte. »Ich glaube, ich würde Panik kriegen, wenn es so wäre. Es würde mir den Boden unter den Füßen wegreißen. Ich meine, man braucht doch eine Idee von der Zukunft, um träumen zu können. Sich glücklich träumen zu können.«

»Bist du denn nicht glücklich?«

Ich zuckte mit den Schultern. »Ich weiß einfach nicht, was ich mit meinem Leben anfangen soll. Wenn Max in die Schule kommt, hab ich wieder mehr Zeit. Ich hätte Lust, noch mal zu studieren. Oder was ganz anderes zu machen. Aber ich habe keine Ahnung, was.« Ich zog den Mund schief. »Andere wissen genau, was sie wollen. Und ich? Ich versage schon da komplett.«

»Na, na«, sagte er und tätschelte meine Hand. »Weißt du, was dein Problem ist?«

»Ich fürchte, du wirst es mir gleich sagen.«

Niko schmunzelte. »Allerdings. Ich glaube, dein Problem ist erstens, dass du es allen recht machen willst. Das ist schon mal Unfug, denn das klappt nun mal nicht. Irgendwo eckt man immer an. Irgendwer ist nie zufrieden mit dem, was man tut.«

»Wohl wahr. Und zweitens?«

»Zweitens hast du Angst, ein Risiko einzugehen. Du

willst schon im Voraus wissen, ob deine Entscheidungen richtig sind. Das ist genauso ein Unfug. Man kann nicht alles voraussehen. Auf die Weise bist du nicht handlungsfähig. Daher bleibst du lieber in einer Situation stecken, mit der du halb zufrieden bist, statt etwas zu wagen.«

Die Seiltänzerin, zehn Zentimeter über dem Boden. Mein Vater hatte den Nagel auf den Kopf getroffen.

»Gibt's auch noch ein Drittens?«, fragte ich resigniert.

Mein Vater drückte meine Schulter. »Das reicht doch eigentlich schon, oder?«

Ich seufzte. »Ich fürchte, du hast mit allem recht. Und weißt du was? Das ist genau der Grund, warum du bei uns einziehen solltest. Sozusagen als mein Lebenstrainer.«

»Ich?« Niko lachte.

»Jetzt mal ganz im Ernst, Papa. Könntest du dir vorstellen, bei uns zu leben? Nicht jetzt, nicht gleich. Aber später irgendwann mal.«

»Du meinst, wenn ich verrückt werde?«

»Sag das nicht«, bat ich.

»Und wenn es so wäre? Stell dir mal vor, wie ich alles bei euch aufmischen würde. Ich würde euer Biedermeier-Mobiliar verwüsten, das als Erstes. Dann würde ich deine Ehe in Gefahr bringen oder am Ende noch zerstören.«

»Das könntest du nicht. Nicht, wenn es nicht sowieso schon kriseln würde.«

Niko sah mich forschend an. »Hast du keine Ahnung mehr, wie das damals war mit Opa?«

»Doch, natürlich.« Ich schwenkte das Tagebuch. »Ich hab schließlich alles aufgeschrieben. Erinnerst du dich noch an das Sommerfest?«

Mein Vater schlug die Hände über dem Kopf zusammen. »Das Sommerfest.« Er stand auf und sah auf mich herunter. »Und jetzt stell dir vor, du machst so einen von euren gediegenen Empfängen mit deinen Schwiegereltern und den ganzen Anwälten, und ich komme mit der Motorsäge und köpfe die Rosen.«

»Käthe-Elisabeth würde in Ohnmacht fallen.« Ich grinste wohlig bei der Vorstellung.

»Und dann würde ich in eine von ihren Vasen pinkeln. Vor versammelter Mannschaft.«

»Eine von den geerbten Vasen«, fügte ich hinzu, und wir lachten, bis ich Seitenstechen bekam. Es tat so gut, sich mal ein kleines, klitzekleines bisschen über die bucklige Verwandtschaft auszulassen.

Papa wischte mir die Lachtränen aus den Augen. Lange sah er mich an.

»Hab ich dir eigentlich je gesagt, dass ich dich liebe?«, fragte er.

Ich sah ihn an und atmete tief durch, um den Moment auszudehnen.

»Ja, Papa, das hast du«, sagte ich schließlich. »Und ich? Hab ich dir gesagt, wie sehr ich dich liebe?«

Er nickte. »Das hast du, Tilda. Jeden einzelnen Tag.«

28

Hamburg, August 1998

Ende August fand endlich das legendäre Sommerfest meiner Eltern statt. Mama hatte seit Monaten alles bis auf das i-Tüpfelchen geplant, und vom Dekorateur über die Kellner bis hin zum Wetter hielt sich jeder strikt an ihre Anordnungen.

Unser Garten sah einfach toll aus. Kronleuchter hingen von den Ästen; Sonnenstrahlen fingen sich in den Kristallen und schufen kleine tanzende Regenbogen. Überall standen Vasen mit Sommerblumen und Tischchen voller Leckereien, und am Rand war ein riesiges Büfett mit den leckersten Kuchen aufgebaut. Mittendrin, auf einem Podium, spielte eine Party-Band Rock 'n' Roll. Die Männer trugen helle Anzüge und sahen ein bisschen altmodisch aus, aber das war Absicht. Überhaupt hatten sich alle fein gemacht, sogar Smylla, die ihr Haar geflochten und auf dem Kopf zu einem Kranz hochgesteckt hatte.

Mama hatte mir erlaubt, ein paar Freunde aus der Schule und der Nachbarschaft einzuladen. Wir durften auch ein bisschen helfen, am Getränkestand vor der Scheune.

Opa sollte den ganzen Tag in seinem Zimmer bleiben, das war der Deal zwischen Mama und ihm. Wobei er da nicht allzu viel zu sagen gehabt hatte. Aber ich glaubte nicht, dass Opa deswegen traurig war. Er scheute Veränderungen jeder Art, denn dann fand er sich nicht mehr zurecht, und das Durcheinander in seinem Kopf wurde noch schlimmer. Ich hatte jedenfalls beschlossen, jede volle Stunde nach ihm zu sehen. Jetzt aber tauchte ich erst mal ein in die Menge, denn es war einfach sensationell, dass in unserem Garten so viel los war, dass alle tanzten und lachten.

Meine Mutter wurde gerade von Nora belagert. Nora hatte von einem Tag auf den anderen lange blonde Haare und dicke Brüste gekriegt. Mama und sie gingen immer zusammen ins Fitnessstudio. Papa konnte Nora nicht ausstehen, was wohl daran lag, dass sie zu ihm gesagt hatte, Mama sei nicht fremdgegangen, sondern habe versucht, ihre Ehe zu retten. Mir war Nora auch irgendwie nicht sympathisch. Eigentlich wollte ich Mama gerade fragen, ob ich Turnschuhe zu meinem Kleid anziehen durfte, denn die neuen Ballerinas drückten ganz schrecklich. Aber im nächsten Moment merkte ich, wie ein Mann auf sie zukam. Er hatte einen schrägen Gang – also nicht, dass er schräg gelaufen wäre, sondern er versuchte, sich im Takt der Musik zu bewegen, was mich irgendwie an einen watschelnden Seelöwen erinnerte. Ich reckte mich, um durch das Gedrängel hindurch sein Gesicht sehen zu können.

»Serge«, hörte ich meine Mutter entsetzt rufen.

Das durfte ja wohl nicht wahr sein! Dieser Mann war kein anderer als Serge, der von der Weihnachtsfeier! Den konnte Papa noch weniger leiden als Nora. Er hatte zu

Mama gesagt, wenn er Serge begegnete, dann würde er ihm eine verpassen. Papa hatte mal richtig geboxt, aber ich wusste nicht, ob Serge das klar war.

Serge schlich sich von hinten an Mama ran und schlug ihr auf den Po. Ich hatte ehrlich keine Ahnung, warum sie ihn eingeladen hatte.

Mama drehte sich um und erschrak. Serge küsste sie, mit Zunge, was ich wirklich eklig fand.

»Was machst du denn hier?«, fragte sie entgeistert.

Serge lachte. »Was machst du denn hier?«, äffte er sie nach. »Was ist das denn für eine Begrüßung?«

Nora stand daneben und starrte mit offenem Mund von einem zum andern. Mich hatte keiner bemerkt. Ich wusste, man sollte nicht lauschen, aber …

Serge fing an zu tanzen und grinste Mama an.

»Niko weiß Bescheid«, zischte Mama.

Serges Miene entgleiste. »Was? Wieso das denn?«

»Ich hab's ihm erzählt.«

Serge fuhr sich durch die schwarz gefärbten Haare. Plötzlich sah er gar nicht mehr begeistert aus.

»Ja, Scheiße! Wieso … wieso sagst du mir das nicht? Dann wär ich doch nicht gekommen!«

»Ich hab dich ja auch nicht eingeladen!«, gab Mama zurück.

»Das hab ich gemerkt«, entgegnete er säuerlich. »Hab mich schon gewundert. Ich dachte, du hättest mich vergessen.«

Mama trank einen großen Schluck aus ihrem Champagnerglas. An ihrem Hals hatten sich hektische Flecken gebildet.

»Ich klär das mit ihm«, sagte Serge, rückte sich das Jackett zurecht und sah sich nach Papa um.

Mama bekam einen geradezu panischen Gesichtsausdruck.

»Auf keinen Fall, du gehst sofort!« Sie wollte Serge Richtung Parkplatz ziehen, da hielt sie plötzlich inne und erstarrte. »Scheiße.«

Ich folgte ihrem Blick. Ein Stück entfernt stand Opa in seiner Wehrmachtsuniform. Er steckte sich gerade eine Salzmandel in den Mund, leckte sie genüsslich ab und legte sie zurück in das Schälchen.

Auweia!

Mama knallte ihr Champagnerglas auf den nächststehenden Tisch und hielt auf Opa zu. Ich wollte ihr zuvorkommen und Opa weg aus der Schusslinie bringen, aber es standen so viele Leute herum, dass ich erst nach ihr bei ihm ankam.

»Wie siehst du denn aus?«, fuhr Mama Opa an.

Er sah an sich herunter. »Ich hab mich hübsch gemacht«, sagte er ganz stolz und strich sich über die Uniform. Dann nahm er die nächste Mandel, leckte sie ab und legte sie zurück. Fassungslos sah Mama auf das Schälchen mit Mandeln.

»Was machst du da?«, fragte sie empört.

»Ich esse die … diese … diese Knubbel da«, meinte er. »Dieses … äh … Salz.«

»Hattest du die etwa alle schon im Mund?«, fragte Mama.

Opa leckte die nächste Mandel ab und hielt sie Mama hin. »Die sind wirklich ausgezeichnet! Magst du?«

Mama nahm die Mandel und warf sie auf den Boden. Dann stellte sie sich ganz dicht vor Opa.

»Amandus«, flüsterte sie. »Das hier ist meine Party. Und du stehst heute definitiv nicht auf der Gästeliste. Das hatten wir doch gemeinsam besprochen. Ich möchte, dass du jetzt bitte sofort auf dein Zimmer gehst. Du kannst fernsehen. Heute kommt doch deine Lieblingsserie.«

»Ja, aber …«, sagte Opa und sah sich fragend um.

»Nix aber!«

Die ersten Gäste waren schon auf Mama und Opa aufmerksam geworden und tuschelten. Ich trat zu Opa und hängte mich bei ihm ein.

»Ich kümmer mich um ihn«, sagte ich zu Mama. Am besten, wir machten zusammen einen kleinen Rundgang, und dann würde ich ihn auf sein Zimmer bringen und ihm einen Tierfilm anstellen.

»Meine Principessa!«, sagte Opa und strahlte mich an.

»Na, Opa?«

Ich zog ihn mit mir in Richtung Steinbrunnen, während Mama in der Menge verschwand, vermutlich auf der Suche nach Serge. Oder nach Papa. Oder, wenn es blöd kam, nach beiden.

Neben der Baumgruppe am Rand unseres Grundstücks war ein Mann damit beschäftigt, alles für das abendliche Feuerwerk vorzubereiten. Das war für mich das Tollste überhaupt. Ich liebte es, wenn die Raketen am Himmel explodierten und lauter Sterne herabregneten.

Opa starrte konzentriert auf die ganzen Knöpfe des Zündpults.

»Hut ab. Super Musik«, sagte er zu dem Pyrotechniker.

»Find ich auch«, meinte der und stöpselte eine weitere Kontaktschnur ein.

»Früher hatten wir Langspielplatten«, sagte Opa und kratzte sich unter seiner Soldatenkappe. Da wurde mir klar, dass er dachte, der Mann wäre der DJ. Ach, Opa.

Plötzlich drang ein Schrei zu uns.

»Niko!«

Das war doch Mama gewesen?!

Ich drehte mich suchend um, aber um mich herum tanzten überall Leute, sodass ich nichts sehen konnte.

Da polterte etwas, und Mama stieß einen markerschütternden Schrei aus. Erschrocken rannte ich los, zwischen all den Gästen hindurch, die sich um das Büfett drängten. Die Band hörte auf zu spielen, und plötzlich herrschte eine gespenstische Stille. Ich duckte mich unter einem Tisch hindurch, und da sah ich endlich, was passiert war.

Das Büfett mit den Sahnetorten war zusammengekracht. Mittendrin lag Serge und hielt sich das blutende Gesicht. Mama stand daneben und hatte die Hände vor die Augen geschlagen. Papa rieb sich die Knöchel seiner Faust und starrte auf Serge hinab. Er hatte Wort gehalten und Serge ordentlich eine verpasst.

Dann passierte alles auf einmal. Serge reckte den Kopf, verdrehte die Augen und sackte zurück in das Kuchenbüfett. Und als wäre das nicht genug, gingen auch noch die Böller hoch! Die Leute schrien auf vor Schreck und wichen zurück. Ich warf einen hastigen Blick zur Baumgruppe. Opa stand am Pult für das Feuerwerk. Aber wo war der Pyrotechniker? Hatte Opa etwa die Zündung betätigt?

In der nächsten Sekunde brach Panik aus. In den Bäumen, auf dem Rasen … Überall explodierten Feuerwerkskörper. Die Menschen versuchten sich in Sicherheit zu bringen, rannten wie eine wild gewordene Viehherde herum, trampelten über den Rasen Richtung Haus. Und als auch an der Veranda die Raketen hochgingen, stürmten sie Richtung Parkplatz zu ihren Autos. Haufenweise Stühle und Tische fielen um, Leute gerieten ins Stolpern.

Vor lauter Rauch konnte ich bald kaum mehr etwas erkennen. Ich rettete mich zur Scheune, dem einzigen Bereich, den der Pyrotechniker wohlweislich ausgespart hatte. Hier waren auch Smylla und meine anderen Freunde, und sie lachten sich halb kaputt. Es war wie in einem Actionfilm, wo Torten flogen und die Leute die unglaublichsten Verrenkungen machten, um ihnen auszuweichen. Wenn man es so sah, war die Party ein voller Erfolg. Doch wenn man mittendrin steckte, in hohen Schuhen und engen Kleidern, und auch noch die Kronleuchter dicht neben einem zu Boden gingen … dann musste es die Hölle sein.

Irgendwann war das Inferno vorbei. Auch der letzte Gast hatte fluchtartig die Party verlassen, Musiker und Pyrotechniker inklusive.

Papa starrte auf das Durcheinander, den ganzen Dreck, die Scherben.

Eine Weile standen wir nur so da und lauschten den Grillen, die um uns herum zirpten, als wäre nichts passiert. Dann zog Papa mich ins Haus.

»Müssen wir nicht aufräumen?«, fragte ich.

Er legte einen Arm um mich. »Das kann bis morgen warten.«

In dieser Nacht durfte ich in seinem Bett schlafen, denn Mama war auf und davon. Sie hatte gesagt, sie brauche ein paar Tage Abstand, und war zu ihrer Mutter gefahren.

Mitten in der Nacht wachte ich auf. Ich war ganz durcheinander und wusste für einen Moment nicht, warum ich nicht in meinem eigenen Zimmer schlief. Dann fiel mir alles wieder ein.

Opa stand vor dem Bett und blickte auf Papa herab. Der wurde gerade wach und richtete sich verschlafen auf.

»Was ist?«, flüsterte er.

Opa sah ihn lange an. Auf einmal setzte er zu sprechen an.

»Ich liebe dich.«

Für einen Moment herrschte Stille. Ich spitzte die Ohren, stellte mich aber schlafend, nur ein Auge hatte ich einen winzigen Spaltbreit geöffnet.

»Das hast du mir noch nie gesagt«, meinte Papa und fing an zu zittern. Bestimmt weinte er. »Hab ich dir schon mal gesagt, wie sehr ich dich liebe?«

Opa ließ sich auf den Rand des Bettes sinken. »Wenn, dann hab ich's vergessen. Darfste nicht persönlich nehmen.«

Papa umarmte Opa. Der blickte über seine Schulter zu mir und runzelte die Stirn.

»Wo ist denn Sandra?«

»Sie ist für ein paar Tage zu ihrer Mutter gezogen.«

»Warum das denn?«

»Ach, Papa …« Er klang so unendlich traurig.

»Habt ihr euch gestritten?«

Papa nahm Opas Hand. »Weißt du denn gar nichts mehr?«

Opa schüttelte den Kopf.

»Nein … Es ist alles weg … Ich …« Er brach ab, versuchte sich zu sammeln. »Da ist nur noch ein Loch.«

Ich stellte mich immer noch schlafend, doch ich bekam alles mit. Wie Papa Opa in den Arm nahm und wie beide sich hielten. Seltsam, wie nah Liebhaben und Traurigsein einander sein können.

Ich fand, Opa war nicht schuld daran, dass Papa Serge niedergeschlagen hatte. Aber wenn er nicht auf der Party erschienen wäre, dann hätte Mama Serge weglotsen können, sodass Papa nichts gemerkt hätte. Wäre das besser gewesen?

Und wenn Papa es doch gemerkt und Serge niedergeschlagen hätte und Opa das Feuerwerk *nicht* gezündet hätte, wäre die Party dann irgendwann normal weitergegangen? Die Leute liebten Klatsch, vielleicht hätten sie das insgeheim sogar ganz toll gefunden. Aber dann wäre Mama noch hier, und sie würde Papa Vorwürfe machen, weil er ausgerastet war.

Wie man es auch drehte und wendete, ich war der Meinung, dass Opa keine wirkliche Schuld traf. Die lag eindeutig bei diesem blöden Serge.

Irgendwann wurde mir alles zu viel. Ich kuschelte mich an Papas Rücken. Dabei berührte ich Opas Hände. Er linste über Papas Schulter, und als er sah, dass ich auch wach war, verzog sich sein Gesicht zu einem Lächeln.

Mama würde bestimmt zurückkommen, und alle würden sich wieder vertragen.

»*Ti amo, nonno*«, flüsterte ich ganz leise. Und dann schlief ich ein und ließ das ganze Chaos hinter mir.

29

Hamburg-Eppendorf, Mai 2017

»Was ist das denn?«, fragte Max und streckte seine Gabel in die Höhe, an der ein zerkochtes Stück Brokkoli hing.

»Sieht aus wie ein Wabbeltier. Eine grüne Nacktschnecke«, sagte Käthe und kicherte.

»Ne! Ich weiß! Das ist ein Stück Seetang. Mit Monsterschleim dran«, schrie Max und lachte sich über seinen eigenen Witz kaputt.

Es war doch immer wieder schön, zu Hause zu sein.

»Hört auf, meine Kochkünste zu verunglimpfen«, sagte ich drohend. »Sonst …«

»Sonst kocht Opa Niko, und es gibt Pizza statt ekligem Gemüse, juchu«, rief Käthe.

»Was heißt verun-dingsen?«, wollte Max wissen.

»Verunglimpfen bedeutet herabsetzen oder beleidigen«, erklärte Philipp und schob sich ein Stück Karotte in den Mund.

»Eine Straftat gegen die Ehre«, fügte ich hinzu. »Strafgesetzbuch.«

»Welcher Paragraf?«, fragte Philipp neckend.

»Hundertfünfundachtzig bis hundertsiebenundachtzig«, antwortete ich wie aus der Pistole geschossen, was mir ein wohlwollendes Nicken meines Mannes einbrachte. Nicht, dass ich das noch aus dem Studium gewusst hätte. Aber bei der letzten Rechnung, die ich für Philipps Vater geschrieben hatte, war es genau darum gegangen. Das Klischee der betrogenen Ehefrau, die ihren Mann verunglimpfte. Dass es sich dabei weniger um Ehre als um eine teure Immobilie gehandelt hatte, stand auf einem anderen Blatt. Was war das doch für ein dröges Geschäft.

Max war längst bei einem anderen Thema angelangt.

»Heute Morgen auf der Piratenfahrt … Das war so toll! Die Flagge von dem Schiff, weißt du, Papa, wie die aussah?!«

»Hmmmm«, überlegte Philipp. »Eine Deutschlandfahne? Oder das dänische Kreuz?«

»Quatsch. Das war eine echte Totenkopfflagge!«

»Ist nicht wahr!«, sagte Philipp.

»Doch, Papa! Wir haben das Schiff geentert. Und dann haben wir die Piratenflagge drangemacht. An den Mast.«

»Das war cool«, warf Käthe ein und sortierte den Brokkoli auf ihrem Teller aus.

»Und weißt du, was wir dann gemacht haben?«, fuhr Max fort. »Wir haben Mama und Opa gefangen genommen! Wir haben sie an den Händen gefesselt und ganz unten ins Schiff in ein Verlies gebracht. Da hat's vielleicht gestunken!«

»Ach herrje. Und dann? Haben sie einen Anwalt verlangt?«, fragte Philipp augenzwinkernd.

»Ne! Auf See gibt's doch keinen Anwalt, Papa. Die anderen Kinder – also, die Piraten – wollten sie den Fischen zum Fraß vorwerfen. Da haben wir gemeutert«, erzählte Käthe mit leuchtenden Augen. Insgeheim hätte sie sicher nichts dagegen gehabt, ihre Mutter ins eisige Meer fallen zu sehen, so ein Spaß.

Philipp musste grinsen. »Und wie ging das Ganze aus?«

»Dann waren wir wieder am Hafen«, rief Max, und seine Stimme überschlug sich fast. »Und … und … Das errätst du nie!«

»Was denn?«

»Dann haben wir die Kanone knallen lassen und die ganze Stadt in Angst und Schrecken verjagt.«

»Ge-jagt«, sagte Philipp automatisch.

»Ge-jagt. Is' ja egal«, meinte Max.

»Das hat echt Spaß gemacht«, schwärmte Käthe. »Auch wenn so 'ne Fahrt natürlich eher was für Babys ist.«

Max teilte einen obligatorischen Tritt Richtung Käthe aus, war aber offensichtlich noch zu gebannt von dem Erlebnis, um das Ganze zu einer Keilerei auswachsen zu lassen. Er wandte sich an Niko.

»Opa, können wir da noch mal hin? Opa?«

Niko schreckte auf. Wie es aussah, war er über meinem Gemüsecurry eingenickt.

Er griff nach seinem Bier und trank einen Schluck.

»'tschuldige«, sagte er zu Max. »Was hast du gesagt?«

»Ob wir da noch mal hinkönnen, Opa.«

»Ja, klar. Von mir aus gern«, meinte Niko und unterdrückte ein Gähnen.

»Komm, ich fahr dich nach Hause«, sagte ich sanft. »War ein langer Tag.«

Niko nickte, legte seine Serviette neben den Teller und stand auf. »Macht's gut, ihr Räuber.« Er wuschelte Max zum Abschied den Kopf und strich Käthe über das Haar.

Philipp begleitete uns zur Tür.

»Danke, Niko. Ich wäre gern selbst mitgekommen, aber du weißt ja, die Klienten …«

»Keine Ursache. Ich weiß noch gut, wie das ist, wenn man sich zwischen Familie und Geschäft aufteilt. Hab ja auch mal gearbeitet. Auch wenn das keine Bedeutung mehr hat.«

Die Autofahrt verlief schweigend. Es wunderte mich immer wieder aufs Neue, wie zwei Menschen so dicht nebeneinander sitzen konnten und doch so weit entfernt waren, jeder in seinem eigenen Universum. Wobei es nicht unangenehm war, mit Niko zu schweigen. Zumal ich mich ihm seit dem gemeinsamen Wochenende viel näher fühlte.

Zu meiner Linken zog Planten un Blomen vorbei. Dann überquerten wir auch schon die Alster und gelangten durch den langen Tunnel am Bahnhof entlang zu den Deichtorhallen und dem Brooktorkai mit seinem verrückten Wechsel aus kühlen modernen Bauten und historischen Turmhäusern.

Als ich Minuten später vor Nikos Apartmenthaus zum Halten kam, stellte ich den Motor ab und wandte mich meinem Vater zu. Irgendwie wollte ich ihn noch nicht gehen lassen.

Ihm schien es ähnlich zu gehen. Er streckte den Rücken durch und legte eine Hand auf den Sicherheitsgurt.

»Das war schön, das Wochenende mit dir und den Kindern«, sagte er.

Ich lehnte den Kopf an die Stütze. »Das war es.«

»Weißt du … Es … gibt da noch etwas, das ich dir sagen wollte. Wir haben nie darüber gesprochen.«

Ich sah ihn von der Seite an.

»Nach dem Gartenfest, damals, als ich so ausgerastet bin und Opa das Feuerwerk gezündet hat … Ich war damals noch mal bei dem Neurologen. Sarah war noch immer bei ihrer Mutter, und ich wusste nicht mehr, wie es weitergehen sollte.«

»Ich dachte insgeheim immer, Mama hätte gewollt, dass wir Opa weggeben. Es zur Bedingung gemacht, dass sie wieder nach Hause kam.«

Niko schüttelte den Kopf. »Sie war von Anfang an nicht gerade begeistert, dass er bei uns einzog. Später dann hatte sie Angst, was er noch alles anstellen würde. Aber den Ausschlag, ein Heim für ihn zu suchen … den hat für mich damals nicht sie gegeben, sondern das Gespräch mit dem Arzt.«

»Was hat er denn gesagt?«

»Er meinte, dass wir uns auf Phasen der rapiden Verschlechterung einstellen müssten. Dass irgendwann der Punkt käme, wo wir es wahrscheinlich nicht mehr alleine schaffen könnten. Und dass es wichtig wäre, sich rechtzeitig um einen Platz in einem Heim zu kümmern.«

»Was du dann getan hast.«

»Was ich dann getan habe.«

Schwere legte sich über uns.

»Das war schrecklich, das Heim«, erzählte Niko weiter. »Obwohl die alten Leute es dort eigentlich richtig schön hatten. Aber weißt du … dass ein Leben so enden muss, ein erfülltes Leben … dass erwachsene Menschen den ganzen Tag dasitzen, Tierfilme gucken und das Schaf im Fernseher streicheln …« Er ließ den Kopf hängen. »Ich hatte das Gefühl, meinen Vater zu verraten. Und dich gleich mit dazu. Aber ich wusste einfach nicht, was richtig war.«

»Du hättest es mir sagen können. Es mir erklären, sodass ich es verstehe.« Ich atmete gegen den Kloß in meinem Hals an. »Ich weiß noch, damals, als ich deine Sekretärin angerufen habe. Und als sie sagte, dass du dir ein Heim ansiehst für Opa …« Mir stiegen Tränen in die Augen. Es hatte sich angefühlt wie Verrat. »Ich … ich hatte auf einmal das Gefühl, ich kann keinem mehr vertrauen.«

Niko wand sich. »Amandus hat damals oft gar nicht mehr richtig auf mich reagiert. Er war kaum noch anwesend. Und da dachte ich halt, es macht vielleicht keinen so großen Unterschied, ob er bei uns ist oder in einem Heim, wo man auf ihn aufpasst.«

»Keinen Unterschied?«

Ich konnte nicht anders, ich verband das Wort »Heim« irgendwo tief in meinem Innern mit »abschieben«. Natürlich war das Unsinn, in vielen Fällen war ein schönes Heim genau das Richtige. Darüber hinaus hatten die meisten Familien ja gar keine Wahl. Es war ein Luxus geworden, sich selbst um seine bedürftigen Eltern kümmern zu können. Wobei viele Menschen ihre eigenen Bedürfnisse über der Pflege vergaßen und selbst krank wurden. Als Kind hatte ich ja keine Ahnung gehabt!

Niko drehte den Kopf und sah mich traurig an. »Weißt du noch, was du damals zu mir gesagt hast?«

Ich nickte beklommen.

Ich würde dich nie in ein Heim abschieben, wenn du alt bist! Ich hasse dich!

»Ach, Papa«, sagte ich und umarmte ihn fest.

Ich wartete im Wagen, bis mein Vater durch die Tür seines Apartmenthauses verschwunden war. Wartete, bis ich oben in seiner Wohnung das Licht angehen sah.

30

Hamburg, August 1998

Nichts war mehr so wie zuvor.

Seit ich herausgefunden hatte, dass mein Vater hinter meinem Rücken ein Heim für meinen Opa suchte, kam es mir vor, als würde der Boden unter meinen Füßen jeden Moment einbrechen. Worauf konnte ich mich noch verlassen? Was taten meine Eltern noch alles hinter meinem Rücken? Hatten sie jetzt doch vor, sich scheiden zu lassen? Wenn ich das nächste Mal in Papas Geschäft anrief, und er war nicht da – erfuhr ich dann am Ende, dass er sich gerade eine eigene Wohnung suchte?

Papa und ich hatten einen schlimmen Streit gehabt. Ich hatte ihm erzählt, dass mir Pam, seine Sekretärin, am Telefon gesagt hatte, er sei unterwegs, um sich ein Heim für Opa anzusehen. Und was hatte Papa daraufhin getan? Nichts! Sich über Pam geärgert! Da war ich so wütend geworden. Ich hatte ihn angeschrien, ihm gesagt, dass ich ihn nie in ein Heim stecken würde. Dass ich ihn hasste.

Ich spürte, wie mir die Tränen kamen. Aber jetzt ging es nicht um mich. Es ging um Opa.

Opa, der auf der Terrasse in der Hängeschaukel saß und vor sich hin starrte. Opa, den Papa und Mama loswerden wollten. Das würde ich nicht zulassen, auch wenn ich noch keine Ahnung hatte, was ich tun sollte. Vor allem, weil es Opa irgendwie schlechter ging. Manchmal hat man Angst, etwas zu verlieren, und hält es ganz fest. Aber das funktioniert nicht. Wenn ich die Arme um Opa schlang, berührten sich meine Hände hinter seinem Rücken. Dann vergrub ich meine Nase in seiner Strickjacke und hörte zu, wie sein Herz schlug. Doch er entschlüpfte mir trotzdem.

Ich wischte mir über die Augen, ging auf die Veranda und setzte mich zu ihm in die Hängeschaukel. Opa sah mich nicht an, aber er merkte, dass ich da war. Er griff nach meiner Hand und fing an, sie zu streicheln.

»Woran denkst du?«, fragte ich ihn, doch er reagierte nicht darauf.

»Opa …?«

Er schien in Gedanken meilenweit entfernt zu sein. Ein Lächeln glitt über sein Gesicht.

»Venedig«, sagte er schließlich.

»Erzähl mir noch mal, wie die Taube Oma auf den Mozzarella geschissen hat«, bat ich ihn, denn ich mochte es so gern, wenn er davon erzählte.

Opa schmunzelte. »Das war lustig.«

Stille trat ein und dehnte sich aus. Es gefiel mir nicht, dass Opa so abwesend war. Fast machte es mir ein bisschen Angst, denn wenn es nach Dr. Ehlers ging, konnte ich nicht sicher sein, dass er wieder zu mir zurückfand. Unwillkürlich tastete ich nach dem Brief, den Opa mir diktiert hatte und in dem stand, dass er mich eines Tages vergessen könnte. Ich trug ihn jetzt immer in der Hosentasche.

Dabei zerbrach ich mir den Kopf darüber, was ich sagen

könnte, um ihn wieder in die Gegenwart zu holen. »Wusstest du, dass Hamburg mehr Brücken hat als Venedig?«, war das Erste, was mir einfiel.

»Du spinnst.« Opa sah mich an.

Sein Blick war ganz wach – und plötzlich kam mir eine Idee.

»Sollen wir nachschauen?«, fragte ich. »Wegen der Brücken.«

»Wo?«

»Na, in Venedig?«

Opa wurde unruhig. Ich drückte seine Hand. »Hm, was meinst du?«

»Oma und ich wollten immer mal mit dir da hin, wenn du größer bist, und dir zeigen, wo wir uns … dings …«

Angestrengt dachte er nach, aber das Wort wollte ihm nicht einfallen.

»Und jetzt … finde ich nicht mal mehr den Weg zum … Dingsbums. Ich bin zu nichts mehr zu gebrauchen.«

»Opa!«, protestierte ich. »Ich brauche dich!«

Doch Opa versank erneut in seinen Gedanken, und ich konnte ihn nicht erreichen.

Für einen Moment stellte ich mir vor, wie er in einem Heim saß, ganz verloren, und keiner sich um ihn kümmerte. Oder wenigstens nicht so wie ich. Dort würde er nie wieder wegkommen. Er würde einfach verschwinden, jeden Tag ein bisschen mehr.

Dr. Ehlers hatte gesagt, dass das passieren würde. Und dass Opa eine Aufgabe brauchte. Opa wollte mir Venedig zeigen, so wie er sich das ja immer gewünscht hatte. Eine schönere Aufgabe für ihn konnte es doch gar nicht geben.

Während Opa nahezu reglos auf der Veranda saß, holte ich meinen Atlas hervor und sah mir an, wo Venedig lag. Das war ein ganzes Stück weit weg, über die Alpen rüber. Aber da fuhren schließlich Züge hin, oder nicht?

In der Diele suchte ich nach dem gelben Telefonbuch und blätterte durch die Seiten. Staub wirbelte auf und der Geruch nach Druckerschwärze. Ich fuhr mit dem Finger die Spalten entlang. So viele Namen von Menschen, die ich alle nicht kannte …

Endlich fand ich die Bahnauskunft, rief dort an und erkundigte mich nach Zügen. Das war gar nicht so kompliziert. Man konnte mit einem ICE nach München fahren und dort in den Schlafwagen umsteigen. Die Fahrt war lang, aber ich würde uns Proviant einpacken, und am nächsten Morgen wären wir da!

Vor Aufregung spürte ich ein Kribbeln im Bauch. Ich hatte einen Plan. Jetzt ging es bloß noch darum, den auch in die Tat umzusetzen.

Am Abend ging ich früh ins Bett. Papa war noch nicht zurückgekommen. Vielleicht sieht er sich ja weitere Heime an, dachte ich grummelnd. Ich jedenfalls hatte eine Tasche gepackt mit drei frischen Unterhosen für mich und drei für Opa, dazu Socken, ein Nachthemd, einen Schlafanzug und noch ein bisschen Ersatzkleidung. Die Zahnbürsten würde ich am Morgen einstecken, und dann waren wir abfahrtbereit.

Opa hatte schlecht geträumt. Also hatte ich ihn in mein Bett verfrachtet. Jetzt lag er ganz ruhig da, mit Berta im Arm, und schnarchte leise.

Lange konnte ich nicht einschlafen. Die Gedanken drehten sich in meinem Kopf. Gestern noch war alles in Ordnung gewesen. Doch halt, das stimmte ja gar nicht. Ich hatte bloß nicht gewusst, was meine Eltern hinter meinem Rücken planten.

Irgendwann hörte ich, wie Papas Wagen vor dem Haus hielt. Es war längst dunkel draußen. Ich stellte mich schlafend, denn ich wollte nicht mit ihm reden, nicht jetzt. Kurz darauf öffnete sich die Tür zu meinem Zimmer. Aus Neugier spähte ich durch den kleinen Schlitz zwischen meinen Lidern. Es war gar nicht Papa, sondern Mama!

»Hallo, mein Schatz!«, sagte sie und setzte sich zu mir aufs Bett. Als sie mich umarmte und mir einen Kuss auf das Haar drückte, merkte ich, wie sehr ich sie vermisst hatte. Sie roch nach dem Parfüm, das sie immer benutzte. Ich sog den Duft tief ein und war froh, dass sie wieder hier war. Gleichzeitig spürte ich einen Funken Wut, dass sie überhaupt gegangen war.

»Warum schläft Opa bei dir im Bett?«, flüsterte sie.

»Er hat schlecht geträumt. Er dachte, die Russen würden kommen.«

Meine Mutter lächelte und setzte sich auf. »Du bist ein ganz tolles Mädchen, weißt du eigentlich, wie unendlich stolz ich auf dich bin?«

Stolz? Auf mich? »Bist du deswegen abgehauen?«

»Hast du meinen Brief nicht gelesen?«

»Doch. Aber man schreibt seiner Tochter keinen Brief und geht dann einfach«, erwiderte ich grimmig.

»Ich bin zu meiner Mama gefahren, weil ich … weil ich so verzweifelt war. Weil ich nicht mehr weiterwusste.«

Ich musste schlucken, spürte, wie meine Hände ganz schwitzig wurden. »Trennt ihr euch?«

Mama lächelte. »Nein. Dein Papa und ich … Wir lieben uns.«

»Na, wenigstens etwas«, brummte ich.

»Papa ist ganz traurig, weil du gesagt hast, dass du ihn hasst … Ich hab ihn getröstet und gesagt, dass du es bestimmt nicht so meinst …«

»Ich mein das schon so, weil er Opa ins Heim bringen will.«

»Schatz …«

»Ihr habt doch gesehen, dass ich auf ihn aufpassen kann.«

Meine Mutter schüttelte den Kopf. »Die Ferien sind vorbei, du musst in die Schule gehen und Papa und ich zur Arbeit. Und alleine kann er nicht mehr bleiben, das weißt du. Das ist zu gefährlich für ihn. Papa hat ein ganz tolles Heim für ihn gefunden, wo er sich wohlfühlen wird und wo es ihm richtig gut gehen wird. Wir können ihn dort immer besuchen oder ihn abholen und schöne Dinge mit ihm unternehmen …«

Ich schnaubte. »Ihr arbeitet doch die ganze Zeit.«

»Dann arbeiten wir halt weniger.«

»Is' klar.«

»Ich versprech's dir!« Sie gab mir einen Kuss, stand auf und verließ das Zimmer.

Ich versprech's dir … Mama und Papa hatten mir schon so oft versprochen, dass sie weniger arbeiten würden, und es doch nie getan. Smyllas Papa hatte mal gesagt, das Schlimmste, was Eltern tun könnten, wäre, ihren Kindern etwas zu versprechen, was sie dann nicht hielten. Da hatte er recht.

Ich drehte mich zu Opa um. Er schlief noch immer fest.

Wie schön das gewesen wäre, mit ihm und Oma nach Venedig zu fahren. Gemeinsam. Ich dachte an kackende Tauben und den Markusplatz. Stellte mir den Lido und den Bademeister vor. Die Bank, auf der Opa und Oma gesessen hatten und glücklich gewesen waren. Vielleicht konnte man das Glück ja dort einfangen, einen Funken davon, den Opa mit sich nahm, wenn er dann fortging …

31

Hamburg-Hafencity, Mai 2017

Manchmal muss es erst schlechter werden, bevor es gut wird, dachte ich. Manchmal steht etwas zwischen zwei Menschen, ein Hindernis, das eine nagende Distanz schafft. Man baut Brücken um dieses Hindernis herum, versucht es mit den Jahren zu verdrängen. Damit kann man leben, das schon. Aber wenn es einem irgendwann gelingt, das Hindernis ganz aufzulösen, dann ist es ein Stück Unbeschwertheit, das man wiedergewinnt.

Ich atmete tief durch.

Es war nicht einfach gewesen, mit Niko über damals zu reden. Von selbst hätte ich vielleicht nicht den Mut gehabt, das Thema anzuschneiden. Jetzt aber fühlte ich mich richtiggehend befreit. Für einen Moment hallte die Nähe zu meinem Vater in mir nach, die ich seit Jahren das erste Mal wieder gespürt hatte.

Ein leises »Pling« holte mich zurück in die Gegenwart.

> Hab euch verpasst. Komme gerade zurück aus Dänemark *Hyggefieber* Hab eine sensationelle Idee.

Es folgte eine wilde Sammlung an Smileys. Grinsend wählte ich Smyllas Nummer.

»Hey, du. Alles okay bei dir?«

»Ah, und wie«, sagte Smylla. »Man glaubt ja nicht, wie wohl einem drei Tage Kopenhagen tun können.«

»Du warst in Kopenhagen? Erzähl.«

Durch den Hörer hörte ich Smylla wohlig seufzen.

»Wie heißt es so schön? Alles Gute im Leben ist entweder ungesetzlich, unmoralisch, oder es macht dick.«

»Aha. Und für welche der drei Optionen hast du dich entschieden?«

»Wer sagt denn, dass ich mich nur für eine entscheiden musste?« Sie lachte ihr kleines schmutziges Smylla-Lachen. »Du denkst zu laut«, sagte sie dann. »Es gibt einfach zu viele Oles dort oben. Alle falbfarben, wie du es nennen würdest.«

»Höflich nennen würdest«, ergänzte ich. »Genug gefrotzelt. Jetzt sag schon. Was ist das für eine sensationelle Idee?«

»Wo steckst du überhaupt? Ich höre deinen nervigen Sohn gar nicht im Hintergrund.«

»So redet man nicht über sein Patenkind. Ich habe gerade meinen Vater nach Hause gebracht und sitze jetzt im Auto in einer düsteren, menschenleeren Gegend. Deichtorhallen.«

»Echt? Das ist bloß zehn Minuten von hier. Ich bin in der Casa el Gordo. Nach all dem Smørrebrød brauchte ich was Handfestes.«

Ein kurzer Blick auf die Uhr sagte mir, dass es Zeit war, die Kinder ins Bett zu bringen. Aber Philipp hatte sie das ganze Wochenende nicht gesehen. Sollte er das ruhig übernehmen. Smylla klang so aufgekratzt, dass ich neugierig geworden war, was sie gerade ausbrütete.

»Schick mir die Adresse. Ich komme kurz vorbei.«

Als ich die Tür zu dem argentinischen Restaurant öffnete, empfing mich der Geruch nach fettigen Tacos und himmlisch scharfen Empanadas.

Smylla saß allein an einem Tisch gleich beim Eingang. Ungeduldig winkte sie mich herbei und räumte ihre Tasche vom Stuhl.

»Jetzt erzähl schon«, sagte ich anstelle einer Begrüßung.

»Also … Wo fang ich an. Rike und Björn, hab ich dir mal von ihnen erzählt?«

Ich schüttelte den Kopf und bestellte mir beim Kellner eine Cola.

»Das sind die beiden Fotografen, die ich bei der Wattenmeer-Broschüre kennengelernt habe. Sie haben den Auftrag dann doch nicht gemacht, weil Björn Kraniche an der Loire fotografieren durfte. Für GEO. Rike war damals ziemlich angefressen, aber es ist ja klar, dass man so einen Auftrag nicht ausschlägt, ich meine, GEO! Ich persönlich denke ja …«

»Nenn du noch einmal Max nervig«, ächzte ich. »Gibt es auch eine Kurzfassung?«

Smylla wollte protestieren, hatte dann aber ein Einsehen. »Na gut. Also, Rike hatte mich schon vor Ewigkeiten zu ihrem Geburtstag eingeladen, und da habe ich mich am Freitag ins Auto gesetzt und bin einfach so nach Kopenhagen gefahren. Dein Tagebuch … Ich musste auf der

Fahrt die ganze Zeit an Amandus denken und die Zeit, als er bei euch gelebt hat. Und dann habe ich mir überlegt, ob es nicht etwas anderes gibt als ein Heim oder die Versorgung zu Hause, die einer allein im Grunde gar nicht schaffen kann.«

»Es gibt Alzheimer-WGs«, warf ich ein. »Die sollen ganz prima sein.«

»Ja, aber pass auf. Mia, die Freundin von Rike, wohnt in so einem Vorort, puh, wie hieß der noch mal …«

Ich trank die Cola aus und klopfte demonstrativ auf meine Uhr.

»Okay, okay, ich hab's verstanden.« Sie seufzte. »Also, Mia wohnt in einem sogenannten Co-Housing-Projekt, ich habe bei ihr übernachtet. Ich hatte ja keine Ahnung, dass es so was gibt! Da leben so um die siebzig Leute zusammen, also in verschiedenen Häusern natürlich. Das ist wie ein Dorf in einer Stadt. Sie haben gemeinsame Räume und Gärten und all so was. Der ganze Mist, Waschmaschinen, Fahrräder und so weiter, wird einfach geteilt. Jeder bietet an, was er kann, und sagt, was er braucht, und zwar unentgeltlich. Aber das ist nicht bloß eine Zweckgemeinschaft. Ein paarmal in der Woche kochen sie zusammen oder veranstalten irgendwas. Das bedeutet, keiner ist isoliert, so wie bei mir im Haus, in dem ich null Ahnung habe, wer zwei Stockwerke unter mir wohnt.«

Ich versuchte mir das Ganze vorzustellen. »Du meinst, so ein Mehrgenerationenhaus?«

»Schon, aber eben größer. So ist immer jemand da. Zusammen ist man weniger allein, heißt es doch. Der eine passt mal eben auf die Kinder auf, der Nächste auf die demente Großmutter. Mia hilft bei Mathehausaufgaben, dafür repariert ein anderer ihr Fahrrad.«

»Das klingt ja spannend. Aber was, wenn man weder Mathe noch Fahrräder reparieren kann?«

»Das ist ja der Punkt. Wenn du genug Leute hast, findet sich schon jemand, der einen Platten flicken kann. Und derjenige, der von der Hausaufgabenhilfe profitiert, gießt dem Fahrradmenschen die Blumen oder passt auf den Hund auf.« Smylla hob die Hände. »Wir alle können etwas. Wir alle haben etwas zu geben. Und wir alle brauchen mal Hilfe.«

Ich begann zu verstehen. Eine Dorfgemeinschaft mitten in der Stadt, wo man sich umeinander kümmerte. Nicht aus einem Gefühl von Verantwortung heraus, sondern so, wie jeder gerade konnte …

»Und weißt du, wenn die Menschen wieder mehr aufeinander achten, können alte Leute auch viel länger in ihren eigenen Wohnungen zurechtkommen«, sagte Smylla und riss mich aus meinen Gedanken.

»Das wünschen wir uns doch alle«, sagte ich.

»Klar. Und es ist ganz anders, als ältere Menschen nur zusammenzupferchen, wie beim betreuten Wohnen. Was haben die denn noch vom Leben? Den ganzen Tag über ihre Krankheiten quatschen? Das ist so eine Vergeudung. Überleg doch mal, die Erfahrungen, die jeder Einzelne in seinem Leben gemacht hat. Das ganze Potenzial!«

Bei dem Gedanken wurde mir schwindlig. Wie recht Smylla hatte!

»Aber hat man denn auch mal seine Privatsphäre? Oder steht da dauernd jemand vor der Tür?«

»Das habe ich Mia auch gefragt. Sie meinte, das sei ein Prozess. Sie musste erst mal lernen, Nein zu sagen. So ein Konzept funktioniert natürlich nur, wenn die Leute achtsam miteinander umgehen. Wenn klar ist, dass jeder sich auch zurückziehen kann und dann eben ein anderer für ihn einspringt.« Sie schwieg einen Moment. »Wenn du eine Phase hast, in der du dich einigeln möchtest, und die Kinder brauchen dich, was tust du da?«

»Funktionieren«, sagte ich und zuckte die Achseln.

»Genau. Wenn du gebraucht wirst, hast du keinen Raum für dich selbst, außer du gibst den Kindern weniger Aufmerksamkeit. Aber in großen Familien – da kannst du dich auch mal abseilen. Da steht eben die Verwandtschaft parat.«

»Was nicht immer von Vorteil ist«, brummelte ich und dachte an Philipps Eltern.

Smylla lachte. »Oh ja. Mit Freunden oder sogar Fremden funktioniert das im Zweifel viel besser. Weil die Erwartungen andere sind. Wenn es um Verwandte geht, erwartet man Unterstützung, richtig? Man denkt, das sei selbstverständlich.«

»Hmhm.«

»Aber in so einem Projekt, da erarbeitest du dir echte Gemeinschaft. Geben und nehmen. Aber nicht wie bei einer Art Vertrag zwischen A und B – ich kümmere mich zwei Stunden um euer Zwergkaninchen, du gießt dafür meine Blumen, aber wehe, wenn es bloß anderthalb Stunden sind. Wenn man sich mit so vielen Menschen zusammentut, dann … dann … Überleg mal, was da zusammenkommt. Was jeder Einzelne einbringt.«

»Das klingt toll!«, musste ich zugeben.

»Das *ist* toll«, unterbrach mich Smylla. Sie klang jetzt ganz so wie Max, wenn es um Containerschiffe ging. »Ich bin gut in Werbung. Du kannst prima mit Kindern umgehen und mit alten Menschen. Dann nimm Philipp dazu … Die ganze rechtliche Seite. Meine Eltern, ja, warum nicht?! Meine Mutter spricht perfekt Französisch. Sie könnte reihenweise die Aufsätze der Kinder schreiben.«

»Das wäre klasse«, warf ich ein, aber Smylla war noch immer ganz in Fahrt.

»Und malen … Sie könnte Malkurse geben. Was meinst du, wie sie da aufblühen würde? Und Niko. Niko kennt sich mit dem ganzen geschäftlichen Kram aus. Stell dir dieses Netzwerk vor. Jeder Mensch kann etwas Besonderes. Kochen, Sprachen, Handwerkern …«

»Du hast recht«, sagte ich staunend und versuchte mir das Ausmaß dieses Netzwerkes vorzustellen. »Jeder kann etwas, und so viel verkümmert und wird nicht wertgeschätzt.«

»Siehst du! Ich sag dir was. Ich will auch so ein Projekt auf die Beine stellen. Ich zieh das durch. Und ich fände es toll, wenn du an meiner Seite wärst.«

Etwas, das Smylla gesagt hatte, hallte auf der Fahrt nach Hause in mir nach. *Zusammen ist man weniger allein.* Nicht, dass ich mich beschweren konnte, allein zu sein. Wegen der Kinder war fast immer jemand da. Aber da war dieses unbestimmte Gefühl von Einsamkeit in mir, das hin und wieder an mir nagte. Es war wie ein schwarzes Loch, das weder Philipp noch Käthe noch Max füllen konnten. Ich wusste, was es hieß, allein zu sein, einsam; wie es sich anfühlte, wenn man störte, wenn man wegorganisiert wurde.

Ich gönnte es meiner Mutter, dass sie damals Karriere machen wollte, wünschte mir das ja selbst. Aber es war nun mal so, dass man nicht alles im Leben bekam. Bestimmt hatte sie mich geliebt. Doch irgendwie hatte ich oft das Gefühl gehabt, ihr durch meine Anwesenheit etwas zu nehmen, womit sie im Stillen haderte. Möglichkeiten, Freiheiten …

Als Opa bei uns gewohnt hatte, war es anders gewesen. Da gab es in mir kein schwarzes Loch. Vielleicht stammte meine Abneigung gegen ein Heim – damals genau wie heute – ja daher, dass es für mich ein Symbol für Einsamkeit war, für aus dem Weg schaffen. Das war Unsinn, aber Gefühle waren nun mal nicht rational.

Als ich mir jetzt so ein großes Projekt vorstellte, wie Smylla es vorschwebte, spürte ich Wärme in mir aufsteigen. Eine große, echte Gemeinschaft konnte immer jemanden auffangen. Egal, ob alt, krank, ob Kind, Erwachsener … Füreinander da sein als wichtiger Teil eines Lebenskonzepts. Das war ein Gegenpol zur Abgrenzung. In uns Menschen steckte doch so viel Gutes, es musste bloß geweckt werden. Ich musste vielleicht gar nicht wieder studieren. Ich konnte auch so anderen etwas geben.

Und da war noch etwas … Uns ging es gut. Philipp hatte Arbeit. Die Kinder waren gesund. Wir konnten etwas abgeben von dem, was wir hatten. Vielleicht war ich naiv, aber ich glaubte fest daran, dass es irgendwann schon zurückkäme. Vielleicht nicht von dem, dem man etwas gegeben hatte, sondern aus einer ganz unerwarteten Ecke. Und damit war ich wieder bei Smyllas Projekt gelandet. Sie hatte mich eindeutig angesteckt mit ihrer Begeisterung.

32

Philipp wartete schon auf mich. Er hatte die Kinder ins Bett verfrachtet, die Spülmaschine eingeräumt, und gerade wischte er den Tisch ab.

Was so ein kleines bisschen schlechtes Gewissen doch Gutes bewirken kann, dachte ich im Stillen.

»Da bist du ja endlich«, sagte er und ließ den Lappen auf den Tisch fallen. Mit großen Schritten kam er auf mich zu.

»Noch sauer, dass ich ohne euch gefahren bin?«, fragte er und zog eine schuldbewusste Miene.

Ich schüttelte den Kopf. Ich war so voll von den neuen Ideen, dass ich kaum wusste, wo ich anfangen sollte zu erzählen, aber Philipp kam mir zuvor.

»Komm, wir stehlen uns davon. Ich habe Käthe gesagt, dass wir noch einen Spaziergang machen.«

»Ohne mich zu fragen, so, so«, neckte ich ihn.

Philipp griff nach seiner Jacke und den Schlüsseln, und wir gingen nach draußen.

Die Luft war lau, es duftete nach Lindenblüten. Wir schlugen den Weg in Richtung Eppendorfer Park ein.

»Das war vielleicht ein Wochenende!«, sagte Philipp, noch ganz in seiner Welt versunken. »Es läuft gerade einfach alles wie am Schnürchen. Ich komme prima mit den Klienten zurecht. Sie vertrauen mir. Ich muss Vater wirklich dankbar sein.« Zwischen den Bäumen zog er mich an sich. »Uns geht es gut«, sagte er dicht an meinem Ohr und küsste mich auf den Hals. Dann löste er sich von mir. »Buchhaltung macht dir wirklich keinen Spaß mehr, oder?«

»Wie hast du das nur gemerkt?«, sagte ich und zwickte ihn, sodass er lachen musste.

»Weißt du, ich habe nachgedacht«, meinte er dann und legte den Arm um mich, als wir weitergingen. »Wir könnten ab Sommer jemanden einstellen. Eine Studentin vielleicht. Dann kannst du dir etwas anderes suchen, das besser zu dir passt.«

»Das wäre prima!«, sagte ich. Wenn Smylla es ernst meinte mit ihrem Projekt, könnte ich ihr wirklich zur Seite stehen. Es gäbe eine Menge zu organisieren. Zuerst brauchte man Wohnraum. Ihre Eltern hatten ein riesiges Grundstück südlich von Hamburg. Vielleicht ließ sich dort etwas aufziehen. Und wenn es erst mal so weit wäre, würden wir Leute brauchen, die sich auskannten. Die Ideen bündelten, Konzepte erarbeiteten, sich ans Realisieren machten …

Mir schwirrte der Kopf, ich fühlte mich wie elektrisiert. Dieses Projekt war so groß, so voller Herausforderungen … eine Idee erst nur, noch längst nicht ausgegoren. In gewisser Weise erinnerte sie mich an meine eigene Situation: etwas, das sich noch entwickeln, aus Tausenden Möglichkeiten herausschälen würde. Wenn man ihm, wenn man *mir* die Möglichkeit dazu gäbe …

Mit einem Ohr hörte ich, wie Philipp über seine Klienten redete. Wieselgesicht war nicht mal gekentert, wie schade.

Wir kamen an eine Weggabelung. »Links oder rechts?«, fragte ich und blieb stehen.

»Egal«, meinte er.

»Dann links«, sagte ich, und Philipp zog mich nach rechts. Das alte Spiel, das ich schon mit meinem Opa gespielt hatte. Ich griff schmunzelnd nach Philipps Hand.

»Immer kannst du dich nicht durchsetzen.«

»Meistens genügt«, erwiderte er grinsend. Nach einer Weile fragte er: »Hast du denn schon eine Idee, was du machen möchtest?«

Endlich! Ich platzte fast vor Neuigkeiten.

»Smylla hat eine tolle Idee. Da könnte ich mir vorstellen einzusteigen.«

»Werbung? Ist das denn etwas für dich?«

»Nein, sie will etwas ganz anderes machen …«

»Wieso denn? Sie ist doch ziemlich erfolgreich.«

»Ja, aber das ist eben nicht alles. Zumindest nicht in ihrem Leben. Jedenfalls war sie gerade in Dänemark und hat sich dort Co-Housing-Projekte angesehen.«

»Kommunen? Wie in den Siebzigern?« Spott schwang in seiner Stimme mit.

»Sei nicht gleich so voreingenommen und hör es dir doch erst mal an. Co-Housing ist eine klasse Idee. Freunde, Familien, Fremde – sie alle bilden eine Gemeinschaft. Der eine liebt es zu kochen, der Nächste spricht von mir aus gut Französisch, und ein Dritter kann gut mit Kindern und alten Leuten umgehen. Jeder kann etwas, jeder braucht etwas. Das ist ein modernes Konzept für eine Gesellschaft, in der es keine Großfamilien mehr gibt und in der man dennoch Verantwortung übernimmt.«

»Und wie sieht das in der Realität aus? Ich komme nach einem harten Tag in der Kanzlei nach Hause, und da steht Smylla am Herd und kocht? Und irgendjemand Fremdes sitzt mit Käthe im Wohnzimmer und macht Französischhausaufgaben? Und wenn ich dich suche, weil ich zufällig gerne etwas Zeit mit meiner Frau verbringen würde, dann finde ich dich ... finde ich dich irgendwo mit einer Gruppe von Demenzkranken bei Beschäftigungsspielen?«

»Touché«, sagte ich und zwang mich, gegen den Stich zu atmen, den er mir gerade versetzt hatte. Leise fügte ich hinzu: »Und wenn es mein Vater wäre, der dement ist?«

»Dann wirst du hoffentlich nicht den Fehler wiederholen, den deine Eltern gemacht haben.«

Entgeistert sah ich ihn an. »Sag das noch mal.«

Philipp funkelte mich an. »Im Gegensatz zu dir finde ich nichts verwerflich daran, wenn ein Mensch, der keine Kontrolle mehr über sich hat, in ein Heim kommt. Bevor die Familie darunter leidet, weil man das nicht mehr stemmen kann.«

»Aber genau darauf zielt das Co-Housing doch ab«, versuchte ich es noch einmal. Ich weigerte mich, diese Idee einfach in Grund und Boden stampfen zu lassen, bevor sie auch nur die Chance hatte, sich zu entfalten.

Philipp blieb stehen und sah mich an. »Wenn ich jemals dement werden würde, meinst du im Ernst, ich wollte Käthe oder Max zur Last fallen?«

Ich schüttelte den Kopf. »Nein, das will ich auch nicht. Aber es muss doch andere Lösungen geben. Man muss sie doch wenigstens suchen dürfen. Und übrigens, wenn es um meinen Vater geht … Den würde ich niemals weggeben. Das habe ich ihm versprochen.«

Philipps Miene war mit einem Mal ganz verschlossen. Und meine Hoffnung, dass wir in dieser Hinsicht an einem Strang ziehen würden, löste sich auf. Wie ein Schiff auf dem Meer, das man vom Strand aus beobachtete, während es dem Horizont entgegensegelte, bis es schließlich über die Linie zwischen Meer und Himmel kippte und verschwand.

Philipp schnaubte. »Und was ist mit uns? Meinst du nicht, so etwas muss man zusammen entscheiden?«

»Allerdings. Zusammen. Wobei *entscheiden* nicht bedeutet, dass man die Ideen des anderen einfach abschmettert, ohne sie sich überhaupt erst mal richtig anzuhören.« Ich wandte mich um, wollte nur noch nach Hause. Plötzlich fühlte es sich an, als wären wir wirklich in zwei entgegengesetzte Richtungen abgebogen. Ich konnte mich nicht von dem Gedanken lösen. Er rechts, ich links. Er ging seinen gewohnten Weg. Und ich?

Ich hatte zum ersten Mal nach Ewigkeiten das Gefühl, meinen eigenen Weg zu finden.

Er merkte es nicht mal.

33

»Du bist schuld«, sagte ich ins Telefon.

»Hey, hey«, meinte Smylla. »Was ist denn los?«

Ich stöhnte und rieb mir den Nacken. Indem ich die Nacht über auf dem Sofa geschlafen hatte, hatte ich zwar ein Statement gesetzt. Aber bequem war das nicht gewesen. Auch wenn es so ziemlich das einzige Teil in unserer Wohnung war, das nicht zur Sammlung verstaubter Erbstücke gehörte. »Philipp.«

»Musst du in sein schimmliges Kanzleiverlies, oder hast du Zeit vorbeizukommen?«

»Ich komme vorbei. Aber ohne Kakao«, murmelte ich.

Ächzend schlüpfte ich in meine Sneakers und machte mich auf den Weg nach Bahrenfeld.

Smylla empfing mich mit einer Umarmung und heißem Kaffee. Das Wetter war so unverhofft warm, dass wir es uns auf ihrem Balkon über den Dächern Hamburgs gemütlich machten.

»Das ist der Stand der Dinge«, sagte ich eine kleine Ewigkeit später, nachdem ich ihr in allen Einzelheiten von meinem Streit mit Philipp berichtet hatte.

»Und das war alles?«, fragte Smylla.

»Mir hat's gereicht«, erwiderte ich. »Er hat mich einfach abgeschmettert. Wie einen Zeugen vor Gericht, dessen Aussage ihm nicht passt.«

»Weißt du, was dein Problem ist?«, fragte Smylla und legte den Kopf schief.

»Nein, aber du wirst es mir sicher gleich sagen«, antwortete ich automatisch und runzelte die Stirn. Erst mein Vater, jetzt Smylla. Wusste denn eigentlich jeder besser als ich, was mein Problem war?

»Du kannst Streit nicht aushalten. Da kriegst du Panik.«

»Sehr wahr.«

»Und deshalb gibst du immer viel zu schnell nach.«

»Erzähl mir was Neues.« Ich seufzte.

Smylla schnappte sich ein dänisches Mini-Plunderstück und biss ab. »Diesmal darfst du aber nicht nachgeben«, sagte sie mit vollem Mund.

Ich sah auf. »Und warum? Ich meine, ich will ja nicht nachgeben. Aber wie soll das weitergehen? Dass ich in Zukunft jede Nacht auf dem Sofa schlafe?«

»Himmel, Tilda. Meine Eltern haben sich auch gefetzt. Aber dann war's wieder gut. Man muss doch mit einem Partner auch mal was besprechen können. Streiten und dann Lösungen finden. Zwischen Philipp und dir läuft es immer so, dass du das eine sagst oder willst und Philipp das Gegenteil, und dann gibst du nach und frisst es in dich hinein. Schon mal was von einem Kompromiss gehört?«

»Den gibt es nicht für Philipp. Nicht, wenn es um etwas Essenzielles geht.«

»Klar, weil du es ihm so leicht machst. Aber eigentlich hat er doch mehr auf dem Kasten. Er ist intelligent und lernfähig. Warum zum Teufel schnappst du ihn dir nicht und sagst ihm so lange deine Meinung, bis er von seiner mal ein Stück abweicht?«

Ich zuckte hilflos mit den Schultern. »Weil ich Streit nicht aushalten kann. Hast du selbst gesagt.«

Für einen Moment hatte ich Smylla aus dem Konzept gebracht.

»Und warum tust du das nicht?«, fragte sie schließlich.

Ich schüttelte den Kopf. »Es macht mir Angst ... dass alles zusammenbricht.«

»Das heißt, du denkst, wenn du Philipp mal so richtig die Meinung sagst, dann ...?«

»Dann sage ich vielleicht etwas, das alles zerstört.« Ich verschränkte die Arme vor dem Körper. Mir war plötzlich übel. »Gott, das ist jämmerlich«, sagte ich. »Ich bin dreißig und nicht mal in der Lage, ein konstruktives Streitgespräch zu führen.«

»Dafür brauchst du dich nicht gleich runterzumachen. Das hat halt Gründe, Kindheit und so. Wir können die Vergangenheit nun mal nicht ändern.«

»Aber wenn das so ist, wiederholen wir doch ständig die Fehler der Vergangenheit, oder?«, hielt ich dagegen. Denn genau das passierte ja gerade.

»Vielleicht kann man die Vergangenheit heilen. Ja, doch, das kann man. Und sie war ja nicht nur eine Katastrophe. Alles hat seine positiven und negativen Seiten. *C'est la vie.*«

»Hast du das auch aus deinem blöden Hygge-Buch?«

»Ne, das ist französisch.«

Ich knuffte sie. »Was deine Idee mit dem Co-Housing angeht – die ist toll.« Ich zog die Beine an und schlang die Arme um die Knie. »Da würde ich echt gern mithelfen.«

Sie strahlte mich an. »Das hatte ich gehofft. Aber weißt

du was? Erst mal geht es um dich. Du musst ein paar Tage raus. Und ich hab auch schon eine Idee. Lass uns abhauen.«

»Dänemark?«, fragte ich zweifelnd.

Smylla wischte sich die Krümel von den Fingern. »Ich dachte eher an Sonne. Rotwein.«

»Du meinst den Fitness-Palast, der unten im Haus neu aufgemacht hat? Bio-Sonnenbank und veganer Wein? Auf Rote-Bete-Basis?«

Sie verdrehte die Augen. »Sonne. Rotwein. Italien.«

»Italien?« Ich riss die Augen auf. »Du meinst …«

»Klar! Was du mit elf konntest, kannst du auch mit dreißig.«

»Du meinst … Venedig? Echt?«

»Venedig. Genau das. Für dich Erinnerungen, für mich neue Schuhe.«

In meinem Kopf drehte sich alles. »Aber wie kommst du darauf? Ich meine, es ist genial …«

Smylla sah mich an. »Klar ist es genial. Und wie. Erinner dich an die starke, mutige, leicht verrückte, vielleicht sogar wahnsinnige Tilda von früher, die sich allein mit ihrem kranken Opa aufgemacht hat, die Stadt der Liebe zu erkunden. Wo immer dir diese Eigenschaften im Laufe des Lebens abhandengekommen sind – es wird Zeit, sie zurückzuholen.«

Fieberhaft dachte ich nach. »Mit dem Zug oder mit dem Auto?«

»Keine Ahnung.« Smylla grinste so breit, dass es wehtun musste. »Ich bin ehrlich gesagt gerade erst auf die Idee gekommen. Aber sie ist gut. Zu gut, um sie wieder fallen zu lassen. Also komm, lass uns planen.« Sie angelte nach ihrem Moleskine und schlug eine neue Seite auf.

Vor meinem inneren Auge tauchte die Erinnerung an die Lagunenstadt auf. Allein die Farben … Lauter eingefangene Sonnenuntergänge, auf die abblätternden Fassaden der Häuser gebannt. Dann die Brücken. Die Säulengänge, die ihre Schönheit aus der Vergänglichkeit zogen …

»Auto wäre natürlich praktisch, bis auf die Stadt selbst«, murmelte Smylla und kaute auf ihrem Stift herum. »Aber da sind jede Menge Berge im Weg. Muss man da nicht durch so einen ständig verstopften Tunnel durch? Gotthard, Bernhard, wie auch immer …«

»Ich denke, Zug wäre toll«, sagte ich. »Dann könnten wir die gleiche Strecke fahren, die ich damals genommen habe, mit Opa Amandus.«

»Prima. Das klingt gut.« Smylla strich das Wort »Auto« durch und ersetzte es durch »Zug«.

»Das war die verrückteste Fahrt meines Lebens«, sagte ich und spürte, wie ein ganzer Film von Erinnerungen in mir darauf wartete, abgespult zu werden. »Wir sind damals bloß bis Bozen gekommen, also ich meine, mit dem Zug.«

»Dann fahren wir eben nur bis Bozen und nehmen dann einen Mietwagen«, meinte Smylla und kritzelte »Bozen« und »Mietwagen« in ihr Notizbuch.

»Oder einen Transporter voll mit Schafen«, lachte ich. »Du glaubst ja nicht, wie das damals gestunken hat.«

»Jetzt klingst du schon wie Max«, zog Smylla mich auf. *»Mann, hat das ge-stun-ken!«*

»Oh, Mist.«

Eben war ich noch geflogen, gedanklich nur, doch geflogen. Jetzt aber landete ich ziemlich unsanft. »Max. Käthe. Ich kann nicht einfach so wegfahren.«

»Ach, bist du jetzt alleinerziehend, oder was? Wenn mich nicht alles täuscht, hast du noch einen Ehemann.«

»Philipp arbeitet von früh bis spät«, sagte ich schulterzuckend.

»Pfff«, machte Smylla. »Darf ich?« Ohne meine Antwort abzuwarten, griff sie nach meinem Handy. Meinen Code – Käthes Geburtstag – hatte sie schon lange geknackt. Sie scrollte die Kontaktliste durch und klickte auf »Niko«. Völlig perplex sah ich ihr dabei zu.

»Du wischst dir jetzt erst mal die furchterregenden Wimperntuschespuren aus dem Gesicht. Lass mich mal machen.«

Unwillkürlich fuhr ich mir über die Wangen und starrte auf meine schwarzen Fingerspitzen. *Himmel.* Wie sah ich denn wohl aus? Ich stand auf und ging ins Bad.

»Tilda, was ist bloß los mit dir?«, sagte ich zu dem Waschbären, der mir im Spiegel entgegenstarrte.

Alles in mir drängte, nach Hause zu fahren, nachzugeben, so weiterzumachen wie bisher. Um dann was? In zwei Tagen, Wochen, Monaten, vielleicht auch Jahren wieder hier zu landen und mich bei Smylla auszuheulen?

Philipp hatte mir zugestanden, dass ich keine Buchhaltung mehr machen musste. Das war ein Schritt, immerhin. Aber es ging doch um mehr. Es ging darum, nicht länger fremdbestimmt zu sein. Mein Leben und keine Blaupause zu leben. Klar, dass mir das Angst machte. Ich war keine

Insel. Wenn ich mich veränderte, dann würde sich auch die Beziehung zu Philipp verändern. Vielleicht war das der Grund, und er wollte deshalb, dass alles so blieb, wie es war. Es war nun mal einfacher, wenn jeder vorhersehbaren Mustern und Regeln folgte. Doch einfach war nicht immer authentisch.

Smylla hatte recht. Ich brauchte ein paar Tage Abstand.

Durch die offen stehende Tür hörte ich sie säuseln. Ich musste schmunzeln. Niko hatte sie schon immer um den Finger wickeln können. Für einen Moment fragte ich mich, ob ich die Kinder wirklich mit ihm allein lassen konnte. Was, wenn er wieder Atemnot bekam? Wenn er sie vergaß? Aber sie hatten ja Schule und Kindergarten. Käthe hatte ein Handy. Und abends wäre Philipp für sie da.

Ich kippte mir kaltes Wasser ins Gesicht und wusch mir die dunklen Spuren ab.

»Alles klar«, sagte Smylla und kam zu mir ins Bad. »Niko übernimmt die Kinder. Kein Problem. Er macht das gern, soll ich dir ausrichten.«

»Puh.« Ich atmete tief durch. Konnte ich das wirklich bringen? Allein wegfahren, ohne die Kinder, ohne Philipp? »Wie lange bleiben wir denn? Und wann willst du los?«

»Ein paar Tage? So bald wie möglich. Von mir aus morgen. Ich hab ja frei«, sagte sie und lachte breit.

»Ich … ich muss das erst organisieren. Sehen, welche Arbeiten in der Schule anstehen, Ausflüge und so. Einen Plan machen für Niko.« Ich verzog das Gesicht. »Ich muss das mit Philipp klären.«

»Soll ich ihn anrufen?«

»Ne, das muss ich schon selbst erledigen«, sagte ich und

spürte, wie mein Magen sich erneut zusammenzog. »Lass mich erst mal mit den Kindern reden.«

Und dann ging alles viel unkomplizierter, als ich es mir jemals hätte vorstellen können. Zumindest, was Käthe und Max anging. Sie freuten sich auf ein paar mutterlose Tage und hatten keinerlei Hemmungen, das ganz offen zu sagen.

Abends wartete ich mit einem mulmigen Gefühl auf Philipp. Es war schon nach neun, als er mir eine knappe Nachricht schickte. *Wird spät heute. Warte nicht auf mich.*

Es war unser erster richtiger Streit in all den Jahren. Ich schlug mir gegen die Stirn. Das war doch verrückt. Der erste richtige Streit! Zeit, dass sich etwas änderte. Dass ich wieder Mut fand, etwas zu ändern. Ich wollte, musste nach Venedig. Und ich würde fahren, was immer Philipp sagte.

34

Zehn Tage später standen Smylla und ich am Hamburger Hauptbahnhof.

»Wie hast du das damals eigentlich geschafft? Die Verbindung raussuchen, die Fahrkarte kaufen, zum Bahnhof kommen?«, fragte Smylla und stopfte die Fahrkarten in ihre XXL-Tasche.

»Keine Ahnung«, lachte ich und blickte mich um. Die vergangenen Jahre war ich so gut wie nie hier gewesen. Der Bahnhof hatte sich verändert, neue Geschäfte reihten sich links und rechts. Nur an die Stufen hinab zu den Gleisen erinnerte ich mich, an die Stufen und an den Geruch. Metallisch, modrig, ein Hauch Kohle und Teer. Und darüber, deutlich penetranter, der Gestank eines öffentlichen Pissoirs.

»Irgendwie nostalgisch«, sagte Smylla und rümpfte die Nase.

Wir kauften uns Kaffee und Croissants, dazu einen Stapel Magazine und stapften hinunter zu unserem Gleis.

Smylla zog die Fahrkarte hervor. »Wagen 28. Hast du eine Ahnung, wo das ist?«

Ich schüttelte den Kopf. »Da vorn ist so ein Wagenanzeiger. Lass uns da mal gucken.«

Zwei Minuten später hatten wir die Anzeige entziffert. »Bereich F. Das ist ganz hinten«, meinte Smylla und deutete in die Ferne. Mit unserem Gepäck marschierten wir zwischen Wartenden, einer Schar Tauben und noch mehr Wartenden hindurch.

Quietschend fuhr der Zug nach München ein. Unnötig zu sagen, dass die Reihenfolge der Wagen geändert worden war. Also kämpften wir uns mit unseren Trolleys, Taschen und Kaffeebechern wieder nach vorn durch und fanden wider Erwarten doch noch unsere Plätze. Nachdem wir die Koffer hochgewuchtet hatten und Smylla ans Fenster gerutscht war, ließ ich mich auf den Sitz fallen. Mit einem Mal spürte ich, wie mein Puls sich beschleunigte. Ich hatte es wirklich getan. Nach über zehn Jahren war ich das erste Mal länger als zwei Tage allein unterwegs.

Weil ich so ein schrecklicher Kontrollfreak war und trotz des schönen Wochenendes mit meinem Vater immer noch Zweifel, Angst und ein unbestimmtes Rumoren im Bauch spürte, wenn es darum ging, die Kinder mit ihm allein zu lassen, hatte ich zusätzlich noch Helene eingeteilt, unsere geniale Kindersitterin, die zwei Häuser weiter wohnte. Sie würde mir täglich Spionagenachrichten schicken und dafür sorgen, dass niemand in meiner Abwesenheit die Wohnung abfackelte.

Ich schubste Smylla. »Morgen oder übermorgen schlendern wir durch Venedig! Ich kann es nicht fassen!« Plötzlich fühlte ich mich frei, vom Abenteuer gepackt. Andere mochten mit einer Karawane durchs Outback ziehen oder die Mongolei mit dem Fahrrad bezwingen, von mir aus. Für mich war diese Reise spannend genug.

»Gib mir mal lieber mein Marmeladencroissant«, sagte Smylla.

Ich zog die Bäckereitüte aus meiner Tasche. Smylla

langte hinein. Dafür, dass sie so einen Appetit hatte, war sie geradezu unheimlich schlank.

»Willst du keins?«, fragte sie und biss hinein. Himbeermarmelade quoll aus dem Ende und lief über ihre Finger.

Ich schüttelte den Kopf und lehnte mich zurück. »Zu klebrig.«

Die Zeit verstrich zäh wie Sirup.

»Das Tolle an deiner Idee mit dem Co-Housing ist, dass sie alten Menschen eine Aufgabe gibt«, sagte ich in das Sirren der Schienen hinein.

Smylla richtete sich auf. »Eine echte Aufgabe, nicht nur Beschäftigungstherapie. Das ist der Punkt. Verrückt, oder?«, meinte sie und deutete hinaus. »Millionen von alten Menschen leben da draußen, und was tut man? Beschäftigt sie mit Reimeklatschen und Puzzles mit acht Teilen.«

»Total verrückt.«

»Ich meine, sicher gibt es Stadien des Altwerdens oder eben der Demenz, wo das guttut. Wo das Freude macht. Wo nichts anderes mehr geht. Aber ich wette, die meisten alten Menschen wären glücklicher, wenn sie eine echte Aufgabe hätten. Wenn sie gebraucht würden.«

»Was du da gerade gesagt hast … mit der echten Aufgabe … Ich glaube, Dr. Ehlers hat mir damals was dazu erklärt.«

»Unser alter Kinderarzt«, sagte Smylla. »Der war echt nett.«

Ich kramte mein Tagebuch aus der Tasche und blätterte durch die Seiten.

»Oh prima, du hast es dabei«, sagte Smylla.

»Klar, ich gehe doch nicht ohne meine derzeitige Obsession aus dem Haus.«

Dann hatte ich die Stelle gefunden und lehnte mich zurück. Smylla tat es mir gleich.

☆☆☆

Mein Tagebuch
12. Juli 1998

Dr. Ehlers hat mir erklärt, dass man nur glücklich sein kann, wenn man eine Aufgabe hat, also wenn man wichtig ist für andere Menschen und wenn man von denen gebraucht wird. Und wenn man etwas kann. Nur dann kann man sich richtig freuen. Da musste ich an Papa denken. Der sagt immer, wenn man etwas will, dann schafft man es auch.
Dr. Ehlers hat gesagt, dass das stimmt, weil man seine Ziele nur erreichen kann, wenn man sie mit Freude macht. Aber viele alte Menschen haben eben keine Ziele mehr, weil sie damit keinem eine Freude machen und keiner stolz auf sie ist. Keiner braucht sie. Und deshalb werden sie dann krank, weil ihr Gehirn verkümmert, und sie können es nicht mehr reparieren, weil sie keinen Spaß haben …

☆☆☆

Als ich die Zeilen las, wurde mir klar, was längst offensichtlich war. Ich nahm keine Auszeit – nicht von Philipp, meiner Ehe und auch nicht von den Kindern. Ich fuhr Opa und der kleinen Tilda hinterher. Um ihnen noch einmal zu begegnen. Um zu erfahren, was wirklich wichtig war. Im Leben und in der Beziehung zu anderen Menschen.

35

Hamburg, August 1998

Das erste Licht des Tages kitzelte mich an der Nase. Ich blickte auf die Uhr. Noch nicht mal sieben. Neben mir im Bett lag Opa, die Arme fest um Berta geschlungen. Sein silbergraues Haar war genauso wuschelig wie ihres.

Ganz leise stand ich auf und schlich auf Zehenspitzen in die Küche, um uns Brote für die Fahrt zu schmieren. Ich füllte zwei Flaschen mit Wasser, schnappte mir ein paar Äpfel und verstaute das Ganze in meinem Rucksack, in dem schon mein Taschenmesser, eine Landkarte und eine Taschenlampe steckten. Das Geld aus meinem Sparschwein und meinen Kinderausweis packte ich in meinen Brustbeutel. Nach kurzem Zögern steckte ich noch das Handy ein, das Papa mir in den Sommerferien geschenkt hatte, damit ich ihn im Notfall immer erreichen konnte. Zum Schluss rollte ich eine Decke zusammen und schnallte sie auf den Rucksack. Falls es Opa kalt wurde im Zug.

Dann stand ich vor der Aufgabe, Opa aus dem Bett zu kriegen.

»Opa! Wach auf!«

Er schlug erst das eine, dann das andere Auge auf.

»Sind sie wieder da?«, fragte er flüsternd.

Hm. Meinte er jetzt Mama und Papa oder die Russen, von denen er gerade so oft träumte?

»Nein. Sie schlafen …«, antwortete ich vage.

»Wenn der Feind schläft, sind wir in Sicherheit«, sagte er voller Überzeugung.

»Genau. Wir erobern jetzt Italien.«

Opa kratzte sich am Kopf und zog die Stirn in Falten. »Ich muss aber in die Praxis.«

»Nein, Opa«, sagte ich geistesgegenwärtig, »du hast doch Urlaub.«

Das verstand er, zum Glück!

Minuten später saß ich mit Rucksack und Tasche auf dem Beifahrersitz in unserem Auto und wartete auf Opa.

Endlich trat er auf die Terrasse – in seiner Uniform. Ich musste grinsen.

Opa marschierte auf das Auto zu und ließ sich hinters Lenkrad plumpsen.

Irritiert sah er mich an. »Worauf wartest du? Fahr los.«

»Mensch, Opa, du musst doch fahren.«

»Ach so«, brummte er und blickte sich suchend um. Irgendwann hatte er die Zündung gefunden und drehte den Schlüssel. Der Anlasser krächzte laut, und das war's. Opa schüttelte den Kopf. »Jetzt hab ich sogar vergessen, wie man das Ding hier anmacht.«

»Du musst einen Fuß auf die Kupplung stellen.« Wenn ich mit Papa raus an den See zu Opa gefahren war, damals, als Oma noch lebte, hatte ich oft auf seinem Schoß gesessen, und dann hatte er mich lenken und manchmal sogar Gas geben lassen. Das machte sich jetzt bezahlt. Ich beugte mich vor, nahm Opas Bein und stellte es auf die Kupplung.

»Jetzt versuch's noch mal.«

Und tatsächlich, der Wagen sprang an. Opa lächelte listig.

»Schnurrt wie ein Kätzchen.«

»Super. Und jetzt fahr los. Bitte!« Langsam wurde ich ungeduldig. Nicht, dass Mama oder Papa noch wach wurden.

»Ich kann das nicht«, sagte Opa zu meiner Verzweiflung.

»Doch, Opa, jetzt das Gas.«

Opa trat das Gaspedal durch, ohne den Gang einzulegen. Der Motor heulte auf. Hektisch blickte ich zum Haus. Wenn meine Eltern das nicht gehört hatten, würde sie nicht mal ein Erdbeben wecken.

»Opa. Wir müssen nur bis zum Bahnhof, das ist ein Kinderspiel.«

Entschlossen sah er mich an, dann haute er den Gang rein. Der Wagen fuhr rückwärts und krachte irgendwo dagegen.

»Das war wohl der Rückwärtsgang.«

»Kein Scheiß, Opa. Pass auf, ich schalte, und du machst nur die Füße.« Ich legte den Vorwärtsgang ein. Opa gab Gas. Der Wagen fuhr mit einem Ruck vom Hof und streifte die schöne alte Holzbank, die Mama zwei Wochenenden lang restauriert hatte. Aber ehrlich gesagt saß sowieso nie jemand darauf.

Die nächsten Kilometer kamen wir ganz gut zurecht. Ich schaltete, Opas Füße betätigten Gas und Kupplung.

»Hahaha! Wie in alten Zeiten«, rief Opa begeistert. Ich warf ihm einen skeptischen Blick zu.

Als wir um eine scharfe Kurve bogen, geriet der Wagen

leicht ins Schlingern. »Runter vom Gas, Opa«, schrie ich mit Blick auf die Ampel vor uns, die gerade auf Rot sprang. Opa senkte den Fuß noch ein bisschen mehr aufs Gaspedal. Will heißen: Er machte keine Anstalten, langsamer zu werden, im Gegenteil, er beschleunigte. Das tat auch mein Puls.

»Vielleicht kriegen wir die noch«, sagte er verschwörerisch.

»Opa!«, schrie ich. »Es ist Rot!«

»Eben!«

Mit Vollgas bretterten wir über die Kreuzung. Das war schlimmer als der Fünferlooping auf dem Hamburger Dom. Ich hielt mir die Augen zu. Zwischen meinen Schulterblättern bildete sich Schweiß.

Irgendwo hörte ich Reifen auf dem Asphalt quietschen. Als ich die Augen wieder öffnete, sah ich gerade noch, wie ein Wagen uns auswich und gegen einen anderen knallte. Ein Fußgänger brachte sich schreiend in Sicherheit.

»Wer sagt's denn!«, rief Opa in bester Laune, als wir die Kreuzung hinter uns gebracht hatten. Ein dröhnendes Hupkonzert folgte uns. Ich blickte mich um. Die beiden Autofahrer, die ineinandergerasselt waren, schwangen drohend die Fäuste in unsere Richtung. Ich wischte mir den Angstschweiß aus dem Nacken.

»Und jetzt? Rechts, links oder geradeaus?«, wollte Opa wissen.

»Links.«

»Hab ich mir fast gedacht«, murmelte er und bog ab. Jedoch nicht nach links, sondern nach rechts. Mein Blick blieb an dem Straßenschild hängen.

»Opa, das ist 'ne Einbahnstraße!«, schrie ich. Für einen Moment schien er verunsichert zu sein. Das brachte ihn immerhin dazu, vom Gas zu gehen. Ich griff ihm ins Lenkrad, und so landeten wir in der nächsten Seitenstraße. Es war eine Sackgasse.

»Lass uns den Wagen parken. Von hier aus ist es nicht so weit bis zum Bahnhof, das Stück können wir zu Fuß gehen«, schlug ich vor.

Opa nickte und sah sich suchend um.

»Da ist überall eingeschränktes … na, Dingsverbot.«

»Ach, das is' doch jetzt auch schon egal.«

Opa grinste. »Auch wieder wahr.« Er riss das Lenkrad nach rechts und parkte so dicht an einem anderen Wagen, dass unser Seitenspiegel abbrach. Ein metallener Stumpf ragte hervor und fräste einen fetten Kratzer in den Lack des BMW neben uns. Verstohlen blickte ich hinaus. Die Sackgasse war menschenleer.

»Keiner gesehn«, sagte Opa und zwinkerte mir zu.

Ich zwinkerte zurück, aber so richtig gut gelaufen war unsere Reise bisher nicht. Eher schlimm. Richtig schlimm. Immerhin hatten wir überlebt. Es konnte nur noch besser werden.

Opa sah mich auffordernd an. Ich deutete auf den verschandelten BMW wenige Zentimeter neben mir. Opa verstand. Er stieg als Erster aus, ich kletterte über seinen Sitz nach draußen. Ein letzter versteckter Blick – die Luft war rein. Ich setzte den Rucksack auf, nahm die Tasche in die eine Hand und Opas Hand in die andere. So machten wir zwei uns auf den Weg Richtung Bahnhof.

36

»Guck mal, Opa, da steht schon unser Zug«, rief ich und deutete zur Abfahrtsanzeige auf dem Riesenbildschirm in der Bahnhofshalle.

Opa legte den Kopf in den Nacken und starrte hinauf. Ich nahm ihn wieder an der Hand und zog ihn zum Schalter.

»Zweimal nach Venedig bitte«, sagte ich und stellte die Tasche ab. Der Weg war weiter gewesen als gedacht. Ich rieb mir die Hand.

Der Bahnangestellte sah auf seinen Computerbildschirm und tippte etwas ein.

»Einfach?«

Ne, kompliziert, hätte ich beinahe gesagt. Dann wurde mir klar, dass er etwas anderes meinen musste. Aber was? Ich zuckte die Schultern.

»Für uns zwei.«

Der Schaltermann schüttelte den Kopf. »Ich meine, auch die Rückfahrt?«

»Was ist denn billiger?«, erkundigte ich mich. Mit Zügen kannte ich mich nicht aus, Papa und Mama fuhren ja immer mit dem Auto.

»Einfach.«

»Ja, dann das zweimal.«

»Dein Alter?«

Hä? »Nein. Das ist mein Opa.«

Der Mann grinste, seine Zähne waren ziemlich gelb. »Ich wollte wissen, wie alt du bist.«

»Ach so. Elf.«

»Na prima. Dann fährst du umsonst. Schlafwagen ab München?«

Ich nickte. Es war sicher besser, wenn Opa sich zwischendrin mal hinlegen konnte.

Der Mann tippte erneut etwas ein. »Das macht dann dreihundertachtzehn Mark.«

Ja, Mist! So viel hatte mein Sparschwein nicht hergegeben. Ich sah zu Opa.

»Hast du Geld dabei?«

Er griff in die Brusttasche seiner Uniform und holte sein Portemonnaie hervor. Scheine sah ich keine, aber in den kleinen Fächern unter seinem Personalausweis steckten lauter Karten. Ich zog die EC-Karte heraus und gab sie dem Bahnangestellten. Der schob sie in den Kartenleser und drehte ihn zu Opa. Diskret wandte er sich ab.

Opa starrte auf das Gerät, er hatte keinen Plan, was er tun sollte.

»Die Geheimzahl?«, fragte ich ihn.

»Neunzehnhundertsechzehn«, sagte er wie aus der Pistole geschossen.

»Bist du sicher?«, fragte ich stirnrunzelnd. Doch Opa nickte bekräftigend.

»Schlacht von Verdun.«

Werdön? Ich hatte keine Ahnung, was oder wo das war. Aber was blieb mir übrig? Ich tippte die Nummer ein. Der Mann hinterm Schalter beobachtete uns skeptisch. Eine Schrecksekunde lang tat sich gar nichts. Dann ratterte das

Gerät und spuckte einen Zettel aus. Die PIN-Nummer stimmte. Es funktionierte!

»Die Schlacht von Werdön!«, rief ich erleichtert.

Opa lachte und legte mir seine große, warme Hand auf die Schulter.

Ich war echt stolz auf ihn. »Das hast du toll gemacht, Opa!«

»Gute Reise und viel Spaß in Venedig!«, sagte der Schaltermann und reichte mir mit einem Lächeln die Fahrkarten.

Opa sah mich erstaunt an. »Woher weiß der denn, wo wir hinwollen?«

»Der hat uns doch die Fahrkarten verkauft!«, rief ich. »Aber jetzt komm.« Ich spürte, wie ich ganz kribbelig wurde. Und dann machten wir uns zusammen auf die Suche nach unserem Zug.

37

Der erste Teil unserer Reise verlief im Vergleich zu unserer Fahrt zum Bahnhof ziemlich ereignislos. Draußen zogen haufenweise Felder mit Kühen vorbei. Eine ganze Weile waren sie schwarz-weiß, und irgendwann, als wir schon ein ganzes Stück gefahren waren, wurden sie braun. Sonst war nicht viel zu sehen. Die Räder ratterten in einem gleichbleibenden Rhythmus. Wir aßen die Hälfte unseres Proviants, weil uns so langweilig war. Hinter Fulda nickte Opa ein. Ich war froh, dass ihn die Zugfahrt nicht durcheinanderbrachte, und hoffte, dass es dabei blieb.

Als wir Würzburg erreichten, schickte ich Papa eine SMS. Nicht, dass er noch Angst kriegte und die Polizei informierte. Dann würden wir nie nach Venedig kommen.

> Hallo, Papa und Mama. Macht euch keine Sorgen. Opa und mir geht es gut. Wir machen einen Ausflug und sind morgen oder übermorgen wieder zu Hause.

Das sollte reichen. Kaum hatte ich das Handy wieder in den Rucksack gesteckt, fing es an zu läuten. Ich blickte aufs Display. Papas Nummer, das war ja klar. Kurzerhand schaltete ich das Handy aus. Ich wollte Opa nicht wecken. Und wenn ich ganz ehrlich war, wollte ich auch nicht mit Papa sprechen und erst recht nicht mit Mama. Dann hätte ich mich am Ende noch verplappert und unseren schönen Plan verraten.

Am Abend erreichten wir München. Hier mussten wir umsteigen. Zum Glück hatte der Zug bloß eine Dreiviertelstunde Verspätung. Da blieb genug Zeit, dass wir den Proviant aufstocken und uns mit ein bisschen ungesundem Zeug eindecken konnten. Ich kaufte von meinem Taschengeld gleich vier Tüten Chips, damit wir auch was zum Frühstück hatten.

Der Münchner Bahnhof war ganz anders als der in Hamburg. Hier fuhren die Züge nicht durch, sondern hielten alle in einer Reihe und mussten dann wieder umkehren. Die Halle war groß, dort herrschte ein ziemliches Gedränge. Es liefen auch jede Menge komisch gekleideter Leute herum, mit Trachtenanzügen, so wie in dem *Heidi*-Film, den ich mal mit Smylla gesehen hatte. Aber vielleicht war das ja gut, da fiel Opa in seiner dunkelgrünen Uniform nicht so auf.

Der Nachtzug nach Venedig fuhr ganz am anderen Ende der Halle ab. Es dauerte, bis wir dort waren, weil Opa überall stehen blieb und sich alles ansah. Es dauerte auch, bis der Zug endlich einfuhr, und dann dauerte es noch mal, bis die Türen sich öffneten und wir einsteigen durften.

Während wir uns auf die Suche nach unserem Abteil machten, wurde Opa ganz hibbelig. »Ich muss … muss, muss …«, stammelte er.

Ich blieb in dem langen Gang stehen. »Was musst du?«

Opa griff sich an die Hose und sah an sich herab. »Ist schon passiert.«

Vorn auf Opas Hose prangte ein großer feuchter Fleck.

»Kein Problem«, sagte ich. »Ist mir auch schon mal passiert. Wir haben ja Wechselsachen dabei.«

Zwei Türen weiter hatten wir endlich unser reserviertes Abteil gefunden. Ich ließ die Tasche auf den Sitz fallen. Auf Dauer war das Ding ganz schön schwer.

Opa versuchte unterdessen verzweifelt, seinen Reißverschluss aufzuziehen, und schaffte es nicht. Ich aber hatte gerade ganz andere Probleme. Vergeblich wühlte ich in der Tasche nach einer Hose.

»Sag bloß, ich hab 'ne Ersatzhose vergessen«, murmelte ich und schlug mir gegen die Stirn. Was nun?

Opa wurde richtig ungeduldig. Er schaffte es einfach nicht, den Verschluss zu öffnen.

»Das darf doch nicht … Das kann doch nicht … Ich … Scheiße!«, rief er verzweifelt.

»Warte. Ich kann dir ja helfen«, sagte ich und strich ihm über die Finger, die sich verkrampft hatten. Dann machte ich mich daran, den Reißverschluss von Opas Uniformhose runterzuziehen. Er klemmte. Ich riss und zerrte daran, dann endlich hatte ich Opa von dem nassen Teil befreit. Aus der Tasche angelte ich eine frische Unterhose und mangels Ersatz eine lange Schlafanzughose. Bis Venedig musste das reichen. Dort würden wir weitersehen.

»Jetzt ziehen wir erst mal die Unterhose aus«, sagte ich und half Opa, das unförmige Teil über seinen Po zu ziehen.

Genau in dem Moment kam ein älteres Ehepaar durch den Gang, blieb mit offenen Mündern vor unserem Abteil stehen und starrte auf Opas faltigen Po.

»Ist was!?«, fragte ich und runzelte die Stirn.

Die beiden wandten sich pikiert ab und gingen weiter. In dem Moment furzte Opa.

»Das hab ich gehört«, sagte ich grinsend.

»Das war ich nicht«, meinte Opa und tat ganz unschuldig. *Ja klar.* Nur, dass ich direkt hinter ihm kniete, den Beweis sozusagen in der Nase.

»Das war ich echt nicht«, sagte Opa noch einmal. Und gerade, als ich ihm in die lange Schlafanzughose half, musste er noch mal furzen. Jetzt lachten wir beide.

Ich stopfte die nassen Sachen in eine Plastiktüte, und dann machten wir es uns gemütlich. Die Sitze waren ausgezogen und ergaben ein richtiges Bett, mit Kopfkissen und weiß bezogenen Decken. Kaum war der Zug losgefahren, spähte ich hinaus, weil ich unbedingt die Alpen sehen und wissen wollte, ob auf den Gipfeln noch Schnee lag. Aber die Lichter der Stadt waren zu hell, um irgendetwas anderes zu erkennen, und bald darauf wurde es richtig dunkel. Nur ab und an sah ich die Rücklichter eines Autos, das der Zug überholte.

Ich legte mich auf mein weiches Kissen und lauschte dem Fahrtwind, der zischend durch eine Fensterritze drang. Da ich vergangene Nacht kaum geschlafen hatte, fielen mir bald die Augen zu. Ich lehnte den Kopf an Opas Schulter. Berta lag in seiner Armbeuge, ihre weichen Haare kitzelten mich an der Stirn.

»Gute Nacht, Opa«, flüsterte ich noch, dann trug mich der schiefe Gesang der Räder auf den Schienen in den Schlaf.

Minuten oder Stunden später wachte ich auf. Einen Moment lang wusste ich nicht, wo ich war, und sah mich orientierungslos um. Dann erinnerte ich mich wieder, dass ich im Zug unterwegs war. Nach Venedig. Mit Opa.

Opa?

Ich sah mich um. Keine Spur von Opa und Berta.

Ich sprang auf, riss die Abteiltür auf und blickte nach links und rechts. Der Gang lag völlig verlassen da. Ich entschied mich für links und lief den Gang hinab, gegen die Fahrtrichtung. Aus den verschlossenen Abteilen drang vereinzelt Schnarchen. Irgendwo rülpste jemand laut. An der Klotür blieb ich stehen, drückte die Klinke runter – niemand. *Verdammt!*

Ich drehte um, lief schneller. Kurz vor unserem Abteil kam mir der Schaffner entgegen.

»Haben Sie zufällig meinen Opa gesehen?«, stieß ich hervor.

Da ertönte ein gellender Schrei aus der entgegengesetzten Richtung. Der Schaffner lief los, ich hinterher. Vielleicht zehn Meter vor uns hörte man einen Rumms.

»Du widerlicher Lustgreis!«, keifte eine Frauenstimme.

Der Schaffner zog die Tür des Abteils auf und schaltete das Licht an.

Opa lag auf dem Boden, eine fremde ältere Frau saß im Bett. Mit dem Finger deutete sie auf Opa und verzog das Gesicht, als hätte sie etwas Übles gegessen.

»Der … der da … hat versucht, mich zu vergewaltigen.«

Der Schaffner musterte die Dame und runzelte die Stirn. Opa rappelte sich auf und warf einen zweifelnden Blick auf die Frau.

»Das hätt' sie wohl gerne«, murmelte er.

»Mein Opa hat sich im Abteil geirrt«, sagte ich zu dem Schaffner. »Er hat Alzheimer.«

Opa strich sich das Haar glatt und streckte dem Schaffner die Hand hin.

»Alois. Alois Alzheimer. Könnten Sie die Dame bitte freundlich dazu auffordern, unser Abteil zu verlassen?«

Der Schaffner war etwas verwirrt.

»Das ist nicht unser Abteil, Opa«, sagte ich seufzend.

Opa stutzte. »Ist es nicht?«

»Nein, komm, wir gehen zurück in unseres«, sagte ich und warf dem Schaffner einen entschuldigenden Blick zu.

Opa sah sich um und zuckte die Schultern. »Na dann, hat mich gefreut.« Er trat zu mir auf den Gang. Dort drehte er sich noch einmal zu dem Schaffner um, zwinkerte ihm zu und reckte den Daumen.

»Ihre Frau … Sie fühlt sich so … so weich an.«

Der Schaffner lächelte wohlwollend. Aber bevor er uns doch noch aufhalten konnte, schob ich Opa weiter durch den Gang bis zu unserem Abteil.

38

An Schlaf war nach Opas Ausflug nicht mehr zu denken. Ich schob die Sitze hoch und zog den Vorhang auf. Im ersten Dämmerlicht erblickte ich die Berge. Ihre gezackten Spitzen schnitten in den Himmel, der sich leicht rosa färbte. Wolken schwebten an den Hängen. Es sah aus wie eine fremde Welt. Eine wunderschöne fremde Welt.

Plötzlich vermisste ich meine Eltern. Und Smylla. Ich fischte mein Handy aus dem Rucksack und schaltete es ein. Papa hatte siebenmal versucht, mich anzurufen, und Mama fünfmal. Aber ich hatte ihnen ja geschrieben, dass sie sich keine Sorgen machen mussten. Außerdem hatte ich Opa.

Ich zog zwei Chipstüten aus dem Rucksack, öffnete sie und reichte ihm eine.

»Frühstück!«

Opa griff hungrig hinein und steckte sich eine riesige Handvoll Chips auf einmal in den Mund. Kaum hatte er sie hinuntergeschluckt, pustete er die Tüte prall auf, hielt sie mit einer Hand zu und ließ sie platzen. Ein ganzer Regen aus Chipskrümeln ging auf ihn nieder. Ich prustete vor Lachen.

Der Zug verlangsamte seine Fahrt. Ich sah hinaus. In der Ferne erkannte ich eine kleine Stadt, eingerahmt von bleistiftgrauen Bergen. Ob das schon Italien war?

»Ich muss mal«, sagte Opa und stand auf.

Zum Glück hatte er es diesmal rechtzeitig gespürt. Denn sonst müsste er mit Unterhose rumlaufen, und das käme bestimmt gar nicht gut an.

»Weißt du, wo das Klo ist? Oder soll ich mitkommen?«, fragte ich ihn.

»Ne, das find ich schon. Es ist doch da vorne auf dem Gang«, murmelte er und nahm Berta gleich mit.

Ich streckte gemütlich die Beine aus. Der Zug kam quietschend zum Stehen. Aus dem Lautsprecher am Bahnsteig dröhnte eine Stimme. »Stazione di Bolzano. Bozen Hauptbahnhof.«

Stazione! Das klang eindeutig italienisch!

Ich griff in die Chipstüte. In Venedig würde ich mir ein riesiges Eis kaufen. Opa hatte erzählt, wie viele Sorten es dort gab und wie groß die Kugeln waren. Als der Zug langsam wieder anrollte, warf ich einen Blick aus dem Fenster. Obwohl es so früh am Morgen war, waren schon viele Leute unterwegs. Ich ließ den Blick über die Menge schweifen. *Oh Shit!*

Ich sprang auf. Das war doch Opa draußen auf dem Bahnsteig!

»Opa! Opa!!!«, schrie ich, aber natürlich konnte er mich nicht hören.

Panisch sah ich mich um und entdeckte die Notbremse. Kurz entschlossen packte ich den Griff und zog mit beiden Händen daran. Der Zug ruckte wie ein störrisches Pferd und kam quietschend und heulend zum Stehen. Die Tasche fiel herunter. Ohne nachzudenken, packte ich sie, den Rucksack, das Handy und stürmte aus dem Abteil, immer den Gang entlang. Dann riss ich die Tür auf.

Ich sprang auf den Bahnsteig. Wieder rief ich: »Opa!«, und wieder hörte er mich nicht. Ich lief, so schnell ich nur konnte. Dann hatte ich ihn erreicht. Zum Glück!

Im nächsten Moment hörte ich Trillerpfeifen und laute Kommandos. Irgendjemand fluchte in einer fremden Sprache. Mehrere Polizisten scharten sich um den Schaffner. Der deutete erbost in unsere Richtung. Opa sah es auch.

»Vielleicht sollten wir uns ergeben?«, fragte er mit großen runden Augen.

»Quatsch! Dann kommen wir nie nach Venedig!«, rief ich. »Los, Opa!«

Und dann rannten wir, was das Zeug hielt. Nur am Rande nahm ich die verwirrten Blicke der Menschen auf dem Bahnsteig wahr. Zum Glück stellte sich uns niemand in den Weg. Ich zerrte Opa in ein Bahnhofsrestaurant, es hatte noch nicht geöffnet. Hinter der Theke polierte ein Mann Gläser. Der Mund stand ihm offen, während wir an ihm vorbeihetzten. Durch die nächste Tür gelangten wir wieder ins Freie. Vor uns gabelte sich ein gekachelter Gang. Das war unsere Chance.

»Links«, rief Opa japsend und zog uns nach rechts. *Mist!* Das war das Damenklo!

Egal. Ich zerrte an dem Knauf der Tür, sie ging nach innen auf. Um ein Haar hätte ich einer der Frauen vor dem Spiegel die Klinke in die Seite gerammt.

»Eh … Hallo?! Sie haben sich wohl in der Tür geirrt!«, sagte die Frau in einem komischen Akzent.

»Er gehört zu mir, es ist dringend«, sagte ich und zuckte entschuldigend die Schultern. »Da lang, Opa«, raunte ich ihm zu. Eine Sekunde später waren wir in einer Kabine verschwunden. Ich legte den Finger auf die Lippen und bedeutete ihm zu schweigen.

Opa ließ sich schwer atmend auf den Klodeckel sinken. Ich stellte die Tasche ab und hockte mich darauf.

Als ich hörte, wie die Tür zum Damenklo aufging, blieb mir fast das Herz stehen.

»*Scusa*«, murmelte eine männliche Stimme, dann fiel die Tür wieder zu. Vielleicht war das ja ein Polizist gewesen. Zum Glück hatte uns keiner verraten.

Fürs Erste konnten wir nichts anders tun, als hier in unserem Versteck auszuharren. Ich hatte keine Ahnung, ob ich mich wegen der Notbremse strafbar gemacht hatte. Schließlich hatte es sich ja um eine Art Notfall gehandelt, also würden sie uns bestimmt nicht verhaften. Oder doch?

Eines aber lag auf der Hand. Wenn die Polizisten uns fanden, würden sie meine Eltern verständigen. Und dann wäre es aus und vorbei mit meinem schönen Plan. Statt in Venedig Gondel zu fahren, würden wir auf der Polizeiwache warten müssen, bis meine Eltern kämen und uns nach Hause brächten. Und dann?

Dann würden sie Opa ins Heim stecken.

Nicht mit mir.

»Und jetzt?«, fragte Opa flüsternd.

»Jetzt bleiben wir hier drin, bis die weg sind.«

»Die Frau? Die war doch hübsch«, entgegnete Opa.

Ich griff mir an den Kopf. »Die Polizei.«

»Klar!« Opa nickte und wartete vielleicht drei, vier Atemzüge lang. »Gut, lass uns gehen.«

»Nein, wir warten noch, Opa.«

»Und was machen wir hier drin die ganze Zeit?«

Ich spürte einen Druck auf meiner Blase. »Erst mal muss ich aufs Klo«, sagte ich und deutete auf die Toilette, auf der Opa noch immer saß. Es dauerte einen Moment, bis er verstanden hatte.

»Und dann?«

»Und dann sehen wir weiter.«

39

Bozen, Juni 2017

»Wahnsinn! Das sieht ja fast noch so aus wie damals!«

Ungläubig sah ich mich um. Am Bahnhof in Bozen schien die Zeit stehen geblieben zu sein. Fast meinte ich Opa Amandus hinter dem Spalier aus Säulen verschwinden zu sehen, in seinem Schlafanzug und mit meiner Berta auf dem Arm. Und ich? Den Rucksack geschultert, die Tasche in der Linken, schwer genug, dass sie mir den Arm lang zog. Hinter mir erboste Rufe, das Schrillen von Trillerpfeifen – und dann der Sprint mit Opa durch die Menschenmenge in die Sicherheit der Damentoilette.

»Komm, wir schauen, ob die Klos noch da sind«, rief ich.

»Nichts lieber als das«, murmelte Smylla.

Grinsend hakte ich mich bei ihr unter und schob sie vorbei an hölzernen Sitzbänken in Richtung Bahnhofshalle. Damals hatte ich sie nicht gesehen, die jugendstilartig verzierten Schilder, *Ai treni, Zu den Zügen,* die braunen Kassettentüren, die aufschwangen, die Bodenfliesen, abgelaufen von Millionen von Menschen auf der Reise nach irgendwo. Es hing ein Hauch k. u. k. in der Luft, zugleich spürte man schon Italien und alles, was ich damit verband, Licht, Sonne, Lachen.

Suchend blickte ich mich um. Dann endlich fand ich

den Gang zu den Toiletten, die Gabelung. Den Eingang. Das Damenklo.

»Komm schon, das musst du sehen«, sagte ich zu Smylla, die vor dem Eingang stehen blieb wie ein störrisches Muli.

»Muss ich?«, fragte sie und zog eine leidende Miene. »Du weißt, wo auf meiner Liste unbedingt zu vermeidender Orte die Bahnhofsklos stehen?«

Ich musste lachen. »Ich hab hier Stunden verbracht.«

»War das nicht gruselig?«

Ich zuckte die Schultern. »Klar, aber was sollten wir machen?«

Smylla kniff sich die Nase zu und trat zögernd einen Schritt näher. Oh ja, es roch schrecklich, nach Dingen, die ich gar nicht benennen wollte. Die Kacheln an den Wänden waren einmal weiß gewesen und ohne jeden Charme, die Spiegel fast blind, doch nicht vom Alter, sondern vor Dreck.

Ich öffnete die Tür zur hintersten Toilettenkabine und blieb wie angewurzelt stehen. Wenn es Zeitreisen gäbe und Tore, durch die man in frühere Realitäten trat, so war es diese hölzerne, hygienisch fragwürdige Tür. Alles war noch wie damals. Das Doppelfenster mit den Schichten aus Staub und Schimmel zwischen den Rahmen. Darunter der Heizkörper mit der abgeblätterten Farbe und den einzelnen Klopapierrollen darauf. Das Klo selbst, schwarze Brille auf ehemals weißer Keramik, jetzt urinsteinfarben. Und dann die Kacheln.

»Ganz toll. So … lebensecht. Darf ich wieder gehen?«, sagte Smylla. Sie schien plötzlich weit entfernt.

»Da unten haben wir gesessen, Opa und ich. Stundenlang.« Opa hatte auf dem Klo gehockt, den Oberkörper an die Wand gelehnt. Ich spürte den unwiderstehlichen Drang, über den Klodeckel zu streichen.

»Ahhhhh. Das ist jetzt wirklich zu eklig«, sagte Smylla und zerrte an meiner Hand.

Ich atmete tief durch und bereute es sogleich wegen der Düfte, die aus der Nachbarkabine drangen. Widerstrebend ließ ich mich von Smylla auf den Gang ziehen, wo sie großzügig Desinfektionsmittel auf meinen Händen und Armen verteilte.

Ich fühlte mich wie benommen. Mit einem Mal war Opa mir so nah. In jenen Stunden hatte ich einen geheimen Pakt mit mir selbst geschlossen: alles dafür zu tun, damit er nach Venedig kam. Ich hatte ihn noch einmal glücklich sehen wollen. Vielleicht hatte ich in einem Winkel meines Herzens gehofft, sein Besuch würde all die umgeworfenen Bücher in der Bibliothek seines Gehirns wieder aufstellen, hatte es unsinnigerweise gehofft. Aber so war Hoffnung – einen Funken trug man doch immer mit sich herum. Bis die Realität einen einholte und man es besser wusste.

Tränen stiegen mir in die Augen. Wäre ich so entschlossen gewesen, nach Venedig zu kommen, wenn ich gewusst hätte, was dort auf mich wartete? Oder hätte mich die Angst davor zurückgehalten?

Ich spürte, wie ein Gedanke sich in mir formte, und wusste nicht, ob er absurd oder wahr war. Der Gedanke, dass nicht die Demenz der eigentliche Feind war, sondern die Angst. Die Angst, die einen daran hinderte, das Leben *vor* dem Tod zu leben. Es auszuschöpfen. Carpe diem, das einzige Rezept gegen die neidische Zeit.

40

»Meinst du, das ist hier bloß Touristennepp?«, fragte Smylla mit verschwörerisch gesenkter Stimme und sah sich in der Törggelen-Stube um. »Oder gibt's das Wort wirklich? Törleggen. Törglenen. Törgeln … Ach, verdammt.«

»Das gibt's. Und wenn du weiter so schnell deinen Wein trinkst, lernst du das schöne neue Wort nie«, sagte ich und warf einen bedeutsamen Blick auf die Flasche, die sich rasend schnell leerte.

»Das war alles zu viel heute, ich brauche einen gewissen Pegel«, sagte sie und zuckte die Schultern. »Erst das stinkende Klo und dann der Ort hier …« Sie machte eine weit ausholende Geste, mit der sie dem Mann am Nachbartisch um ein Haar den Trachtenhut vom Kopf gewischt hätte.

»Ich find's schön hier«, stellte ich klar. Der Ort erinnerte mich an Salzburg mit seinen verwunschenen Gassen, wo ich vor Jahren mal mit Philipp und Käthe gewesen war. Und auch wenn Smylla auf den Hinterlassenschaften des Gemüsemarkts ausgerutscht und anschließend mit dem viel zu dünnen, viel zu hohen Absatz zwischen zwei Pflastersteinen böse hängen geblieben war – mir gefiel es hier. Mein erster Ausflug ohne die Kinder, seit Jahren. Den ließ ich mir nicht vermiesen.

»Der Ort selbst ist echt schön. Trotz seiner fiesen Fallen. Aber die Gegend. Guck dich mal um. Das ist ja wie in einem Kessel hier. Ringsum lauter Berge. Rechts, links, überall. Und so hoch. Da krieg ich Platzangst.«

Ich runzelte die Stirn. »Ist Platzangst nicht die Angst vor freien Plätzen?«

Smylla verdrehte die Augen. »Keine Ahnung. Angst vor Plätzen, Angst auf Plätzen, Angst zu platzen, such's dir aus. Morgen früh fahren wir weiter. Ich muss hier raus.«

Sie zerrte an den Knöpfen ihrer ohnehin klaffenden Bluse und öffnete zwei weitere, ganz zur Freude des Typen hinter der Theke.

»Apropos«, sagte ich. »Hast du eigentlich noch mal was von Ole gehört?«

Smylla zuckte die Schultern. »Ich habe seine Nummer geblockt. Er hat Briefe geschrieben, Flaschenpost verschickt, Brieftauben losgejagt, was weiß ich. Ich habe alles entsorgt. Ungelesen.«

»Versteh ich gut«, sagte ich. Wobei ich es an ihrer Stelle vermutlich nicht geschafft hätte, seine Nachrichten zu ignorieren. Weil ich die Hoffnung gehabt hätte, irgendetwas hätte sein mieses Verhalten entschuldigt oder zumindest ansatzweise erklärt.

»Und wie geht es dir damit?«, fragte ich zögernd.

Smylla malte kleine Kreise auf den hölzernen Tisch. »Ich weiß nicht … aber wenn ich mal mit jemandem fertig bin, dann ist es eben so. Ich gehe vorwärts und nicht zurück. Und wenn doch, dann bloß, weil gewisse Leute einen ja unbedingt an die Fehler aus der Vergangenheit erinnern müssen …« Sie zog eine Braue hoch, und ich fühlte prompt eine Welle Schuldgefühle heranrollen.

»Ich … Also …«

»Oje, hör auf zu stammeln«, meinte sie und lachte. »War bloß ein kleiner Scherz. Aber was ich sagen wollte … Pfff. Ich kann mir gar nicht mehr so richtig vorstellen, was ich überhaupt an ihm fand. So als Mann.« Sie knibbelte ein paar Krümel aus einer Ritze im Holz und schnippte sie über den Tisch.

»Meine Rede.«

»Jepp.«

»Das heißt, du bist ein riesiges Stück weitergekommen, merkst du das?«

»Und noch mal jepp.«

Ich musterte sie, wie sie da so saß. Ohne Job, ohne Freund.

»Fühlst du dich denn manchmal allein … so ohne jemanden?«

Smylla winkte ab. »Das ist noch zu früh. Ich bin ja nicht mal dazu gekommen, das Singleleben zu genießen.« Sie legte den Kopf schief und schmunzelte Richtung Bar.

»Echt jetzt?«

»Quatsch«, sagte sie lachend. »Aber weißt du, ehrlich gesagt mache ich mir keine Gedanken. Den Richtigen kann man immer und überall treffen. Morgen, in einem Jahr, wenn ich siebzig bin, keine Ahnung. Das wird schon passieren. Und wenn Ole für eines gesorgt hat, dann, dass der Wunsch nach einem Mann nicht länger oben auf meiner Liste steht.«

»Welche Liste?«

Sie breitete die Hände aus. »Der Wunschliste an das Leben.«

»Das klingt schön … Wünsche an das Leben«, sagte ich

gedankenverloren. Immer reduzierte ich mich darauf, nicht genau zu wissen, was ich im Leben machen wollte. Aber Wünsche? Die hatte ich, definitiv.

»Was steht denn ganz oben auf deiner Wunschliste?«, fragte ich.

»Ich will mir dieses Co-Housing-Projekt genauer ansehen. Vielleicht ist das wirklich was, es fühlt sich zumindest so an. Aber das ist nichts, was man heute plant und übermorgen verwirklicht hat. Ich muss mich in Ruhe damit auseinandersetzen. Mit dir zusammen.« Sie lächelte. »Und klar möchte ich wieder arbeiten. Mich so richtig verlieben. Nähe wäre toll, aber auch Freiheit.«

Liebe, Freiheit. Plötzlich spürte ich einen Stich ganz dicht am Herzen.

Smylla schien es zu merken, sie schnipste einen imaginären Fussel von meinem Blusenärmel. »Philipp?«

Ich nickte. Philipp und ich hatten kaum geredet die letzten Tage. Er hatte bis zuletzt nicht damit gerechnet, dass ich wirklich fahren würde.

Ich seufzte. »Keine Ahnung, wo auf seiner Wunschliste die Kinder und ich im Moment stehen. Ganz oben jedenfalls nicht.«

»Könnte sein. Er ist gerade auf seine Arbeit fixiert. Aber da willst du wieder hin, oder? Nach ganz oben?«

Ich zuckte hilflos die Schultern. »Ich will nicht, dass sein Ehrgeiz die Kinder und mich wegdrängt. Irgendwie habe ich das Gefühl, er konzentriert sich nicht mehr auf das, was uns beiden mal wichtig war.«

Smylla verzog das Gesicht. »Das war bei mir doch ganz genauso. Braucht die Menschheit geschälte hart gekochte

Eier im Supermarktsortiment, eingepackt in unverrottbares Plastik? Nein. Und wer bewirbt sie und sorgt dafür, dass die Leute glauben, sie brauchen sie? Smylla. Alles Schwachsinn. Aber wenn du Erfolg hast, bist du plötzlich drin in diesem Strudel. Du hörst auf zu denken. Achtsam zu sein. Alles ist Herausforderung, ein Sport, und du meinst, du bringst es, bist schnell, bist gut, schneller, besser ... Wenn du mittendrin steckst, hörst du nicht einfach auf. Außer etwas zwingt dich, anzuhalten. So wie die Sache mit Ole. Oder als du dich nach Venedig aufgemacht hast.«

»Klar«, sagte ich. »Erfolg muss wie ein Rausch sein. Kann ich mir irgendwie vorstellen, auch wenn ich noch nie in der Situation war. Erfolg zu haben, meine ich.«

»Hey, sag das nicht. Du hast auf andere Weise Erfolg gehabt.«

»Ach, und wie?«

»Mit deinem Opa zum Beispiel. Du hast ihn noch einmal richtig glücklich gemacht. Das ist es doch, was wirklich zählt. So etwas schafft keine Kampagne. Das kann man nur, wenn man liebt.«

Ich schenkte mir vom Wein nach, er funkelte im Glas wie ein Rubin.

»Womit wir wieder beim Thema wären. Liebe. Woher weiß ich denn, ob Philipp mich wirklich noch liebt? Wer garantiert mir, dass ich auf seiner Liste in diesen Tagen nicht ganz nach unten rutsche? Vielleicht bin ich ihm ja längst zu viel, mit meiner Unorganisiertheit, meiner Unfähigkeit, meinem Verplantsein, nicht wissen, was, wo, wohin. Vielleicht brauchte er bloß mal Abstand, um sich darüber klar zu werden, dass es für ihn nicht so weitergeht …«

Ich sah auf, Smylla direkt in die Augen. Das kam davon, wenn man mutig war. Veränderungen mussten nicht zwangsläufig positiv sein.

So viel zu meinem Carpe diem.

»Das kann natürlich sein«, sagte sie zu meiner Beunruhigung. »Aber wenn es wirklich so wäre, würdest du dann lieber noch zehn, zwanzig, tausend Jahre so weitermachen oder es gleich wissen wollen?«

»Lieber gleich wissen wollen«, sagte ich. »Sonst ginge es mir so wie meinen Eltern.«

»Genau. Und das wäre noch viel trauriger, als den Schmerz einer Trennung zu durchleben. Aber hey, jetzt geht es erst mal darum, welche Wünsche du hast. Was du fühlst. Wenn du mal versuchst, deine Angst vor Veränderungen, Trennung und dem ganzen Pipapo beiseitezuschieben – wo steht Philipp denn auf deiner Wunschliste an das Leben?«

Das »ganze Pipapo« beiseitezuschieben war illusorisch, aber ich versuchte es … Erinnerte mich an ihn, seine warme Hand, die meine umschloss. Den Geruch seiner Haut. Die weiche Stelle in seinem Nacken. Den kleinen Wirbel am Hinterkopf, wo sein Haar störrisch in die andere Richtung wuchs … Erinnerte mich daran, wie er mich abgeschmettert hatte. An die Art, wie sein Gesicht sich abfällig verzog, eckig wurde, kantig vor Ablehnung.

Smylla griff nach meinem Weinglas und leerte es in einem Zug. »Du wirst melancholisch, wenn du zu viel trinkst«, beschied sie.

Ich trat unter dem Tisch nach ihr. Himmel, jetzt benahm ich mich schon so wie Max.

»Also, was ist?«, fragte Smylla.

»Philipp, ja, er steht ganz oben, eine Ministufe unter den Kindern. Aber weißt du was? Da ist er nicht allein. Er teilt sich den Platz mit mir. Mit dem, was in mir steckt und raus möchte. Und wenn er sich breitmacht und mich von dem Platz verdrängt, dann muss er zeitweilig nach unten rücken.«

Smylla verzog das Gesicht zu einem Grinsen. »Du bist auch grad ein riesiges Stück weitergekommen.«

»Jepp«, sagte ich schmunzelnd.

Später, viel später zogen wir leicht torkelnd durch die Altstadt und suchten unser Hotel. Smylla stieß Flüche gegen die Berge aus, die sich schemenhaft vor dem mitternachtsschwarzen Himmel abzeichneten. Während sie den Zettel mit der Telefonnummer des Barmanns im nächsten Mülleimer entsorgte, musste ich an Erdal denken, meinen rettenden Engel, der Opa und mich damals in dem Kloverlies gefunden hatte. Ob er noch hier wohnte? Wäre ich in einem Film gewesen, dann wäre er jetzt aufgetaucht, in der mondbeschienenen Gasse vor uns. Erdal mit seinen mandelförmigen Augen, dem schwarzen Haar und dem unverkennbaren Hamburger Akzent …

41

Bozen, August 1998

Opa und ich hatten wirklich ein Schweineglück, dass ausgerechnet Erdal an diesem Tag die Damenklos putzte und uns in der Kabine fand. Schnell stellte sich heraus, dass er ursprünglich aus Hamburg kam, so wie wir, und nachdem ich ihm Opas und meine Geschichte erzählt hatte, versicherte er mir, wir Fischköppe würden zusammenhalten.

Von Erdal erfuhr ich dann auch, dass die Bahnpolizei uns suchte: nicht nur wegen der Sache mit der Notbremse, sondern weil meine Eltern zur Polizei gegangen waren. Wir galten als vermisst. Was für ein komisches Wort. Ob sie mich und Opa wirklich so vermissten?

Erdal war zum Glück kein Schwätzer, sondern hatte eine Idee, wie er uns durch den Bahnhof hindurch zum Parkplatz zu seinem Auto schmuggeln könnte. Wir schlichen hinaus in den Gang; dort steckte er uns in eine wartende Mülltonne und klappte den Deckel bis auf einen Spalt zu. Zum Glück war sie leer, aber hier drinnen roch es schlimm, nach Hundekacke und dem Komposthaufen unserer Nachbarn. Auch Opa gefiel der Geruch nicht.

»Vorsicht, Bullen!«, rief Erdal plötzlich. Ich machte mich

unwillkürlich ganz klein, während Erdal uns ruckelnd über den Bahnsteig voller Menschen und offenbar auch Polizisten schob. Und was tat Opa? Er stieß ein überlautes Muhen aus.

Ich stupste ihn an und legte den Finger auf die Lippen. Doch Opa setzte schon zum nächsten klagenden »Muh!« an. Ich machte mir vor Angst fast in die Hose. Erdal fing aber geistesgegenwärtig auch an zu muhen, so laut wie eine Kuh mit prallem Euter, die unbedingt gemolken werden musste. Jedenfalls übertönte er Opa, und was immer die Leute draußen auf dem Bahnsteig von ihm denken mochten, für mich war Erdal ein Held.

Wenig später erreichten wir den Parkplatz. Erdal lud uns in sein klappriges Auto und fuhr zu sich nach Hause, wo er Opa eine Hose spendierte. Die sah gleich viel besser aus als die lange Schlafanzughose, die in den Stunden auf dem Klo ziemlich gelitten hatte.

»Ich kann euch leider nicht nach Venedig fahren«, sagte er. »Ich muss die ganze Woche arbeiten, sonst bin ich meinen Job los. Aber ein Kumpel von mir, der Emre … Vielleicht hat der Zeit. Ich ruf ihn mal an, okay?«

Fünf Minuten später hatte Erdal tatsächlich eine Mitfahrgelegenheit nach Venedig für uns beschafft. Ich hätte vor Aufregung und Glück in die Luft springen können. Und obwohl er dringend zurück zum Bahnhof musste, um die restlichen Klos zu putzen, fuhr Erdal uns auch noch zu dem Treffpunkt außerhalb der Stadt, wo er mit uns auf Emre und dessen Transporter wartete.

Die Gegend dort war wunderschön, gerahmt von Bergen, die aussahen wie Zuckerhüte. Ihre Spitzen strahlten ganz hell, und ich musste blinzeln, wenn ich hinaufsah. Rings um uns herum erstreckten sich Wiesen über Wiesen. Der Kontrast zwischen den zackigen Gipfeln, die wie leer gefegt aussahen, und dem sattgrünen Tal war so schön, dass ich mir wünschte, ich hätte einen Fotoapparat dabei.

»Weißt du«, sagte Erdal und legte den Kopf schief. »Wenn ich du wäre, würde ich schnellstmöglich deine Eltern anrufen. Die machen sich bestimmt totale Sorgen.«

»Ich will aber nicht mit ihnen sprechen.« Am Ende würden sie mich bloß überreden, an Ort und Stelle auf sie zu warten. Und dann? Aus der Traum. Aber Erdal hatte recht. Auch mir gefiel die Idee nicht, dass sie sich Sorgen machten. »Ich könnte ihnen ja noch eine kurze Nachricht schicken, dass alles okay ist.« Ich holte das Handy aus der Tasche.

»Cooles Teil!«, rief Erdal. »Darf ich mal?«

»Klar«, sagte ich. »Und wenn du es so cool findest, kannst du von mir aus auch die Nachricht schreiben.«

Das ließ Erdal sich nicht zweimal sagen. Ich schob das Display nach oben, sodass das Nummern-Zahlen-Feld zum Vorschein kam.

»Vielleicht wäre anrufen ja doch einfacher«, murmelte Erdal und kratzte sich am Kopf.

»Ne, was denken die denn, wenn jemand Fremdes sie von meinem Handy anruft«, erwiderte ich.

»Auch wieder wahr. Also, ich leg dann mal los.«

Er klickte auf SMS und zog die Stirn in Falten, während er die Buchstaben suchte.

»*Liebe …*« Er sah auf. »Wie heißt deine Mama?«

»Sandra«, warf Opa ein.

»Liebe Sandra …«, schrieb Erdal, und ich musste grinsen.

»…, lieber Niko, ich bin der Erdal aus dem Schanzenviertel und gerade im schönen Südtirol, wo ich eure bezaubernde Tochter getroffen habe.« Er drückte auf Senden und sah auf. »Klasse Teil, so 'n Handy, echt. Hab schon ewig nicht mehr so viele Wörter geschrieben.«

»Dann mach mal weiter«, meinte ich und sah zu, wie Erdal mit spitzem Finger auf die Tasten tippte.

»Tilda geht es super! Ihr sollt euch auf keinen Fall Sorgen machen. Wenn Opa ihr die Stadt der Liebe gezeigt hat, rufen die beiden an, und ihr könnt sie abholen!«

Ich rollte mit den Augen. »Super, Erdal.«

»Echt!?«, sagte er und grinste stolz.

Ich streckte die Hand nach dem Telefon aus, um die letzte Nachricht zu löschen. »Das hier kannst du jetzt gleich noch mal schreiben.«

»Besser krieg ich das aber nicht mehr hin«, sagte Erdal und drückte auf Senden.

Fassungslos starrte ich ihn an. »Hast du das etwa so losgeschickt!?«

»Ja, glaub schon.«

»Oh Mann.« Ich griff nach dem Handy, doch es war zu spät.

»Was hast du denn? Du hast doch ›Super, Erdal‹ gesagt.«

»Das war ironisch gemeint. Jetzt wissen die, wo wir hinwollen!«

Erdal schaute ganz bedröppelt. »Ich hab nur geschrieben: ›die Stadt der Liebe‹! Das könnte doch auch … Paris sein.«

Ich rollte die Augen. »Meinst du echt, meine Eltern sind so blöd und denken, ich fahr von Hamburg über Südtirol nach Paris?«

Erdal guckte ganz unschuldig. »Könnte doch sein …?«

Ich schüttelte den Kopf, aber bevor ich ihm weiter meine Meinung sagen konnte, kam ein Transporter hupend auf den Parkplatz gefahren und hielt neben uns. Der Fahrer, ein dunkel gelockter Mann mit einem Zahnstocher im Mund, lehnte sich aus dem Fenster.

»Buenas noches, amigos!«

»Emre! Klasse, dass das klappt«, rief Erdal.

»Aloha, Professor. Sind das meine Passagiere?« Er lehnte sich noch ein bisschen weiter aus dem Fenster und nahm Opa und mich in Augenschein. »Hi, ich bin euer Fluchtfahrer!«

»Hallo, Emre«, sagte ich. Lächelnd öffnete er die Fahrertür und sprang auf den Asphalt. »Dann kommt mal mit.«

Wir folgten Emre zur Ladetür des Transporters. Als er sie entriegelte, schlug uns eine Dungwolke entgegen.

Emre hatte Schafe geladen. Schafe, wohin das Auge blickte!

»Na, dann steigt mal ein in eure Limo!«

Ungläubig starrte ich auf die wiederkäuende Fracht. »Fahren die etwa mit nach Venedig?«

»Na klar. Die waren auch noch nie da.«

Ich musste grinsen. »Aber warum können wir denn nicht vorne sitzen?«, versuchte ich es.

»Weil man euch sonst sieht. Und jetzt *avanti, avanti*, wir müssen los, bevor sie noch eine Straßensperre errichten, um euch aufzugabeln.«

Da hatte er wohl recht.

Zum Abschied umarmte ich Erdal. »Danke!«

Er zwinkerte mir zu. »Pass gut auf deinen Opi auf. Du bist ein tolles Mädchen. Ich bin stolz auf dich.«

Gemeinsam halfen wir Opa in den Transporter. Dann kletterte ich hinterher und machte es mir auf einem Strohballen so gemütlich, wie es ging. Und schon ruckelten wir los.

Die nächste Stunde hockten wir zusammengepfercht zwischen lauter Schafen, während Emres Transporter sich in engen Kurven den Berg hinaufschraubte. Höher und höher ging es, bis es in meinen Ohren knackte. Aus dem kleinen Guckloch rechts von mir sah ich, wie die Stadt immer kleiner wurde.

Die Schafe waren von unserer Anwesenheit wenig beeindruckt, sie knabberten Heu und ließen mit schöner Regelmäßigkeit ihre Köttel fallen.

»Hier riecht's vielleicht«, sagte ich in den Gestank hinein.

»Ich liebe den Geruch«, erwiderte Opa und atmete tief ein. Dann legte er die faltigen Hände um den wolligen Kopf des Schafes dicht vor ihm und kraulte es. Genüsslich reckte es den Hals, und Opa strahlte.

»Du bist ein feines Mädchen, was?«

»Woher weißt du, dass sie ein Mädchen ist?«

»Na, das erkenn ich an ihrem Gesicht.«

Ich sah nach unten. Ein Euter war das nicht, was da baumelte.

»Die hat aber Eier«, widersprach ich.

Opa schaute mich mit großen Augen an.

»Wo?«

»Na, jedenfalls nich' im Gesicht.«

42

Irgendwann hatte ich mich an den Gestank und das Gezuckel gewöhnt. Das Schafsmädchen, das keines war, hatte den Kopf auf Opas Bein gelegt. Und der murmelte Koseworte, während er die Finger tief in dem wolligen Fell vergrub.

Eigentlich war es richtig gemütlich. Und wenn Opa sich freute, dann freute ich mich ganz automatisch mit.

Mitten in meine Gedanken hinein hielt der Lastwagen an. Ich spähte aus dem Guckloch.

Shit! Da war Blaulicht zu sehen.

»Achtung! Die Bullen!«, rief Emre durch das kleine Fenster, das uns mit der Fahrerkabine verband.

Ich spitzte die Ohren, was gar nicht so leicht war bei dem Schmatzen und Blöken und Wiederkäuen rund um uns herum.

»*I documenti di registrazione, per favore*«, sagte eine männliche Stimme.

»Ich nix Spanisch.«

»Führerschein, Fahrzeugpapiere.«

»Ah ja, natürlich, sehr gerne«, hörte ich Emre sagen. »Wonach suchen Sie denn?«

»Was haben Sie geladen?«

Ich spürte, wie meine Hände ganz feucht wurden. Das hörte sich aber gar nicht gut an!

»Schafe.« Emre fing an zu mähen. »Määäääähhh«, machte

er, immer wieder, und das war mein Stichwort. Ich schnappte unsere Sachen, nahm Opa an der Hand und öffnete leise die Tür des Transporters. Einen Moment stach die grelle Sonne in meinen Augen, dann erspähte ich ein kleines Wäldchen direkt vor uns. Schnell schloss ich die Wagentür wieder und rannte mit Opa zusammen los.

Keine Sekunde zu früh!

Im Schatten der Bäume sah ich, wie der Polizist hinten am Transporter auftauchte, gefolgt von Emre. Als er die Tür öffnete und einen Blick hineinwarf, stutzte er. Natürlich hatte er erwartet, uns zu sehen! Ich unterdrückte ein Kichern, während Emre mit großer Geste auf die Schafe deutete.

Der Polizist stieg in den Wagen. Sekunden später kletterte er wieder raus und streifte seinen Schuh am Bordstein ab. Es sah ganz so aus, als wäre er in einen der Köttel getreten. Missmutig gab er Emre ein Zeichen, die Tür zu schließen und weiterzufahren.

Emre grinste so breit, dass selbst ich es noch sah. Unauffällig blickte er sich um, auf der Suche nach uns, und winkte vage in Richtung Wald. Dann verschwand er hinter dem Auto. Kurz darauf hörte ich Türenknallen, und er fuhr davon.

Weg war es, unser Fluchtauto. Unsere Mitfahrgelegenheit nach Venedig.

Aber Jammern half uns nicht weiter. Als Erstes mussten wir ein bisschen Abstand zwischen uns und die Polizisten bringen.

»Ich glaube, jetzt müssen wir erst mal ein Stück zu Fuß gehen«, sagte ich zu Opa und nahm ihn wieder an der Hand.

Im Schatten der Bäume spazierten wir weiter, immer Richtung Süden, weg von der großen Straße. Irgendwann erreichten wir einen buckeligen Weg. Ein Traktor kam uns entgegen, er zog einen Anhänger mit riesigen gefällten Baumstämmen. Der Fahrer rief etwas auf Italienisch, gestikulierte zu den Bäumen und zog fragend die Schultern hoch. Ich blickte zu Opa.

»Der will uns mitnehmen«, sagte er. So ein Glück!

Wie sich herausstellte, fuhr er nicht bis nach Venedig, aber ich war froh um jeden Kilometer, den wir unserem Ziel näher kamen. Opa und ich setzten uns auf die gefällten Baumstämme wie auf einen Pferderücken und ruckelten voran. Die Rinde des Baumes, auf dem ich hockte, war ganz harzig, meine Finger klebten daran fest. Doch es duftete nach Wald und Kiefern, und Opa lachte in sich hinein, glücklich über dieses verrückte Abenteuer.

Als der Baumtransporter schließlich an einer Kreuzung hielt, um Richtung Sägewerk abzubiegen, saßen wir ab. Opa winkte dem Traktor lange hinterher, dann marschierten wir weiter, immer die Landstraße nach Venedig im Blick.

Vor uns schienen die Gipfel zum Greifen nah. So aus der Nähe sah ich erst, wie zerklüftet die Felsen waren. In einigen verborgenen Winkeln lag noch Schnee. Der Himmel war blau; ab und an zog ein Adler seine Bahnen. Und es war still, so still, dass ich Opas Atem hören konnte.

Als wir später auf einer Anhöhe rasteten, blickte Opa den Hang hinab. Geröll von den Bergen sprenkelte die mageren Wiesen. Er neigte den Kopf, legte einen Finger auf den Mund und deutete zu einer Felsgruppe. Bildete ich es mir nur ein, oder war da gerade wirklich ein Murmeltier hinter einem Gesteinsbrocken verschwunden?

Ich schmiegte mich an Opa. In einer anderen Welt, ohne Alzheimer, hätte er mir jetzt alles erklärt. Über die Berge und die Tiere, die hier lebten. Aber in jener Welt wären wir ja gar nicht hier gewesen, fiel es mir ein.

Einen Moment saß ich noch so da, genoss die Sonne und Opas Wärme. Dann sprang ich auf und deutete den Weg entlang.

»Komm, Opa, wir haben noch was vor. Irgendwo dahinten muss Venedig liegen!«

43

Spät am Abend erreichten wir einen See. Sein Wasser war so klar, dass man die einzelnen Kiesel am Grund erkennen konnte.

Am Ufer weideten ein paar Schafe, doch wir hatten keine Hütte und auch keinen Schäfer gesehen. Vielleicht waren sie ja ausgebüxt, so wie Opa und ich.

Da es schnell dunkel wurde, blieben wir lieber an Ort und Stelle. Auch wenn mein Magen knurrte und der Rucksack bloß noch einen Apfel für uns beide hergab. Ich träumte von einem Lagerfeuer, Stockbrot, einer Luftmatratze zum Draufliegen …

Doch da war nichts dergleichen, noch nicht mal Streichhölzer. Also breitete ich alle Kleider aus der Tasche auf dem Boden aus. Als ich mich hinlegte, piksten mich Steine in den Rücken, aber trotzdem hätte ich nirgendwo anders sein wollen.

Mit der aufziehenden Dunkelheit war es still geworden. Sogar die Elstern hoch oben in den Bäumen gaben jetzt Ruhe. Nur das sanfte Plätschern des Sees drang an mein Ohr.

Lange lagen wir so da, unter unserer Decke, und sahen hinauf zu den Sternen. Es waren so viele, dass ich für einen Moment einen richtigen Schreck bekam. Ihr Licht war so intensiv. Fast meinte ich, nur die Hand ausstrecken zu müssen, um sie zu greifen. Ich versuchte mir vorzustellen, dort oben zu sein und herunterzusehen auf den See, auf Opa und mich. Zwei winzig kleine Punkte, kleiner, als ich sie hätte malen können. Und doch waren wir hier, zusammen.

Noch.

Ich spürte, wie meine Augen sich mit Tränen füllten. Worte drängten sich über meine Lippen. Ich wollte sie zurückhalten, zusammen mit meinen Tränen, aber es ging nicht.

»Opa?«, fragte ich leise. »Hast du eigentlich Angst davor, tot zu sein?«

Opa drehte sich um, sodass er auf der Seite lag. Ich rutschte ein Stück näher an ihn heran.

»Nein«, sagte er schließlich.

»Ich schon«, erwiderte ich.

»Na, aber du hast ja noch 'n paar Tage … Tage Zeit.«

Ich drehte mich auch auf die Seite. »Nein, Opa, ich meine, ich habe Angst davor, wenn du tot bist.«

Opa sah mich an. Ganz sanft strich er mir das Haar aus der Stirn.

»Das brauchst du nicht«, meinte er. »Dann werde ich mit Oma von da oben auf dich aufpassen. Und wir werden so stolz auf dich sein.« Opa blickte an mir vorbei, hinauf zu den endlosen Sternen. »Und wenn du mich vermisst, schaust du einfach zu mir hoch, und dann bin ich bei dir. Für immer.«

Eine Träne stahl sich aus meinem Augenwinkel, dann noch eine und noch eine und immer mehr. Sie schmeckten salzig auf meinen Lippen. Verstohlen wischte ich sie fort. Im nächsten Augenblick blökte eines der Schafe.

»Hast du was gesagt?«, fragte Opa mich stirnrunzelnd.

Ich musste lächeln.

»Ich hab nur gesagt, dass es so schön mit dir ist.«

Und Opa legte die Decke enger um mich, damit ich nicht fror.

44

Am nächsten Morgen weckte mich ein lautes Knurren. Ich fuhr auf und sah mich um. Der See lag friedlich da. Ein winziger Vogel hüpfte am Saum des Wassers entlang. Die Schafe waren schon wieder beim Fressen. Kaum hatte ich das gedacht, knurrte es wieder, und da merkte ich, dass es mein Magen war. Nach der Nacht unter freiem Himmel war mir auch ganz schön kalt.

Opa schlug die Augen auf. »Na, meine Principessa«, sagte er verwundert. »Wie kommst du denn hierher?«

»Los, Opa, steh auf. Lass uns weitergehen, ich hab Hunger …«

Zehn Minuten später hatte ich unsere Sachen eingesammelt. Opa griff nach der Tasche, und ich war froh, dass ich sie diesmal nicht tragen musste.

Wir liefen ein Stück am See entlang und dann weiter nach Süden. Die Sonne schien warm herab, und ich traute meinen Augen kaum, als hinter einer Wegbiegung ein kleiner Turm in Sicht kam.

Das dazugehörige Gebäude sah ganz anders aus als die Häuser in Hamburg, riesig und im gleichen Farbton wie meine Lieblingshose. Beige, mit ein bisschen Orange reingemischt. Das Beste an dem Gebäude aber war der Garten. Opa und ich spähten durch die Hecke. Auf einem verwitterten Tisch lagen die größten Tomaten, die ich je gesehen hatte.

Wir schlichen weiter an der Hecke entlang. Ein paar Meter weiter kam ein hölzernes Tor in Sicht, durch das wir in den Garten gelangten.

Die Tomate war so groß, dass ich sie mit beiden Händen packen musste. Hungrig biss ich hinein. Ich hatte das Gefühl, nie etwas Köstlicheres gegessen zu haben. Süßlich saurer Saft rann mir über das Kinn, ich wischte ihn fort. Opa packte sich gerade die Hosentaschen voll, als ich aus dem Augenwinkel eine Bewegung wahrnahm. *Mist!* Jetzt war es zu spät, um wegzulaufen.

Eine Frau näherte sich uns, sie trug einen schwarzen Schleier und ein langes schwarzes Kleid. Sie musste eine Nonne sein.

»*Posso aiutarvi?*«, sagte sie freundlich.

»Opa, was heißt das?«, fragte ich leise. Bevor er mir antworten konnte, sagte die Nonne: »Ich spreche auch Deutsch, wie die meisten hier in Südtirol.«

»Zum Glück«, entwich es mir.

»Was kann ich für euch tun?«

Da gab es nur eine Antwort. »Wir haben Hunger.«

Die Nonne lächelte. »Dann kommt mal mit.«

Sie gab uns ein Zeichen, und wir folgten ihr durch den Garten zu dem Gebäude.

Innen war das Kloster mit Holz verkleidet. Es roch schwach nach Weihrauch, und es standen eine Menge Heiligenfiguren herum. Was wichtiger war, wenigstens in diesem Moment, war der große Tisch in der Mitte des Saals, auf dem ein Laib Brot lag. Unsere Nonne holte zwei Teller und Löffel für uns, dann durften wir uns an den

Tisch zu den anderen Nonnen setzen. Zusammen mit ihr waren es fünf Frauen, allesamt mit Schleiern. Ich fragte mich im Stillen, ob der Kopf darunter nicht furchtbar juckte und ob die Nonnen ihn wenigstens nachts abziehen durften.

Eine der Nonnen kam mit einem Topf zu uns, füllte Opa und mir jeweils einen Löffel klare Brühe in den Teller und reichte uns je ein Stück Brot.

Ich konnte es kaum erwarten, die heiße Suppe zu essen, aber da hatte ich falsch gedacht. Denn erst mal wurde gebetet.

»Im Namen des Vaters, des Sohnes und des Heiligen Geistes«, sagte die Oberin, und die anderen Nonnen murmelten es ihr nach und bekreuzigten sich. Und damit nicht genug. Mit jedem Wort, mit jedem Gebet wurde die Brühe kälter. Als die Nonnen schließlich: »Komm, Herr Jesus, sei unser Gast, und segne, was du uns bescheret hast«, beteten, dampfte sie nicht mal mehr.

Dann endlich durften wir zulangen. Opa probierte die Suppe und sah nicht gerade begeistert aus. Lustlos stieß er seinen Löffel in die Brühe und ließ die klare Flüssigkeit zurück in den Teller rinnen.

»Also, auf einen Tomatensalat mit Knoblauch hätte ich mehr Lust gehabt«, maulte er.

Ich boxte ihn unauffällig in die Seite, was Opa gar nicht gefiel.

»Die Tomaten sind nur für den Verkauf auf dem Gemüsemarkt«, erklärte die Oberin. »Davon leben wir.«

»Auf dem Markt?«, fragte Opa, dann verzog sich sein Gesicht zu einem seiner »Ich weiß ’nen Witz«-Grinsen.

»Da fällt mir einer ein«, meinte er dann auch prompt. »Sagt die Nonne zum Bauer, der da sein Gemüse anbietet, ich hätte gerne eine Gurke. Sagt der Bauer, nehmen Sie doch zwei, dann können Sie eine essen!«

Vor Schreck prustete ich die Brühe aus. Opa lachte sich schlapp.

Die Oberin aber sah Opa irritiert an. »Das verstehe ich nicht.«

»Ja, was gibt's denn da nicht zu verstehen«, sagte Opa. »Wenn die Nonne eine isst, kann sie sich die andere …«

»Für den nächsten Tag aufheben«, fuhr ich dazwischen.

Die Nonnen sahen mich stirnrunzelnd an. Sie schienen echt keine Ahnung zu haben, worauf Opa hinauswollte. Dabei wussten das sogar Smylla und ich.

Er sah mich streng von der Seite her an. »Darf ich jetzt vielleicht mal meinen Witz erklären?«

»Nein, Opa«, wies ich ihn zurecht und wandte mich an die Nonnen. »Und was macht ihr hier so den ganzen Tag?«, fragte ich schnell in die Runde. Opa verzog schmollend das Gesicht und krümelte das Brot in die Suppe.

»Stimmt es, dass ihr keinen Sex machen dürft?«, fragte ich, offenbar in Gedanken noch ganz bei der Gurke.

Plötzlich war es so still, dass man eine Stecknadel hätte fallen hören. Beziehungsweise die Suppe, die der Oberin vom Löffel tropfte.

Ich zwickte mich ins Bein. Himmel, jetzt hatte ich den Gedanken tatsächlich laut ausgesprochen. Ich war bloß froh, dass Smylla nicht hier war, die hätte sich vor Lachen in die Hose gepinkelt. Oder Opa zu dem Witz mit der Banane angestachelt.

»Äh«, sagte ich und wurde rot, aber die Oberin sah mich mit ihrem gütigen Lächeln an und setzte zu einer Erklärung an.

»Ja, mein Kind. Wir leben in Keuschheit.«

»Sag ich ja. Gurke!«, brummte Opa.

Unter dem Tisch trat ich nach ihm.

»Aua!«

Offenbar hatte ich ihn erwischt. Gut so.

»Keuschheit, was ist das?«, hakte ich nach.

»Wir verzichten darauf, einen Mann zu lieben oder von einem Mann geliebt zu werden. Wir lassen diesen Platz für Gott frei«, sagte sie.

Ich runzelte die Stirn. »Das heißt, ihr seid sozusagen alle mit Gott verheiratet?«

Wieder zeigte sie ihr sanftes Lächeln.

»Ja, so kann man das sagen.«

»Dann … dann kann ja keiner eifersüchtig sein oder fremdgehen«, überlegte ich. »Könnten meine Eltern euch hier vielleicht mal besuchen?«

»Wieso fragst du, mein Kind?«

Ich seufzte.

»Na ja, ich glaub, die könnten bestimmt 'ne Menge von euch lernen.«

Später halfen wir den Nonnen im Garten, und sie boten uns an, die Nacht in ihrer Gästekammer zu verbringen. Als die Dämmerung einsetzte, fingen die Grillen laut an zu zirpen. Ich beugte mich hinunter und strich mit den Fingern durchs Gras, auf der Suche nach einer, aber sie blieben unsichtbar.

Opa war schrecklich müde von unserer Wanderung am vergangenen Tag. Als der Mond auf das Kloster schien, verzog er sich ins Bad. Und als ich später nach ihm sah, weil ich mich wunderte, ob er vielleicht auf dem Klo eingeschlafen war, lag er in der Badewanne, ohne Wasser und in seinen Kleidern. Ich versuchte ihn zu wecken, damit er im Bett weiterschlafen konnte, doch er atmete ganz regelmäßig, sodass Berta auf seinem Bauch auf und nieder tauchte, als säße sie auf einem Schiff. Also holte ich eine Decke und ein Kissen und machte es Opa ein bisschen bequemer.

Ich war müde, aber ich spürte, ich konnte noch nicht schlafen. Opas Worte vom Himmel gingen mir durch den Kopf. Daher beschloss ich, das Kloster ein wenig zu erkunden. Jetzt, in der Dunkelheit, waren die Gänge von lauter Kerzen erhellt. Alles sah so festlich aus, und in der Luft hing der süßliche Geruch von Bienenwachs.

Zum Innenhof hin hatten die Wände keine Fenster, sondern Bögen, die von Säulen gestützt wurden. Es sah aus wie in einem verwunschenen Schloss. Ich ging hindurch – und fand die Oberin, die an einem Tisch saß, ein dickes Buch mit Goldschnitt vor sich. Ob das die Bibel war?

Sie sah auf, als sie meine Schritte hörte, und lächelte mich an.

»Kannst du nicht schlafen?«

Ich schüttelte den Kopf. »Ich muss die ganze Zeit daran denken, was … was nach dem Tod passiert.«

»Setz dich zu mir«, sagte sie und deutete auf den Stuhl gegenüber.

Ich zog ihn heran; als ich saß, klemmte ich die Hände unter die Oberschenkel.

»Weißt du, ob das stimmt, was mein Opa gesagt hat? Dass man in den Himmel kommt?« Der Hall meiner Worte verfing sich in den Arkaden. Die Oberin schwieg eine Weile.

»Das hängt davon ab, ob man ein guter Mensch ist und ein bescheidenes Leben geführt hat«, sagte sie dann. »Schließlich entscheidet Gott, ob man in den Himmel oder in die Hölle kommt.«

»Glaubst du an den Himmel?«, fragte ich sie.

»Natürlich. Der Himmel macht unser Leben erst vollkommen. Wenn wir sterben, werden wir dort gemeinsam mit Gott leben.«

Sie klang so, als wäre sie sich vollkommen sicher. Ich fragte mich, wie man es schaffte, dermaßen überzeugt zu sein, gerade bei so einer großen Sache. Ich meine, ich hatte in der vergangenen Nacht eine Menge Himmel gesehen, er war so klar, so nah gewesen wie nie zuvor in meinem Leben. Aber das Licht … Das waren bloß Sterne gewesen, oder nicht? Sonst hatte ich da keinen gesehen. Weder Oma noch Fluffy, mein totes Zwergkaninchen, und auch nicht den Nachbarn von schräg gegenüber, der vergangenes Jahr gestorben war.

Aber vielleicht würde es anders sein mit Opa. Vielleicht würde ich ihn sehen können, weil ich ihn so schrecklich lieb hatte.

»Glaubst du denn, mein Opa kommt in den Himmel?«

Die Oberin sah mir in die Augen. »Bei all dem, was du mir über deinen Opa erzählt hast, bin ich mir da ganz sicher. Du bist ein gutes Mädchen. Der Weg, den du gehst, ist ein besonderer.«

Ich fragte mich insgeheim, was sie damit meinte. Immerhin war ich weggelaufen, nachdem ich zu meinem Vater gesagt hatte, ich würde ihn hassen, hatte dann die Notbremse gezogen, war vor der Polizei getürmt und hatte ausgerechnet im Klostergarten eine Tomate geklaut. Ich wollte schon nachfragen, aber da hörte ich schlurfende Schritte. Ich drehte mich um. Es war Opa, der durch den Säulengang irrte.

»Suchst du was, Opa?«

»Elisa… ähm, Margarethe«, murmelte er und blickte auf. »Du hast nicht zufällig Margarethe gesehen?«

Ich schüttelte den Kopf. »Nein, Opa.«

Er wandte den Kopf in alle Richtungen. »Komisch. Eben war sie noch da.«

»Er meint meine Oma«, flüsterte ich, als die Oberin mich fragend ansah, und deutete nach oben. »Die ist schon im Himmel.« Dann stand ich auf. »Komm, Opa, wir gehen sie suchen.«

Ich nahm ihn an der Hand, wie so oft in den vergangenen Tagen. Die Kerzen warfen flackerndes Licht an die Wände. Ich zog Opa weiter, und es war ein bisschen so wie an Weihnachten, als ich noch klein gewesen war. Da hatte Papa mich an die Hand genommen, und ich war mit ihm durch den von Fackeln erhellten Garten und das Haus getapst, auf der Suche nach dem Christkind.

»Das gibt's doch nicht. Irgendwo muss sie ja sein«, flüsterte ich, so wie Papa früher.

Und Opa … Opa folgte mir auf Zehenspitzen. »Schatz,

wo bist du?«, rief er, und seine Stimme hallte an den Wänden entlang. »Die hat sich aber gut versteckt.«

»Ich glaub, dahinten ist sie«, flüsterte ich.

Opa tappte weiter, durch lange Gänge und immer neue Türen hindurch, enge steinerne Treppen hinunter und wieder hinauf. Schließlich landeten wir in der Kapelle. Auch hier waren Kerzen entzündet.

»Oma«, flüsterte ich.

Opa steuerte die nächste Treppe an. »Wo ist sie bloß?«, fragte er und wurde unruhig. »Margarethe?«

Schließlich landeten wir in dem weiten, holzverkleideten Raum, in dem wir gegessen hatten. In einer Nische im Gemäuer stand eine lebensgroße Madonna. Ihr Gesicht war so ebenmäßig, der Ausdruck so friedlich …

»Opa, ich glaub, ich habe sie gefunden«, sagte ich und deutete zu der Nische.

Hinter mir hörte ich ein Geräusch, es war die Oberin.

Opa ließ meine Hand los. Wie gebannt ging er auf die hölzerne Madonnenstatue zu und blieb vor ihr stehen. Zärtlich strich er ihr über den Kopf. Das Haar fiel ihr in Wellen bis über die Schultern, es war von einem geschnitzten Schleier bedeckt.

»Mein Gott, wie schön du bist«, flüsterte er. Wieder und wieder strich er ihr über den Kopf. »Ich hab dich so vermisst!«

Er sah sie an, wie er mich ansah, und noch ein bisschen lieber. Wie sehr hätte ich mir gewünscht, Oma wäre wirklich hier, bei ihm.

Ich musste an meine Eltern denken. Spürte, wie lieb ich sie hatte. Und da wurde mir klar, dass sie dafür gar nicht hier sein mussten. Ich konnte sie auch so lieb haben, so wie Opa seine Margarethe. So wie ich Opa, wenn es an der Zeit war für ihn zu gehen. Wenn er im Blau des Himmels eine Spur zurückließ und ich ihn dort suchen durfte.

45

Beim Kloster, Juni 2017

Und wieder hatte ich das Gefühl, dass die Zeit stehen geblieben war. Vor uns, auf einer Anhöhe, ragte das Kloster auf, in dem Amandus und ich vor neunzehn Jahren übernachtet hatten. Ich beugte mich vor und sah durch die Windschutzscheibe an den Türmchen empor, die sich in den wolkenlosen Himmel reckten.

»Das ist es«, rief ich. »Hundert Prozent.«

Kaum hatte Smylla unseren Mietwagen geparkt, stieg ich aus und lief den Weg entlang. Weinreben begrenzten den Garten. Ich spähte hindurch. Ein kleines Gewächshaus stand ein Stück vom Weg versetzt, das war damals noch nicht da gewesen.

Als ich weiterlief, zum Portal, öffnete mir eine junge Schwester. Ich fragte sie nach der Oberin, und sie bot an, mich zu ihr zu führen. Hinter mir hörte ich Schritte. Es war Smylla, ich lächelte ihr zu. Gemeinsam folgten wir der Schwester durch das Portal in einen weiten Gang, an dessen Ende eine niedrige hölzerne Tür zum Verwaltungstrakt führte. Die Schwester gab uns ein Zeichen zu warten und trat durch eine weitere Tür. Als sie sich kurz darauf wieder öffnete, kam die Oberin heraus. Ich musterte sie – es war tatsächlich dieselbe Ordensschwester wie damals!

Wie alt mochte sie jetzt sein? Sechzig? Fünfundsechzig? Ihr Gesicht war faltig geworden, aber die Augen ... die gütigen grünen Augen waren noch dieselben.

Sie sah mich fragend an. Da wurde mir klar, dass sie mich kaum wiedererkennen konnte. Wie das kleine Mädchen von damals sah ich wahrhaftig nicht mehr aus.

»Wahrscheinlich ist es zu lange her ...« Ich räusperte mich. »Ich war vor fast zwanzig Jahren hier, mit meinem Großvater. Sie haben uns damals etwas zu essen gegeben und hier übernachten lassen. Und am nächsten Morgen haben Sie uns ...«

»... nach Venedig gefahren!«, rief sie und sah mich ungläubig an. »Ist das möglich? Wie schön, Sie wiederzusehen.«

Ich erzählte ihr, dass wir auf den Spuren meines Großvaters durch Italien reisten, und stellte ihr Smylla vor.

»Bleiben Sie doch über Nacht«, bat sie. »Wenn Ihnen unsere kargen Kammern nicht zu unbequem sind.« Sie blickte auf die Uhr. »In zehn Minuten ist Andacht. Danach würde ich mich freuen, wenn Sie mir alles erzählen. Wie das Abenteuer damals weitergegangen ist.«

Fragend sah ich zu Smylla, sie nickte. Ich freute mich so, wieder hier zu sein. Lange Jahre hatte ich nicht mehr an das Kloster gedacht. Doch jetzt, als die Schwester uns durch die alten Gänge zum Gästetrakt führte, spürte ich, wie wichtig die Begegnung mit der Oberin für mich gewesen war. Ich war mit tausend Fragen im Gepäck hergekommen, mit knurrendem Magen und Blasen an den Füßen. Und ich hatte viel mehr bekommen als eine wässrige Suppe und ein Bett für die Nacht. Manchmal brauchte man eben jemanden, der zuhörte. Der Antworten hatte auf bohrende Fragen. Antworten und Geduld.

Kaum waren wir allein, flüsterte Smylla: »Auf gar keinen Fall geh ich zu dieser Andacht.«

»Ist ja schon gut«, flüsterte ich zurück. »Dann mach Wellness. Nimm ein Bad. Aber wunder dich nicht, wenn das Wasser kalt ist.«

Sie streckte mir die Zunge raus. »Mach du mal dein Nonnen-Ding. Ich geh noch ein bisschen streunen. Die Gegend hier ist ein Traum. Und dieses Anwesen …« Sie seufzte. »Gläubig müsste man sein.«

Später am Abend saß ich mit der Oberin in der Bibliothek. Sie erzählte mir von den alten Leuten, die rings um das Kloster in vereinsamten Weilern lebten, und dass das Kloster sie versorgte.

»Ich habe oft an Sie und Ihren Großvater denken müssen«, meinte sie. »Das war ein Geschenk, Sie beide zu sehen … wie Sie mit ihm umgegangen sind. So natürlich. Vielleicht können Kinder das einfach besser. Sie erwarten keine Leistungen. Erwarten nicht, dass ein alter Mensch immer funktioniert. Sie haben noch alle Zeit der Welt. Können miteinander lachen, statt jemanden auszulachen.«

Ich schmunzelte. »Mein Opa und ich haben eine Menge gelacht. Ich habe damals gedacht, Opa sei der lustigste Erwachsene überhaupt.«

»Und manchmal war er wie ein Kind. Dann mussten Sie die Erwachsene sein.«

Ich nickte. Ja, so war es gewesen, schon auf unserer Fahrt hierher.

»Wie ist es denn weitergegangen?«, fragte sie behutsam.

»Er ist im Jahr darauf gestorben«, sagte ich.

»Hat er Sie noch lange Zeit erkannt?«

Ich schüttelte den Kopf. »Schon in Venedig nicht mehr.«

Mit ihren sanften Augen sah sie mich an. »Vielleicht hat ein anderer Teil von ihm Sie erkannt. Einer, der keine Worte braucht. Seine Seele.«

Ich nickte, doch meine Augen brannten. Ich war plötzlich unsäglich traurig. »Auch wenn er uns wohl nicht mehr erkannte, gab es viele Momente, in denen wir so vertraut waren wie früher. Wir haben noch viel zusammen unternommen, sind spazieren gegangen und sogar Achterbahn gefahren. Da hat er den Arm um mich gelegt, mich gedrückt, so wie früher …« Ich schluckte. »Es war schön. Bis er dann starb.«

Ich senkte den Kopf. Sie griff nach meiner Hand.

»Einschlafen dürfen, wenn das Leben gelebt ist, wenn die ganze Müdigkeit der Jahre nach einem greift, das ist etwas Gutes. Man darf die Last ablegen, die man getragen hat. Ist frei.«

»Ja, das ist wohl wahr.«

Eine ganze Weile schwiegen wir.

»Bei der Beerdigung war ich nicht dabei«, erzählte ich ihr schließlich. »Ich glaube, ich wollte ganz einfach nicht zusehen müssen, wie der Sarg geschlossen und mein Opa darin – eingesperrt wurde. Ich wollte mir vorstellen können, dass er wirklich frei war. Und deshalb bin ich auf die Wiese gelaufen und habe hinauf in den Himmel gesehen und ihn gesucht.«

»Und?«, fragte sie und lächelte.

Jetzt musste auch ich lächeln, als die Erinnerung kam und meine Traurigkeit wegwischte. »Dann hat ein Schaf geblökt.« Ich suchte ihren Blick. »War das Zufall?«

»Gibt es den Zufall? Oder sind die sogenannten Zufälle nicht viel eher ein geheimnisvolles Zusammentreffen zweier Ereignisse, die uns denken lassen, da muss doch mehr sein? Mehr, als unsere Augen sehen?«

»Man muss wohl tatsächlich mit dem Herzen sehen«, sagte ich. »Und trotzdem ist der Himmel über einem manchmal leer.«

»Der Himmel ist nur eine Metapher«, sagte sie. »Er ist überall.«

46

Am nächsten Morgen erwachte ich vom Krähen eines Hahns. Smylla zog stöhnend das Kissen über den Kopf und schlief weiter. Mein Blick wanderte die karge Wand hinauf zum Fenster. Durch die Läden fielen Sonnenstrahlen, in denen der Staub tanzte. Eine eigentümliche Unruhe erfasste mich, ich spürte, ich konnte nicht wieder einschlafen. Also ging ich ins Bad und hockte mich in die Wanne, um mich abzubrausen. Das Wasser war eiskalt, wie ich es Smylla angedroht hatte. Wenigstens war ich jetzt hellwach.

So leise wie möglich kramte ich in meiner Tasche nach einem frischen T-Shirt.

»Du brauchst gar nicht so zu tun, als wolltest du mich nicht wecken«, schimpfte Smylla in ihr Kissen hinein und drehte sich ächzend um. »Oh Gott. Noch nicht mal sechs Uhr. Das ist Folter.«

Ich ließ mich auf ihr Bett sinken und zog mir die Strümpfe an. Smylla drehte sich zu mir um und sah mir dabei zu. Vielleicht gab es diese besondere Art der Vertrautheit nur mit Menschen, mit denen man aufgewachsen war. Zusammen erwachsen geworden war.

»Ich geh ein bisschen spazieren«, sagte ich. »Ist bestimmt wunderschön draußen, so früh am Morgen.«

»Hmhm«, brummte Smylla und rieb sich den Nacken. »Wunderschön.«

Als ich hinaus in den Garten trat, war die Luft noch frisch. Ich schlang die Arme um meinen Oberkörper und drehte mich langsam im Kreis. Der Himmel war klar und von Bergspitzen gesäumt. Durch das Tor bemerkte ich eine Bewegung, es war die junge Schwester, die einen Korb mit Eiern trug. »Dort hinten wartet jemand auf Sie«, rief sie und deutete Richtung Parkplatz.

»Auf mich?«, fragte ich ungläubig.

Für einen Moment verlor ich die Orientierung in Zeit und Raum. Bilder von meinem Opa tauchten vor meinem Auge auf. Dann schüttelte ich den Kopf und fand zurück in die Gegenwart. Mein Herz klopfte schneller, und ich begann zu rennen.

Auf dem Parkplatz stand unser Wagen. Philipp lehnte daran. Als er mich sah, lief er mir entgegen.

Zwei Schritte blieben wir voreinander stehen.

»Philipp … Was machst du hier?«

»Ich …« Unsicher blickte er sich um. Sah zu Boden, dann zu mir.

»Ich möchte mich bei dir entschuldigen. Dir sagen, dass ich dich vermisse.«

Ich suchte seinen Blick. Griff nach seiner Hand.

»Du hast ganz kalte Hände«, sagte er und rieb meine Finger.

Ich nickte. »Es ist kälter hier oben, als ich dachte.«

»Meinetwegen?«, fragte er unsicher. »Weil ich so ein kalter, gefühlloser Typ bin?«

Ich schüttelte den Kopf. »Ich freu mich so, dass du gekommen bist. Aber woher wusstest du …«

Er lächelte zaghaft. »Smylla hat mich gestern angerufen.«

Das hätte ich mir denken können. »Was hat sie gesagt?«

Er atmete hörbar aus. »Dass ich ein Idiot sei. Dass ich es nicht wagen sollte, hier aufzukreuzen, wenn es mir nicht ernst wäre. Und wenn ich nicht kompromissbereit wäre, würde sie mich eigenhändig entmannen, das hat sie gesagt.« Er verzog das Gesicht, und ich musste unwillkürlich lachen.

»Und wenn sie nicht angerufen hätte?«, fragte ich, nun wieder ernst. »Wärst du dann auch gekommen?«

Philipp senkte den Kopf. »Ich glaube, ich hätte gewartet, bis du wieder nach Hause gekommen wärst.«

»Um mir was zu sagen?«

Er trat einen Schritt näher. »Um dir zu sagen, dass du mir fehlst. Dass ich dich liebe.«

Ich schloss für einen Moment die Augen. Dann stellte ich mich auf die Zehenspitzen und legte meine Stirn gegen seine. Spürte, wie die Distanz der letzten Wochen dahinschmolz.

»Ich will dich nicht verlieren. Lass mich teilhaben an deinen Ideen«, bat er und umfasste meine Schultern. »Ich verspreche dir, ich höre dir zu. Vielleicht finde ich sie schrecklich, vielleicht ganz toll, das weiß ich nicht … Aber wenn sie dir so viel bedeuten …«

Ich umarmte ihn fest, spürte, wie meine Welt sich wieder ordnete. Unser erster Streit. Die erste Versöhnung.

Irgendwann spürte ich die Anwesenheit eines Dritten. Ich wandte mich um. Smylla stand da und grinste wie eine Glückskatze.

»Du hast das eingefädelt«, sagte ich, an Philipp gelehnt.

»Jawoll«, meinte sie.

»Du hast mich betrunken gemacht, mich ausspioniert, und dann, als ich dir verraten habe, wie sehr ich Philipp vermisse, da … da …«

»Da hab ich ihn angerufen.«

»Und jetzt stehst du da und grinst schamlos.«

»Absolut schamlos.«

Ich fasste Philipp bei der Hand. »Wie wäre es, wenn ich dich der Oberin vorstelle? Und dann … dann hauen wir ab nach Venedig. Alle drei.«

»Nix da«, sagte Smylla. »Fahrt ihr mal allein da hin.«

»Ja, aber …«, setzte ich an.

»Pff. Lauter Kanäle, was will ich da? Ich wette, es wimmelt vor Ratten«, sagte sie. »Wenn du mich fragst, ist Venedig total überbewertet.«

Philipp lachte. Ich nahm Smylla in den Arm und drückte sie fest.

»Danke«, flüsterte ich ihr ins Ohr.

47

Venedig, August 1998

Am nächsten Morgen nahm die Oberin mich an der Hand und deutete auf ihren dreirädrigen Gemüsekarren, der beladen war mit Kisten voller frisch geernteter Tomaten, Gurken, Auberginen und Kartoffeln.

»Das wird ein bisschen eng, und schnell sind wir auch nicht mit unserem Piaggio, aber weißt du was? Ich fahre euch nach Venedig.«

»Echt?«, rief ich und sah sie mit großen Augen an.

Sie nickte. »Auf, pack deine Tasche. Wir müssen zeitig los, wenn ich unser Gemüse heute noch verkaufen will.«

Eine halbe Stunde später zuckelten wir über die gewundene Straße. Jedes Mal, wenn es einen Berg hinaufging, ächzte der kleine Transporter, sodass ich das Gefühl hatte, es würde schneller gehen, wenn wir ausstiegen und ihn anschöben. Einmal bockte der Piaggio und heulte auf, doch dann hatten wir die letzte Bergkuppe erreicht und hielten an. Ich konnte mich gar nicht sattsehen. Die Berge lagen in unserem Rücken, und vor uns erstreckte sich eine weite Ebene. Ganz weit unten glitzerte ein Fluss. Und am Horizont, Richtung Osten – war das etwa schon das Meer?

Zwei Stunden später erreichten wir Venedig-Mestre. Von hier aus ging es mit dem Boot in die Lagunenstadt.

Ich umarmte die Oberin zum Abschied fest, und was tat Opa? Er schnappte sich eine Gurke vom Laster, grinste schelmisch und reichte sie ihr! Und noch immer verstand sie den Witz nicht.

Nun waren wir wieder ganz auf uns gestellt. Als das Boot endlich ablegte und die Stadt immer näher kam, spürte ich, wie Opas Blick sich veränderte. Er erkannte Venedig wieder! Den Arm fest um meine Schultern gelegt, saß er da und weinte. Weinte vor Glück, während das Wasser der Lagune aufspritzte und auf meinen nackten Beinen landete.

Wir hielten an einem Steg. Zum Glück hatte ich noch in Mestre mein Taschengeld in Lire getauscht. Die brauchten wir auch, denn kaum hatten Opa und ich das Ende des Stegs erreicht, kam eine Eisdiele in Sicht. Ich zog Opa an der Hand dorthin, und wir kauften uns das riesigste Eis, das ich jemals gegessen hatte.

Gemütlich schlenderten wir weiter, ließen uns mit der Menge treiben.

So viele Leute waren unterwegs! Ich sah mich um. Die Häuser waren wie kleine Paläste. Da machte es nichts, dass sie ein bisschen verfallen waren, der Putz voller Risse, wie die Falten in den Gesichtern alter Menschen, die so viele Geschichten zu erzählen hatten.

Läden und Fenster standen weit offen, und auch die Türen. Ich sah einen Maler, der den Pinsel in die Palette tauchte und dicke rote Farbe auf eine Leinwand klatschte. Ein Stück weiter spielte ein Straßenmusiker Gitarre unter einem Dach, das von hohen Säulen gestützt wurde. Opa stellte die Tasche ab, legte Berta obendrauf, dann griff er nach meiner Hand und tanzte mit mir, schwang mich herum, dass mir schwindlig wurde und die Welt sich immer schneller drehte, bis sie in Farben zerfiel wie die Bilder eines Kaleidoskops.

Wir kletterten Brücken hinauf und hinunter, beobachteten unsere Spiegelbilder im Wasser, die sich verzerrten wie in einem Spiegelkabinett. Und dann waren wir auf dem Markusplatz angelangt. Ich erkannte den Dogenpalast und den Markusdom, und die alten Schwarz-Weiß-Bilder aus Opas Fotoalbum füllten sich mit Farben.

Opa kaufte eine Handvoll Taubenfutter. Als er den Beutel mit seinen zittrigen Fingern öffnete, kamen die Tauben herbei, sie landeten auf unseren Schultern, den Armen, pickten um unsere Füße herum, und eine setzte sich sogar auf meinen Kopf. Und Opa … Opa blickte hinauf in den Himmel und strahlte so breit, dass ich ihn einfach fest drücken musste.

Später, als die Abendsonne die Häuser leuchten ließ wie Pfirsiche, stiegen wir in eine schwarze Gondel. Der Gondoliere hatte eine riesenlange Stange und stakte uns damit vorwärts. Ich fühlte mich wie in einem Film. Vom Wasser aus sah man die Pfähle, auf denen die Stadt vor vielen Hundert Jahren errichtet worden war. Ich konnte es kaum glauben, dass es so etwas wirklich gab.

Mit einem Mal richtete Opa sich auf und deutete auf ein riesiges altes Gebäude zu unserer Rechten.

»Hier hab ich mit Oma übernachtet. In dem Hotel hier.«

»Sicher?«

Opa zog die Stirn in Falten. »Na ja, ziemlich …«

Wir ließen uns an den Steg fahren und kletterten aus der

Gondel. Mit Berta auf dem Arm trat Opa durch die messingfarbene Drehtür und ging weiter zur Rezeption. Ich folgte ihm. Und schon wieder waren wir in einer Art Schloss gelandet, wobei dieses hier viel kostbarer ausgestattet war als das Kloster. Überall hingen riesige Kronleuchter, und die Wände waren golden verziert.

Der Mann hinter der Rezeption sah lustig aus, mit dunklen Locken und einem schmalen Bart über der Oberlippe. Er begrüßte uns auf Italienisch.

Ich probierte mein Glück und fragte ihn auf Deutsch nach einem Zimmer für Opa und mich.

»Ah, *signorina*, wir haben leider nur noch eine Suite«, sagte er bedauernd.

Opa zuckte die Achseln. »Das soll mir recht sein.«

»Was kostet so eine Suite denn?«, hakte ich nach.

»Eine Million fünfhunderttausend.«

»Eine Million fünfhunderttausend?«, wiederholte ich ungläubig. »Für eine Nacht?«

Der Rezeptionist hob die Hände und zog die Schultern bis fast zu den Ohren hoch. »Es tut mir leid, es ist unser letztes Zimmer.«

Opa schien das Ganze nichts auszumachen. »Wir nehmen die … na, Dings. Suite.« Er beugte sich zu mir und flüsterte: »Das sind doch bloß Lire. Nicht mal zwei Mark.«

Wer's glaubt.

»Und zahlt ihr bar oder mit Karte?«, fragte der Rezeptionist und sah uns ganz so an, als würde er uns nicht über den Weg trauen.

Ich holte Opas Geldbeutel hervor und zog die Karte heraus.

»Numero?«, meinte der Rezeptionist, als er sie in den Kartenleser schob und ihn zu uns drehte.

Opa überlegte angestrengt.

»Schlacht von Werdöön«, flüsterte ich.

Er sah mich fragend an. »Verdun?«

Da wusste ich es wieder. 1-9-1-6, gab ich ein und drückte auf den grünen Knopf. Schon surrte das Gerät und druckte die Quittung aus. Geschafft!

Mit einem breiten Lächeln gab der Rezeptionist mir den Schlüssel. »Bitte sehr«, sagte er und rollte das »r« wie ein Ausrufer auf einem Jahrmarkt.

Opa sah ihn an, legte den Kopf schief und grinste frech.

»Warum haben eigentlich alle Italiener einen Oberlippenbart?«, fragte er.

Der Rezeptionist zuckte höflich mit den Schultern und riss den Beleg ab.

»Weil sie aussehen wollen wie ihre Mutter«, sagte Opa.

Einen kurzen Moment herrschte Stille. Dann brach der Rezeptionist vor Lachen fast zusammen.

»Hahaha, der ist gut! Der ist wirklich gut. Haha … Wie ihre Mutter!«

Er schlug auf den Tresen. Opa zwinkerte ihm zu. Unter großem Gelächter machten wir uns auf den Weg in unsere Suite.

Wenn die Eingangshalle schon schlossähnlich gewesen war, dann war es die Suite noch viel mehr. Riesige Gemälde hingen an den Wänden wie in einem alten Museum. Und das Bett war so breit, dass Mama und Papa und Smylla mit uns darin Platz gehabt hätten.

Später am Abend, ich hatte schon mein Nachthemd an, hörte ich Opa im Bad vor sich hin schimpfen. Als ich nach ihm sah, stand er vor dem Spiegel und hantierte mit der elektrischen Zahnbürste. Er schaffte es einfach nicht, den Bürstenkopf aufzustecken.

Ich überlegte hin und her, ob ich ihm helfen sollte, aber ich traute mich nicht. Manchmal wurde er nämlich richtig wütend, wenn man das tat.

Ich trat einen Schritt näher. Da hob Opa den Blick, sah sich im Spiegel – und erschrak. Erschrak vor sich selbst.

»Wer ist *das* denn?«, fragte er in den Raum hinein und deutete auf den Spiegel. »Der da! Was will der hier?«

»Das bist doch du, Opa.« Ich stellte mich neben ihn und deutete hintereinander auf unsere Spiegelbilder. »Das bist du, und das bin ich.«

Opa hörte mir gar nicht zu. Er machte eine Bewegung mit der Hand und sah ungläubig in den Spiegel.

»Guck mal«, flüsterte er. »Ich mach mir alles nach.«

Opa nestelte an seinem Schlafanzug, zog ein ernstes Gesicht, streckte sich selbst die Zunge raus. Plötzlich war ich mir nicht sicher, ob er bloß Spaß machte oder sich wirklich nicht erkannte.

Erneut griff er nach dem Zahnbürstengriff und trug zentimeterdick Zahnpasta auf. Dabei warf er immer wieder kontrollierende Blicke in den Spiegel. So, als stünde dort tatsächlich ein Fremder.

Als er sich den bloßen Zahnbürstengriff auch noch in den Mund stecken wollte, packte ich sanft seine Hand.

»Du musst schon erst die Zahnbürste draufstecken.«

»Weiß ich doch«, sagte Opa und grinste.

Ich half ihm. Als Opa nach dem Rasierschaum griff, nahm ich ihm die Dose wieder aus der Hand.

»Zum Zähneputzen benutzt man Zahnpasta. Der Schaum ist zum Rasieren da«, sagte ich streng.

Opa war immer noch mit seinem Spiegelbild zugange. So kamen wir nicht weiter. Kurzerhand zog ich ihn auf das Klo und setzte mich auf den Hocker daneben. Dann bleckte ich die Zähne, und als Opa es mir nachmachte, steckte ich ihm vorsichtig die Zahnbürste in den Mund und fing an, ihm die Zähne zu putzen.

Opa zog eine Schnute. »Das kitzelt an der Nase«, nuschelte er und zog sie hoch wie ein Kaninchen.

Ich musste lachen. »Du bist echt der lustigste Erwachsene, den ich kenne, Opa.«

Und dann lagen wir endlich im Bett. Mir fielen fast die Augen zu.

»Von dir kann ich noch so viel … lernen«, sagte Opa da. Ich musste grinsen.

»Quatsch«, sagte ich. »Du darfst nur nicht noch mehr verlernen!«

Der ganze verrückte Tag zog an mir vorüber, und ich hätte gar nicht sagen können, was am tollsten gewesen war.

»Das war so schön heute mit dir«, flüsterte ich schließlich.

Opa lächelte glücklich. Und vielleicht war genau das am allertollsten.

48

Venedig, Juni 2017

An Philipp geschmiegt, saß ich im Wassertaxi von Mestre nach Venedig. Kurz hatten wir überlegt, mit dem Zug zu fahren, aber man sollte einen solchen Palast ja bekanntermaßen nicht durch die Hintertür betreten.

»Sieh dir diese Bauten an«, sagte Philipp staunend. »Wer hat so etwas ersonnen? Und dann gebaut? Mit den damaligen begrenzten Möglichkeiten?«

Ich schmunzelte. Ganz ähnlich hatte ich es empfunden, als ich das erste Mal hier gewesen war.

Philipp drückte meine Hand und sah mich an. »Und jetzt?«

»Ich würde gern zu dem Hotel, in dem mein Großvater und ich waren. Wir müssen da ja nicht übernachten. Vielleicht können wir anschließend irgendwo unser Gepäck loswerden und dann einfach durch die Gassen laufen. So wie Opa und ich damals.«

»Irgendeine Chance, dass wir dann zurück zum Hotel finden?«, fragte er zweifelnd.

»Keine Ahnung«, lachte ich. »Aber wenn ich das damals mit meinem Opa geschafft habe, müssten wir zwei das doch auch hinbekommen.«

Philipp lehnte sich zurück und streckte die langen Beine

aus. »Ich habe das nie gehabt … so eine enge Verbindung zu meinen Großeltern. Da ging es immer um Leistung. Wenn ich mein Zeugnis bekam, musste ich zu ihnen gehen und es vorzeigen. Dann bekam ich für jede Eins zehn Mark und für alles, was schlechter war, einen Vortrag.« Er grinste. »Wenigstens habe ich sie nicht in Unkosten gestürzt.«

Ich hielt das Gesicht in die Sonne und ließ mich wärmen. Was hatte ich doch für ein Glück mit meinem Opa gehabt. Und er? Er hatte sich damals, auf unserer Reise, ein Stück von seinem Glück zurückgeholt. Und jetzt fühlte es sich ganz so an, als täte ich genau das Gleiche. Ich musterte Philipp von der Seite und vergrub mein Gesicht an seiner Schulter. Wie hatte mir die Nähe zu ihm in letzter Zeit gefehlt.

Als wir in das Foyer des Hotels traten, blendeten mich die Spiegel und der altehrwürdige Glanz. An der Rezeption stand dieses Mal kein Mann mit Oberlippenbart, sondern eine junge Frau, die uns mit einem Zahnpastalächeln begrüßte.

»Haben Sie noch ein Zimmer frei? Vielleicht eine Suite?«, fragte Philipp auf Englisch.

»Wie lange möchten Sie bleiben?«

»Zwei Nächte?«

»Lassen Sie mich schauen … *Si, signore* … Wir haben noch die Canal Suite und die Presidential Suite frei.«

Fragend sah Philipp mich an. »Weißt du noch, wo ihr damals wart?«

Ich schüttelte den Kopf. »Aber du wirst doch nicht so

wahnsinnig sein und hier unser Geld zum Fenster rauswerfen«, flüsterte ich. Nicht leise genug, wie es schien.

»Die Canal Suite kostet 1290 Euro pro Nacht und die Presidential 3210.«

Philipp verzog keine Miene. »Sehr schön. Dürften wir uns beide mal ansehen?«

»Selbstverständlich.« Die Rezeptionistin rief geschäftig einen Pagen herbei und reichte ihm zwei Schlüssel. Wir ließen uns von ihm zum Aufzug führen.

»War das damals schon so teuer?«, flüsterte Philipp.

»Richtig teuer, und damals noch in Lire! Aber Opa behauptete, das wären umgerechnet bloß ein paar Mark.« Ich musste lachen. »Meine Eltern sind auch hier abgestiegen. Verrückt, oder?«

»Verrückt, dass ihr euch nicht begegnet seid«, meinte Philipp. »Wenn ich mir vorstelle, Käthe wäre allein hier …« Er schüttelte den Kopf. »Ich würde rotieren.«

»Und jetzt? Macht es dir was aus, dass sie nicht dabei sind? Käthe und Max?«

»Niko ist ja bei ihnen, und Helene doch auch. Ehrlich gesagt möchte ich lieber mit dir allein sein«, meinte er und griff nach meiner Hand.

Dann standen wir in dem Gang zur Suite mit Blick auf den Kanal. Ich sah mich suchend um, war mir nicht sicher, ob Opa und ich genau hier untergekommen waren. Als der Page die Tür öffnete, stürmten die Erinnerungen auf mich ein. Es war nicht dasselbe Zimmer, aber ein ganz ähnliches.

Philipp trat ans Fenster. »Der Blick. Sieh dir das an. Das ist ja traumhaft.«

Mich aber zog es ins Bad.

Und da stand ich, vor dem goldgerahmten Spiegel, in dem mein Opa sich selbst gesehen und nicht mehr erkannt hatte. Für einen Moment fühlte ich mich, als könnte ich hindurchstürzen, durch den Spiegel, in die immer weiter zerfallende Welt meines Großvaters hinein. Was war in seinem Kopf gewesen? Fragmente seines Lebens, die an ihm vorbeizogen? So wie nach einer Narkose, wenn man erwachte und gar nicht wusste, was mit einem geschah? Wenn man um Erinnerungen rang? Nach Anhaltspunkten suchte, im Raum, an sich, in sich selbst? Ich schauderte, mir war plötzlich kalt.

Philipp berührte mich sanft am Arm und holte mich zurück in die Gegenwart. Zärtlich strich er eine Träne aus meinem Augenwinkel.

Dann wandte er sich zu dem Pagen um.

»Es tut mir leid, hier gefällt es uns nicht. Hier sind zu viele Spiegel.« Er drückte ihm ein Trinkgeld in die Hand, dann verschwanden wir, Hand in Hand, durch die Drehtür hindurch, und ließen die Vergangenheit hinter uns.

In einer Seitengasse fanden wir ein günstigeres Hotel. Ich sah aus dem Fenster. In der feuchtwarmen Luft hingen die Gerüche des Hinterhofs.

Philipp stand dicht hinter mir.

»Lass uns noch mal rausgehen, was essen«, sagte ich.

Er strich mir das Haar hinters Ohr. Ich schmiegte die Wange in seine Hand. Doch ich war noch viel zu aufgewühlt für weitere Zärtlichkeiten. Philipp schien es zu spüren. Er ließ die Schultern hängen.

»Ich weiß, mit dem Vertrauen ist das so eine Sache. Ich hab's vermasselt. Hab dein Vertrauen zerstört.«

Ich drehte mich zu ihm um und musterte ihn. »Nicht zerstört. Sagen wir, erschüttert.«

Er seufzte. »Meinst du denn, man kann es wieder aufbauen? Ich meine, du. Wir.«

Ich griff nach seiner Hand, spielte mit seinen Fingern. »Ja, das kann man. Ich will dich auch nicht verlieren.«

Philipp sah mich an. Tausend Gedanken zogen hinter seiner Stirn vorbei. Er entschied sich für den richtigen. »Vielleicht magst du mir die Bank zeigen, auf der du deinen Opa damals gefunden hast?«

»Die Bank. Ja.« Ich lächelte traurig. »Das würde ich sehr gern machen.«

49

Venedig, August 1998

Ein Lichtstrahl, der sich durch die Vorhänge stahl, weckte mich auf. Ich streckte die Arme aus und drehte mich wohlig um. Berge von Kissen türmten sich auf. Doch Opa lag nicht im Bett.

»Opa!?«, rief ich. Keine Antwort. Mit einem Mal war ich hellwach. Ich sprang auf und warf einen Blick ins Bad. Auch da war niemand. Aufgelöst lief ich durch das Zimmer, riss die Vorhänge auf, sah mich um. Vergebens.

In Windeseile schlüpfte ich in T-Shirt und Shorts, hängte mir meinen Brustbeutel mit dem restlichen Geld um und rannte los.

»Opa?!«, rief ich, als der Aufzug mich im Erdgeschoss ausspuckte. Ich rannte durch das Foyer, sah in den Frühstückssaal – nichts. Der Mann mit dem Oberlippenbart war auch nirgends zu sehen. An der Rezeption stand eine Frau. Ich fragte sie, ob sie meinen Opa gesehen hätte. Aber sie sprach kein Deutsch, nur Englisch und Italienisch, was mich beides nicht weiterbrachte.

»Nonno?«, fragte ich verzweifelt.

Sie schüttelte den Kopf. *»Non conosco il tuo nonno. Ma il portiere di notte mi ha detto che un ospite di età oggi era nel bel mezzo della notte per il Lido.«*

Ich verstand nur Lido.

»Lido?!«

Sie nickte.

Natürlich! Er wollte zum Lido, wo er mit Oma gewesen war! Aber wie lange war er schon unterwegs? Ob ich ihn dort fand? Und wie kam ich dorthin?

Die Rezeptionistin deutete auf das Boot, das vor dem Hotel wartete, und rief dem Gondoliere etwas zu.

Zehn viel zu lange Minuten später setzte mich der Gondoliere an der Anlegestelle der Boote zum Lido ab.

»*Veloce, veloce!*«, rief er und deutete mit weit ausholender Geste auf ein Schnellboot, das schon den Motor angelassen hatte.

Im letzten Moment sprang ich an Deck, dann legten wir auch schon ab. Ich blickte über die Reling. Vor uns erstreckte sich die Lagune. Ein ganzes Stück weiter sah ich einen schmalen Streifen Land, das musste der Lido sein. Wie sollte ich Opa da bloß finden?

Wir fuhren dicht an anderen Booten vorbei, an Ausflugsschiffen, Gondeln, Wassertaxis. Mein Blick wanderte an dem Ufer der Kanäle entlang und blieb an einer Kirche hängen. Sie kam mir vage bekannt vor. Ich reckte den Hals. Sah eine Bank. Und auf der Bank … Das konnte doch nicht wahr sein!

»Opa!«, rief ich, so laut ich nur konnte. »Opa!!!«

Amandus saß seelenruhig auf der Bank vor der Kirche, den Rücken mir zugewandt. Es war unverkennbar er. Der Schlafanzug, das wirre Silberhaar. Meine Gedanken überschlugen sich, während ich mich nach vorn zum Bootsführer drängelte. Jetzt erinnerte ich mich wieder. Das Foto in

Omas Album. Das musste die Bank sein, wo er ihr den Heiratsantrag gemacht hatte! Er war gar nicht zum Lido unterwegs gewesen.

Endlich hatte ich den Bootsführer erreicht.

»Ich muss sofort zurück«, stieß ich hervor. »Das da ist mein Opa! *Nonno!* Stopp! Stopp!«

»Che non lo farà«, lachte der Mann und machte keine Anstalten, das Boot zum Stehen zu bringen. Ich sah geradeaus. Nur noch ein paar Meter, und wir hätten die Lagune erreicht. Dort gab es bloß Wasser, nichts als Wasser. Wenn ich zum Lido und wieder zurückfuhr – wie lange würde das dauern? Eine Stunde? Länger? Wie groß war die Chance, dass Opa dann noch da wäre und nicht irgendwo herumirrte oder am Ende gar in einem der Kanäle landete?!

Das Herz schlug mir bis zum Hals. Zum Ufer waren es bloß ein paar Meter. Ich hatte keine Wahl. Ohne weiter nachzudenken, kletterte ich auf die Reling und sprang ins Wasser. Einen Moment blieb mir die Luft weg, es war so kalt. Dann machte ich ein paar kräftige Züge und schwamm Richtung Ufer. Hinter mir hörte ich laute Rufe, doch ich drehte mich nicht um. Noch drei, vier Meter, dann hatte ich das Ufer erreicht. Ein Mann streckte mir die Hand entgegen und zog mich an Land.

Ich streifte das Wasser ab. Auf die Leute, die durcheinanderriefen und gestikulierten und auf mich deuteten, achtete ich nicht. Opa saß noch immer regungslos auf der Bank. Ich rannte zu ihm.

Tränen der Erleichterung liefen mir über die Wangen. »Opa! Gott sei Dank. Da bist du ja! Ich … ich hab dich überall gesucht.« Ich wischte mir die Tränen aus dem Gesicht und fing an zu zittern.

Opa reagierte nicht auf mich. Sein Blick ging in die Ferne.

»Opa!?«, wiederholte ich, nun lauter.

Irritiert sah er mich an. »Meinen Sie mich?«

In meinem Magen bildete sich ein schmerzhafter Knoten.

»Mach keinen Quatsch, Opa. Bitte. Ich hab mich schon genug erschrocken, als du nicht im Hotel warst.«

Noch immer reagierte er nicht.

»Ich bin's, Tilda. Deine Enkelin.«

Opa schüttelte abwesend den Kopf. »Kenne ich nicht.«

Angst packte mich im Nacken. »Ich bin's doch! Deine kleine Principessa. Wir heißen beide Rosenbach, und wir sind zusammen hierhergekommen. Du bist mein Opa.« Ich griff nach seiner Hand und bettelte: »Komm. Lass uns zurück ins Hotel gehen.«

Opa zog die Hand weg und wischte durch die Luft, als wäre ich ein lästiges Insekt.

»Lass mich in Ruhe! Weg! Geh weg, weg, weg!«

Da wurde mir klar, dass Opa keinen Spaß machte. Diesmal nicht. Ich hätte ihn am liebsten an den Armen gepackt, aber ich hatte solche Angst, dass er mich abwehrte. In meinen Augenwinkeln sammelten sich beißende Tränen. Ich holte meinen Brustbeutel hervor und zog Opas Brief heraus. Das Papier war feucht geworden bei meinem unfreiwilligen Bad, die Buchstaben zerrannen. Doch ich kannte jedes Wort auswendig. Jedes einzelne Wort.

»Für Tilda, meine geliebte Principessa. Es wird der Tag kom-

men, wo ich nicht mehr weiß, dass du du bist. Auf jeden Fall möchte ich, dass du eins weißt. Ich liebe dich, und du bist die beste Prinzessin, die ich mir wünschen konnte.«

Was sollte ich jetzt bloß tun?

50

Venedig, Juni 2017

Philipps Hand fuhr über das ausgebleichte Holz der Bank, auf der wir saßen. Irgendwo hier hatte Opa vor einer kleinen Ewigkeit ein Herz hineingeritzt. *Amandus und Margarethe.* Zwei Namen, die nach all den Jahren in der Maserung des Holzes verschwunden waren.

»Und dann?«, fragte er. »Was hast du dann getan, als dein Opa dich nicht erkannte?«

»Mein Handy war nass geworden. Also bin ich zur nächsten Telefonzelle gerannt, immer mit Blick auf Opa, und habe meine Eltern angerufen.«

»Die schon in Venedig waren.«

»Genau. Die Nachricht von Erdal, der uns in Bozen geholfen hatte, hat uns verraten. Zum Glück.« Ich lächelte schief.

»Du warst ganz schön mutig damals. Oder verrückt.«

»Damals?«, lachte ich.

Er griff nach meiner Hand. Eine ganze Weile saßen wir so da. Vergangenheit und Gegenwart liefen zusammen, und ich spürte, wie sich etwas in mir veränderte. Zu vage, zu vorsichtig noch, um es greifen zu können.

»Weißt du, ich frage mich … War das damals nicht viel zu hart für dich? Deinen Großvater sterben zu sehen?«

Ich überlegte. »Das wirklich Schlimme war, dass er krank war und man überhaupt nichts tun konnte. Dieses Ausgeliefertsein …« Ich atmete tief durch. Das war genau das Gefühl, vor dem ich am meisten Angst hatte. Dem Leben mit seinen Unwägbarkeiten, seinen Krankheiten, seinen plötzlichen Schicksalsschlägen ausgeliefert zu sein. Das hatte ich in Bozen begriffen, und hier holte es mich nun wieder ein. Oma, Opa, meine Mutter. Niko. Philipp, die Kinder – ich wollte sie festhalten und wusste, ich konnte es nicht. Man musste die Angst besiegen und die gemeinsame Zeit ausschöpfen. Aber das, erkannte ich jetzt, war nicht alles. Da war noch etwas. Das Wesentliche, was ein Leben ausmachte. Was man in seinen Spuren fand …

»Und dieses Ausgeliefertsein war schlimmer? Nicht sein Tod?«, fragte Philipp in meine Gedanken hinein.

Ich sah ihn an und zugleich durch ihn hindurch. Kaum merklich schüttelte ich den Kopf.

»Nicht sein Tod.«

51

Hamburg, Frühsommer 1999

»So, und jetzt noch das Wetter für Morgen.« Ich kämpfte einen Moment mit dem störrischen Papier, dann hatte ich die Zeitung umgeblättert. »Ein Tiefausläufer über Skandinavien bringt eine Kaltwetterfront …« Ich warf einen Blick auf Opa. Er lag mit geschlossenen Augen in seinem Bett und atmete ganz flach.

»Ach, das ist doch immer das Gleiche. Wen interessiert das eigentlich?«

»Mich nicht«, sagte Opa trocken.

Ich musste grinsen. Auch wenn Opa in den vergangenen Monaten immer mehr vergessen hatte und nicht mal mehr laufen konnte, sein Humor war ihm geblieben. Ich setzte mich zu ihm auf die Bettkante und streichelte ihn. Er schlug die Augen auf und sah mich an. Versuchte, die Hand zu heben, aber er war zu schwach.

»Was bist du denn für 'ne Hübsche?«

Traurig sah ich ihn an. »Ich bin's … Tilda.«

Opa schloss wieder die Augen. Auf seinem Gesicht lag ein Lächeln.

»Ich weiß«, flüsterte er. »Ich weiß, wer du bist. Du bist … meine kleine Prinzessin.« Er hustete, rang nach Luft. »Für immer.«

Ich spürte, wie mein Herz pochte. *Meine kleine Prinzessin …?!* Dann hatte Opa mich doch nicht vergessen?

Ich sah, wie seine Lider flatterten. Dann plötzlich war es ganz still im Raum. Viel zu still. Etwas fehlte.

Ich horchte auf Opas Atem. Doch da war nichts. Opa war tot.

Ich kletterte in sein Bett und kuschelte mich an ihn. Noch war seine Hand ganz warm.

»Pass gut auf ihn auf, Oma«, flüsterte ich. Und dann fing ich an zu weinen.

52

Venedig, Juni 2017

»Wenn du jemanden so lieb gehabt hast, dann tut es immer weh«, sagte ich und wischte mir die Tränen fort. »Natürlich war ich schrecklich traurig nach Opas Tod. Aber ich hatte so viel von ihm bekommen. So viel Nähe, so viel Schönes, Verrücktes, an das ich mich erinnern konnte.« Ich setzte mich auf. »Weißt du, die andere Seite des Verlusts … Das ist immer die Dankbarkeit. Dankbar sein für das, was man gehabt hat; dass man sich begegnet ist; dass man geliebt hat. Geliebt wurde.«

Philipp sah mich lange an. »Ich bin auch dankbar dafür, dass es dich gibt.« Er umfasste mein Gesicht mit beiden Händen. »Ich weiß nur eins, Tilda. Du hast mich immer unterstützt. Als wir zusammen studiert haben, hast du meine Seminararbeiten korrigiert. Hast mit mir Gesetzestexte gelernt, Präzedenzfälle recherchiert. Später hast du dann die Kinder abgelenkt, wenn ich Stress hatte. Und sogar die Essen bei meiner Mutter ertragen. Ich habe dir in letzter Zeit sehr wenig davon zurückgegeben.« In seinen Augen lag plötzlich Scham, er ließ die Hände sinken. »Ich habe dich einfach abgeschmettert. Deine Idee runtergemacht. Vielleicht bin ich ja eifersüchtig. Will dich und die Kinder mit niemandem teilen. Will nicht, dass sich irgendwas verändert. Und was tue ich, um dich nicht zu verlieren? Setze falsche Prioritäten und bringe alles, was mir im Leben wirklich etwas bedeutet, in Gefahr.« Er schüttelte den Kopf. »Himmel, das waren jetzt eine Menge Gefühle für so einen verkopften Hanseaten wie mich.«

Ich schmunzelte. »Das war doch schon mal nicht schlecht«, meinte ich und strich über seine Wange, fuhr die Linie seines Mundes nach.

Sanft küsste er meine Finger und sah mich an.

»Was hast du immer zu deinem Opa gesagt? Auf Italienisch?«

Ich spürte, wie Wärme sich in mir ausbreitete. Die Scheune, das Album. Die Fotos von Venedig. Von der Kirche, deren langer Schatten auf uns fiel. »*Ti amo, nonno*«, sagte ich und lächelte.

»*Ti amo*, Tilda«, sagte Philipp leise.

Und ich ließ mich in seine Umarmung ziehen, hier auf Opas Bank.

Ein Sommer zum Verlieben!

Verity Love ist Single und glücklich damit: Sie liebt ihre schnuckelige Dachwohnung, ihre verfressene, eigenwillige Katze und ihren Job in einer kleinen Londoner Buchhandlung, die nur Liebesromane mit Happy End verkauft. Wenn bloß die ständigen Verkupplungsversuche ihrer Kolleginnen nicht wären! Fremde Menschen mag Verity nämlich überhaupt nicht, deshalb beschäftigt sie sich viel lieber im Hinterzimmer mit dem Papierkram, statt Kunden zu bedienen. Kurzerhand erfindet sie Peter – ihren umwerfend attraktiven und wahnsinnig charmanten Freund. Doch als sie in einer heiklen Situation einen gutaussehenden Fremden als Peter ausgeben muss, wird ihr Leben plötzlich ganz schön kompliziert …

Aufgewachsen in einer Trattoria und trotzdem ganz normal

Schwäbisch Gmünd, 1987. In der Trattoria »Zur Kanne« rufen die Gäste nach Weizenbier und Calzone. Tiziana, die Wirtin, ist im siebten Monat schwanger. Da passiert es: Papa Renzo kann gerade noch eine Tischdecke unter seine Frau schieben, und schon ist Jessica auf der Welt. Kaum geboren, gehört sie zur Einrichtung, und eine Zufallsgemeinschaft aus gemütlich-dicken Hausfrauen, Thekenleichen und warmherzigen Ami-Nutten wird ihre große Familie. Sie alle sind dabei, als Jessica laufen lernt, den ersten Kuss bekommt, wie sie Pesto mit Sahne kocht, so wie es die Deutschen mögen – und wie sie immer wieder darüber staunt, welch irrwitzige Wendungen das Glück im Leben so nimmt.

PENGUIN VERLAG

Ein Sommer am Comer See und eine Liebe gegen jeden Plan

Isabelle ist frisch getrennt, ihre langersehnte Schauspielkarriere noch immer in weiter Ferne, und auf ihrem Konto herrscht gähnende Leere. Da kommt ihr ein ungewöhnliches Rollenangebot gerade recht: Eine junge Bloggerin beauftragt sie, ihren Vater zu verführen. Denn der will einige Jahre nach dem Tod der Mutter wieder heiraten, obwohl die Kinder mit ihrer Stiefmutter in spe alles andere als einverstanden sind. Und so reist Isabelle als angebliche Nanny mit in den Sommerurlaub am Comer See – doch in dem idyllischen Örtchen angekommen, werden nicht nur das Leben der Patchworkfamilie, sondern auch ihre eigenen Gefühle völlig auf den Kopf gestellt.